SPORTS ANALYTICS

Analysis, Visualisation and Decision Making in Sports Performance

运动解析

运动表现分析、可视化与决策

[英] 安比克什 · 贾亚尔（Ambikesh Jayal）
[英] 阿里斯塔尔 · 麦克罗伯特（Allistair McRobert）
[澳] 贾尔斯 · 奥特雷（Giles Oatley）
[英] 彼得 · 奥多诺格（Peter O'Donoghue）
著

刘泳庆　陈　骐　肖书明　杨志良 | 译

上海社会科学院出版社
SHANGHAI ACADEMY OF SOCIAL SCIENCES PRESS

前　言

近年来,数据解析、数据科学、大数据和数据时代等术语崭露头角。数据解析在商业、银行、医药和安全以及体育领域都有广泛应用。自2003年迈克尔·刘易斯(Michael Lewis)出版《点球成金》(*Moneyball*)一书,布拉德·皮特(Brad Pitt)主演了改编自该书的同名电影以来,在球员招募和人才培养过程中使用数据的好处已经得到了广泛认可。《点球成金》并非虚构的故事,它讲述了总经理比利·比恩(Billy Beane)利用棒球资料统计分析知识招募被低估的球员,并帮助奥克兰运动家队与实力更强的棒球队竞争的故事。

信息技术的发展提高了我们记录和存储海量数据的能力。正如麦克·休斯(Mike Hughes)和伊恩·弗兰克斯(Ian Franks)在第三届世界科学与足球大会(1995, "Computerised notational analysis of football", Cardiff, UK)的主题报告中所述,数据采集技术、数据存储容量、软件系统的可移植性和数据输出设备的研究进展已经被应用在运动表现分析领域。在此次主题报告之后,运动表现分析领域中的数据采集和存储技术进一步发展。运动员跟踪系统可以在训练和比赛中收集大量的运动数据,这是运动表现分析人员可用的数据来源之一。越来越多的运动表现分析人员正从事着学科交叉数据分析工作。

大量高质量数据分析带来的机遇已得到众多体育组织的认可，越来越多的体育组织依赖数据分析制定营销决策。哈里森和布克斯坦（Harrison and Bukstein, 2017）、弗里德和穆库（Fried and Mumcu, 2017）编写的教科书中提供了由学术和实践专家撰写的数据解析典型案例。阿拉马（Alamar, 2013）的著作中介绍的案例更多地强调了教练的背景，其研究结论在相关类型书籍中被大量引用。然而，在运动表现分析领域运用数据解析技术的机会仍存在差距。运动解析的课程实际上在大学阶段就可以开展，本书提供了关于解析原理和方法的背景材料。

本书第一章介绍关于解析的概念。虽然“解析（analytics）”这个词的应用十分广泛，但在某些情况下的使用是不恰当的。一些被描述为“解析”的工作应用了以前通常被称为“分析（analysis）”的相同方法。“解析”和更常规的传统“分析”间的区别并不像是黑与白的区别。本书第一章提供了一个框架结构，可以供读者参考，判断一种方法是否可以被描述为解析。第二章讨论了运动表现分析中使用的不同类型数据，总结了从手工记录的图表到最新的数据处理方面的进展，并对体育背景下的“数据时代2025”报告进行了总结。

第三章到第十章讨论了可用于运动表现分析的不同解析方法。“第三章　交互式可视化”，以田径十项全能运动为例描述如何分析和呈现数据，以告知十项全能运动员和他们的教练需要集中精力提高成绩的领域。“第四章　模拟与建模”，以2019年橄榄球世界杯为例对比赛预测进行了目标设定。第五章和第六章涉及地理空间数据和时空数据分析的相关领域。第五章介绍了地理空间数据技术的背景知识，第六章详细讨论了团队运动中运动员的运动分析。“第七章　机器学习与运动”，涵盖了数据挖掘中用于分析数据的基本统计方法、文本处理方法、基于规则的方法和人工智能方法。第十章提供了知识发现（KDD）以及第七章所述的数据挖掘方法的宏观视角。第八章讨论了基因组学在体育人才培养计划中的潜在应用机会，包括与运动表现相关的基因和基因组分析的详细内容。第九章探讨了如何用社交网络分析考察俱乐部之间的转会活动和团队运动中运动员之间的互动交流。

第十一章讨论了解析过程带来的组织管理挑战，特别是在对数据进行多种分析时的挑战，并讨论第三章分析十项全能运动数据的经验，以形成数据管理环境和分析基础设施的基本原则。最后一章介绍了有关足球运动解析的应用案例，以及足球的执教和管理中常见的分析需求，并描述了学术界和从业者合作开发的一种特定解析方法。

参考文献

Alamar, B.C. (2013) Sports analytics: A guide for coaches, managers and other decision makers, New York, NY: Columbia University Press.

Fried, G. and Mumcu, C. (2017) Sport analytics: A data-driven approach to sport business and management, London: Routledge.

Harrison, C.K. and Bukstein, S. (2017) Sports business analytics: Using data to increase revenue and improve operational efficiency, London: Routledge.

目 录

第一章　何为解析？

简介

本章旨在区分解析（analytics）和其他形式的数据分析（analysis）方法。近几年使用频率甚高的“解析”一词在某些情况下的使用是有偏差的。“解析”不仅仅是传统“分析”方法的另一种表述。有一类学派认为，“解析”是指从某种意义上可以支持决策的数据分析方法。然而，在我们看来，仅仅如此还不足以表达“解析”一词的含义。在管理信息系统（MIS）和其他重要的应用领域中，有许多形式的常规数据分析对决策产生影响。近年来数据分析的方式与过去相比发生了根本性的变化。过去的毕业生很少从事任何形式的定量分析工作，而现在他们渴望从事“数据科学”和“数据解析”的职业，并且正在提升使用软件和如R、Tableau和Python等计算机语言编程的技术水平。这并不是因为定量分析本身使其变得流行，而是可用数据的类型、数量和格式，数据的获取方式、分析方式以及数据分析结果的使用方式都发生了真正的变化。从可视化和交互技术中分离出来的统计学和数据挖掘方法（Keim et al., 2010: 3）最近开始再次与可视化技术相融合。

大量的数据正在不断被创建；2013年的一篇报告指出，世界上90%

的数据是在前两年创建的（Science Daily, 2013; IBM, no date）。许多读者不会记得在手机、平板电脑、互联网和社交媒体出现之前的日子。照片在过去是用相机拍摄的，在冲洗出胶片之前是无法作为相片或幻灯片观看的（顺便说一下，我们不是指用Microsoft PowerPoint呈现的幻灯片）。这通常要求一个人把胶卷送到胶卷冲洗厂，也许一周后可以收到他们的冲洗相片或幻灯片。如今，一张照片可以在几秒钟内拍摄、检视、编辑并放置于社交媒体网站供广大用户观看。在视频方面也有类似的进展。20世纪70年代，英国广播公司（BBC）在其"今日比赛"（*Match of the Day*）节目中播放了两场比赛的精彩片段；这是他们在那个周末拍摄的仅有的两场比赛。今天，所有的职业足球比赛以及许多地方的半职业足球比赛都被拍摄下来。许多体育项目中的个别业余俱乐部都可以全程拍摄比赛。个人可以录制视频并编辑这些视频，并在几秒钟内上传到社交媒体。然而，视频的广泛应用并非没有问题。人们经常可以看到父母用手机和平板电脑拍摄孩子参加体育比赛的场景。活动组织者似乎已经失去了对谁在活动中拍摄视频的控制。儿童保护政策通常要求在体育场馆进行拍摄的所有人员进行场馆登记，提供身份证明细节，并上报他们拍摄的内容和录制的目的。这些政策正变得越来越难以执行，因为几乎每个观众都有一部能够录制视频的手机。

马尔（Marr, 2015）在一篇博客中讨论了从智能设备收集的视频数据、照片和数据不断增长的现状，并预测：到2020年，大量创建的数据将仍呈现继续增长的态势。不过他也表示，直到他发表博文时为止，只有不到1%的数据开战了实际的分析。事实上，来自其他研究的一致意见是：数据的生成速度快于分析速度（Keim et al., 2010: 1）。因此，利用"大数据"的潜力是巨大的；例如，马尔（Marr, 2015）提出，"大数据"的综合利用可以降低医疗成本，提高零售企业的运营利润率。关键是必须避免将数据用于不相关的任务，并避免以不适当的方式处理和呈现数据（Keim et al., 2010: 1）。另一个挑战是在适当的时间提供正确的信息以支持决策，这就需要了解数据的前因后果、业务流程并与客户保持沟通，以确定在哪里可以最有效地利用数据。这可能涉及创建主要组织实体或客户行为的模型（Keim et al., 2010: 24）。例如，超市的会员卡既可以为客户带来好处，也可以在客户每次使用会员卡时收集客户的购买数据，这些数据可以用来在个人层面和更广泛的客户群体和趋势方面对客户购买模式进行建模。

现今可利用的数据量、技术的进步、企业有效使用数据的需求以及时间和成本的限制共同引领了当今的数据解析时代。企业可以使用数据来获得比竞争对手更大的信息优势（Alamar, 2013: 2–4）。由业务需求、不断涌现的新型数据源带来的机会以及政府机构的医学研究和情报工作等方面的发展共同推动了数据解析的兴起。这些发展中的许多方面都是相当独立的，但也为数据科学和数据解析企业创造了与大公司形成伙伴关系的机会，也为数据科学和解析业务提供了发展机会。现在已经出现了关于数据解析的国际会议和网络研讨会。然而目前还没有成立针对数据解析的单独专业团体，因此没有形成针对解析的统一定义。因此，我们参考了运动数据解析领域（Alamar, 2013; Miller, 2016）和在其他领域中使用数据解析（Keim et al., 2010）的主要文献，形成我们对解析定义的共识。

阿拉马（Alamar, 2013: 5）的体育解析框架是一个很好的起点，该框架辨识出数据管理、解析模型和信息系统在支持决策中的作用。数据管理是必要的，这样数据就可以被捕获并以可用的形式存储。解析模型描述的是如何处理这些数据才能回答决策者感兴趣的问题。信息系统的作用是以可理解的形式呈现生成的信息，提高决策的效率。阿拉马讨论的第四个重要组成部分是领导力，但这在他的框架图中没有明确表示。在机构内部发起任何变革都需要领导，引入解析系统也不例外。即使这种改变有明显的好处，机构可能也不愿意改变目前的做法。管理层需要全力支持和推动这些变革，以充分利用他们在解析方面的投资。开发解析系统需要了解数据和信息如何用于企业内部的决策以及如何增强决策过程（Alamar, 2013: 79）。阿拉马（Alamar, 2013: 81–82）以讨论比赛战术的战术板为例，讨论了利用全自动显示和支持数据库取代战术板的机会和问题。

图1.1展示了凯姆（Keim et al., 2010: 10）的可视化分析过流程。数据可以通过清洗、标准化或分组进行转换。用户可以交互式地选择可用的可视化工具。这需要基础设施（Keim et al., 2010: 12）整合解析过程的不同元素并提供一个有效的界面供决策者使用，使得决策者对所进行的解析一目了然。例如，可以首先应用可视化工具来协助开展数据的探索并提出假设，进而应用定量技术进行数据解析。

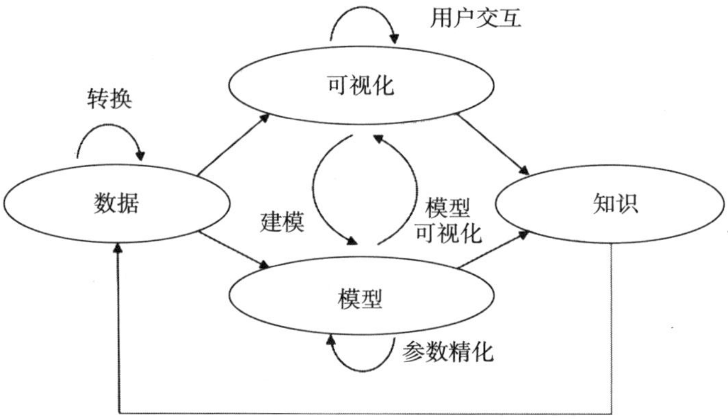

图1.1 可视化分析流程（Keim et al., 2010）

解析系统的销售非常重要，因为创建数据管理系统、购买解析软件、引入信息系统以及为这些系统配备人员都需要成本。决策者的利益需要大于成本。决策者有时间在决策过程中使用高质量的信息，但他们可能没有时间收集数据。在引入解析系统之前，决策者可能会花时间收集他们需要的数据，从而节省支付给其他员工的费用，但这可能不是对决策者时间的最佳利用，并且涉及机会成本的损失。向企业销售解析系统的一种方法是证明其成本低于没有解析系统所损失的机会成本。

向体育机构出售数据解析系统的挑战出现于不愿投资体育科学支持服务的背景下。在某些情况下，利用无薪实习生和志愿者就可以进行运动表现分析。2016年11月在都柏林举行的运动数据和运动表现论坛讨论了这个挑战：

> 如果不能对投资的回报进行可靠的评估，精英体育组织的主管就无法批准在新的数据解析系统和相关技术上的支出。运动数据和运动表现论坛向您展示如何克服这个挑战！
>
> 运动数据和运动表现论坛（SDPF, 2016）

这次论坛是一次讨论如何优化使用体育解析系统以获得竞争优势的机会。

将数据解析与常规数据分析区分开来的主要标准是计算机数据分析技术与人类专业知识的综合运用（Keim et al., 2010: 149）。对于有些工作，计算机可以做得很好，但对于另一些工作，人类专家做得更好（Miller, 2016: 23）。数据解析则综合利用了计算机和人类的分析能力。这就要求决策者对数据的来源和分析方法有一定的了解。下一节提供了在决策环境中综合利用计算机技术和人类专业知识的一些例子。

数据解析在非体育领域的应用

信用卡和欺诈检测

所有对组织成功有利的数据开发利用领域都与数据解析有关。数据解析相关的领域包括物理学、天文学、气候学、应急管理、流行病学和恐怖主义情报学（Keim et al., 2010: 8）。

解析超越常规数据分析的一种方式是使用“商业智能”。智能化提供了利用现有信息预测事件或建议行动方案的能力。商业智能包括识别重复事件、预测趋势和检测事件（Keim et al., 2010: 9）。

信用卡欺诈检测是商业智能的一个分支。很多读者可能曾经被银行通知涉嫌信用卡欺诈。一旦有可疑交易发生，银行的欺诈检测系统就会触发。这些系统使用相关客户和他们使用信用卡进行交易的类型，以及刚刚进行的可疑交易的详细信息。通常，银行的欺诈检测部门会联系客户查询交易。如果这是客户进行的合法交易，则可以更新客户的配置文件信息，以防止进一步的不合理标记，特别是这种类型的交易可能在将来更频繁的发生。另一方面，如果交易不是由客户进行，则可以采取行动保护客户账户，并进一步调查欺诈行为。奥多诺休（O'Donoghue, 2016）对他偶尔进行的看似不寻常的合法交易未被银行欺诈检测系统标记进行了评论，考虑到他信用卡账户上的一些欺诈交易可能看起来并不罕见，奥多诺休认为银行比他自己更了解他的个性！银行的欺诈检测部门擅长他们的工作。他们的流程当然属于数据解析的范畴，因为他们处理的是不断输入的交易数据流，交易由检测系统实时监控，客户和银行员工共同参与决策。

交通

交通是解析起着重要作用的另一个领域。考虑由多条相互连接的铁路线组成的铁路网，如果一列列车晚点，就可能会导致同一线路上在它后面行驶的其他列车晚点。如果火车上的乘客错过了车站换乘，也会给他们带来不便。铁路网的连续监控不仅能识别列车延误的地点，还能对铁路公司某些列车延误的严重后果进行提醒。掌握这些信息的工作人员需要做出实时的决策来应对延误的情况。例如，一列列车的行驶站点顺序为：J站—K站—L站—M站。如果当前在J站和K站之间行驶的列车由于某种原因必须直接抵达M站，而不在L站正常停车，则需要将此信息通知K站的相关站台和列车上的有关人员。如果在K站候车的乘客计划在L站下车，则需要通知他们不要上车，他们需要搭乘从K站开往L站的晚班列车。列车到达K站之前，需要通知列车上的乘客列车不会在L站停留。目前在列车上开往L站的所有乘客都需要在K站下车，等待下一班在K站和L站之间运行的列车。计算机系统可以分析与晚点列车有关的情况，并就可能采取的行动（如前所述）提出建议。有了这些信息，人类决策者才能做出决定，并在足够的时间内进行沟通，以免给乘客带来不必要的麻烦。在某些情况下，做出正确的决定可能会给数十名乘客带来不便，但做出错误的决定则可能会给数千名乘客带来不便。这一切都是实时发生的，时间不会停下来让决策者长时间考虑这个问题。其中所涉及的大量数据在不断更新，复杂的算法是突出性的难题，而且需要在时间压力下制定和实施潜在的解决方案和决策。以上显然已经超出了常规的数据分析任务，而是数据解析的典型案例。

气象学

天气对生活的许多领域都会带来影响（Stockton, 2016），包括军事活动、交通、商业和娱乐。天气预报自古以来就是存在的，公众对于天气预报很感兴趣，而目前主要是通过媒体向公众提供天气预报。用于记录原始数据的传感器和卫星的增加以及现代计算机系统提供的数据处理能力的提升，都有助于提高天气预报的准确性。未能及时预测不利天气条件可能造成的潜在损害和损失促使人们在气象学中使用大数据（Hamm, 2013）。IBM自2016年以来一直在开发深雷（Deep Thunder）系统，该系统声称可比其他技术提前2.5天预报天气（Gallagher, 2012）。天气建模是一项极具挑战性的工作，需要大量的数据支撑。数据的呈现方式也会对参与预测的决策人员造成影响；加拉格尔（Gallagher, 2012）描述了比使用传统的天气图更具视觉信息的天气数据呈现方式。虽然政府机构准备资助一些具有明显国家利益的天气预报解析系统（Hamm, 2013），但其他天气解析系统可能会通过商业的渠道来提供。例如，风电场可能准备为此类服务付费。对于决定上班或休闲时穿什么的手机用户来说，更通用的应用程序可能更受欢迎（Stockton, 2016）。

体育与其他行业的区别

在体育行业使用解析系统和其他商业和工业领域有许多相似之处。体育企业与其他企业一样，也通过各种活动来盈利，体育企业旨在创造收入、制定营销策略和优化定价。定价需要考虑米勒(Miller, 2016: 126)所指的三个C:成本(costs)、客户(customers)和竞争(competition)。体育背景下进行数据解析的一个典型案例是预测比赛日的出席率(Miller, 2016: 106–109)。如果这种预测低于实际出席的观众数量,那么可能无法为所有球迷提供足够的餐饮需要。如果预测高于实际出席的观众数量,那么太多用于餐饮的原料可能会被闲置和浪费。在做出有关餐饮、其他服务和与观众有关的产品决定时,需要考虑低估和高估出席率造成的后果。

体育行业与其他行业在商业上的一个根本区别在于:体育行业在联盟和锦标赛内部会开展合作(Miller, 2016: 1)。无论是对于在体育场观看比赛的球迷还是电视观众,体育企业之间的"场内"竞争对于保持消费者的兴趣都至关重要。所有体育企业都能从联盟和锦标赛内部的合作中受益。

解析和常规分析的比较框架

表 1.1 比较解析和常规分析的框架

属性	传统分析	解析
数据类型和来源	相对简单,集中	复杂、异构、分布式
数据质量	完整、干净	不完整、不一致、连续数据流更新
数据格式	一致的	可变的
分析方法	少量方法	大量分析工具
决策者对数据处理的视角	不透明	透明
分析与决策任务的关系	串行,时间延迟	并行、实时
输出	固定报告	可交互、动态演示、可视化
数据查询	标准流程,一些临时查询	交互式、灵活的探索性查询

分析方法可以从不同方面进行比较，一个优秀的案例是托马斯和纳尔逊（Thomas and Nelson, 1996: 367–368）在一个表格中对定性和定量数据分析的比较。本章通过使用表1.1将解析方法与更常规的传统分析方法进行对比，以说明作者认为何为解析。然而，解析和传统分析之间的区别不像定量和定性数据分析之间的区别那么明显。托马斯和纳尔逊列出了六个方面，每个方面都明确区分了定性和定量方法，包括：研究设计的使用、假设的使用、样本类型、设置、研究者在数据收集的角色和数据分析方法。数据解析技术的种类繁杂，我们不能简单地说，满足表1.1解析列中所有属性的方法才视为数据解析。例如，如果一个系统监控的输入数据流提供了可视化的摘要信息来实时协助决策者，那么即使该系统可能不具有本表格中列出的任何其他属性，我们仍可将其作为解析的一个示例。所以这根本不是黑与白的区别。我们甚至不能说，存在一个最小值N，使得一个系统必须具备至少N个表1.1解析列中的属性才可被视为数据解析系统。我们是否将一个系统描述为数据解析系统，取决于它所拥有的这些属性的数量以及它们在系统中存在的程度。

数据类型和数据来源

在体育领域中，数据（data）和信息（information）被用来表示不同的事物（O'Donoghue, 2015: 62–63）。数据作为输入传输进入一个处理进程中，输出端产生的就是摘要信息。也会存在以下情况：A进程输出的信息是B进程输入的原始数据。因此，数据和信息与特定的进程有关。“数据”和“信息”这两个术语来自20世纪80年代第三代编程语言的计算机编程课程（Chandor, 1980: 106）。简单的数据处理系统从单个文件输入数据，对其进行处理以产生标准化的输出信息。其中一些输出信息被标准化并印在信笺上。在“办公自动化”的早期，这节省了打印时间，因为只需要在表单中添加特定的信息。

解析方法并非如此简单，会使用包括声音、视频、图像、书面报告、其他定性数据、报价文件、数字信息以及非结构化或多种结构化数据。阿拉马（Alamar, 2013: 25–32）讨论了关于棒球运动员的数据，包括得分数据、视频剪辑和诸如球探报告、访谈记录的非结构化数据。阿拉马（Alamar, 2013: 47）在其著作的后续章节中考虑了解析过程中的无形因素，包括领导力和可指导性等素质。有效存储以上多种类型的相关数据非常重要，包括视频片段的剪辑和对原始非结构化数据施加一定程度的结构化处理。视频和事件数据之间的交叉引用在标准视频的分析软件中是可行的。由于数据备份的成本不高，所以我们不应该放弃整场比赛的视频。各种类型的数据可能来自多个在不同的物理站点上的存储库，并通过数据存储的分布式网络进行访问。

指标是现有变量的组合，解析系统会更有效地使用指标，而不是使用多个原始变量来说明问题。这些指标可以随着时间的推移进行调整，同时也可以开发新的指标。阿拉马（Alamar, 2013: 66–75）描述了指标创建的四个阶段：机会（opportunity）、调研（survey）、分析（analysis）和沟通（communication）。存储在数据管理系统中的原始数据提供了开发指标的机会，这些指标相比当前形式的信息可以更加有效的被决策者利用。通过调研可以了解现有的指标构建方法，这些方法都是过去研究中曾经用过的。指标的测试与修正过程涉及对数据的分析，以确定所提出的指标是否与决策者所感兴趣的内容相关。一旦指标最终确定，就需要与决策者进行沟通并让他们使用指标。其中还包含提供指标的衡量标准，以及决策者如何理解该衡量标准的问题。

数据来源

使用分布式来源的数据存在挑战；在没有使用已有数据存储的解析系统中，阿拉马（Alamar, 2013: 9）建议使用集中式系统，因为集中式系统具有“事实唯一性（one version of the truth）”的优势。与分布式和混合系统相比，集中式系统能够以更易于访问的方式更一致地存储数据

（Alamar, 2013: 41–42）。集成数据可以比从分布式数据源中分离出来的数据更有效地使用。但是，要存储的数据也需要仔细考虑，因为大型数据集的处理速度较慢（Keim et al., 2010: 25）。不过，在处理速度更快的、更小的预处理数据集和包含对决策过程非常重要的丰富背景信息的、更加完整的数据集之间存在一种平衡。例如，阿拉马（Alamar, 2013: 35）描述了在摔跤比赛中过度依赖对手以往表现数据，而没有考虑对手的比赛是针对左手摔跤手还是右手摔跤手的问题。

数据质量

看待数据质量有两个角度。首先，我们可以从分析过程中排除所有无法证明其有效性和可靠性等必备质量的数据。阿拉马（Alamar, 2013: 15）指出，不好的数据不能产生好的信息。可测量的数据质量指标包括以下七种（Miller, 2016: 30）：

1. 可靠性：测量过程应一致且可重复。

2. 有效性：测量应反映感兴趣的特征。

3. 规范性：应制定客观的测量过程，并对所使用的任何术语进行操作性定义。

4. 可访问：测量的数据源必须是可行和可用的。

5. 易处理：该方法可在更广泛的分析过程中轻松使用。

6. 可解读性：测量必须尽可能简单易懂，并有解释其取值的方法。

7. 易读性：测量过程应客观地应用，而且必须有案可查，以便决策者们充分了解测算过程。

第二个看待数据质量的角度是接受某些数据的质量可能并不是非常好。数据可能会因可靠性而受到质疑，但其仍然可能代表决策者感兴趣的一个重要方面。尽管存在上述已知的问题，但这些数据可能仍然是可用的最优数据。这意味着我们需要在解析过程中管理数据的质量。例如，当使用投票后民意调查的数据预测英国大选结果时，通常会引用误差幅度（margin of error）来说明数据质量。管理不一致和不完整的数据是计算机系统面临的一个挑战。数据录入需要对格式错误和不合逻辑的输入进行识别,并提示用户重新输入这些数据。例如,当某人预订返程航班并输入出发日期之前的日期时,就会被认定为不合逻辑的输入。许多读者都有这样令人沮丧经的历,他们不得不重新输入日期。但是,尽早识别和纠正错误并正确输入日期依然是更优的选择。本章需要重点理解的一点是:尽管我们可能习惯于在线系统进行这些检查,但它们并不是通过魔法来实现的。程序员必须在系统接口中实现这些功能,有些系统需要在验证过程中使用存储的数据检查输入数据。在计算机系统中这可能需要两倍以上的代码量,但商用软件必须具有这种鲁棒性。不仅面向个别程序员的简单系统可单独使用,而且求用户(系统程序员)在运行系统前确保所有数据都是完整和正确的。容错性和异常处理结构在利用Ada和C++编程语言实现的实时系统中变得更为重要。一个以解析为特性的系统具备处理不完整和不一致数据的能力。数据流永远不会结束,因为更多的数据(无论是社交媒体消息、交易还是其他数据)在源源不断地被添加进来。个别的数据记录或者相关的数据记录之间可能会存在不一致的情况。以网球比赛为例来说明包含不一致数据的数据记录:发球球员得分和得分者在该分上进行了偶数次击球。如果击球次数是偶数,那么最后一个击球的球员就是接发球的球员。如果发球球员得分,那一定是因为接发球球员失误造成,如击球下网或击球出界。在这种情况下,可以将错误进行标记以便后续进行处理,系统可以在存储数据之前对错误进行更正,或者也可以保留该错误待用户后续输入。当记录的两次得分显示它们是比赛中连续的得分,但该得分开始时的比分和数据记录的首次得分结果与记录的第二次得分开始时的比分不一致时,就会出现两个数据记录之间的不一致。同样,可以对此错误标记以便立即或稍后进行更正。或者,不能满足一致性和完整性检查的数据记录可以从某些分析中排除。某些数据中的不确定性可能被认为是分析过程中需要推理的数据属性。这意味着随机变量将被包括在内,以表示在数据记录时和数据记录间的不确定性。例如,在关系数据库中,记录之间的链接可能具有与其相关联的似然权重（likelihood weighting）。

数据格式

简要分析过程中使用的数据文件以统一的格式实现数据存储，这并不妨碍在必要时采用不同的存储方式存储变量，因为可以通过编程语言、电子表格和数据库系统来实现变量的存储。阿拉马（Alamar, 2013: 41–42）指出，解析系统也应以统一格式存储数据为目标。作者同意以下的观点：当管理信息系统首次建立时，需要集成的数据存储很少、甚至没有。然而，通常情况下，系统需要利用已有的和有价值的数据知识库（data repositories）。这些数据可能具有不同的格式，并且需要开发协议来将数据转换为可以由系统函数处理的统一结构，这样可以避免对具有不同格式的同一数据进行重复处理。例如，时空分析系统可使用运动员的运动数据来生成关于运动表现的战术信息。这些数据可以源自各种球员跟踪技术，并以数据采集系统开发的格式进行存储。时空分析系统需要分析来自各种来源的此类数据；因此，需要将数据转换为适合分析的通用格式。这种通用格式提高了分析系统的可移植性。

格式问题会给数据管理带来挑战。系统通常会根据所使用的数据类型进行扩展，因此它们需要以允许扩展所使用的变量集和可存储数据量的方式进行开发。传统数据库的结构允许通过使用元数据（metadata）进行这种扩展。一旦数据管理系统中包含了更多的数据，我们还需要灵活使用更改的信息格式来显示最新分析过程的结果。

分析方法

有许多不同类型的数据和处理这些数据的既定方法。统计分析方法已经非常成熟，典型方法包括差异测试（difference testing）、相关分析（correlation）、回归分析（regression analysis）和多变量技术（multivariate techniques），这些方法可利用商用统计分析软件实现，如SPSS（SPSS, an IBM company, Armonk, NY）、Minitab（Minitab, State College, PA）和SAS（SAS Institute, Carly, NC）。这些软件通常采用基于Windows操作系统的友好界面，可利用菜单栏选择测试，并基于选定的变量和选项进行定制的数据统计分析。当需要进行重复分析时，打开菜单并为分析任务选择必要的选项即可完成大量的重复工作，这也刺激了统计编程语言的出现，例如R语言。在R语言中，可以在不同的数据集上存储和重复使用分析步骤。这类似于计算机技术中的存储程序概念，它保存了每次执行指令时必须重新指定的指令。关于机器学习更广泛范畴的统计技术将在第7章进行中讨论。其他分析方法包括用于物流规划、资源调度和优化问题的运筹学研究方法。定性数据采用解释性内容分析法（content analyses methods）进行分析。有专门从货币角度考虑机会和成本的经济分析技术。专门研究DNA的基因组分析将在第8章进行讨论。人工智能技术被用于处理复杂的模式数据，这将在第7章中进一步讨论。数据分析系统可以使用其中一种技术来处理相关数据。然而，一个可以让我们将系统归类为解析系统的标准是：它使用了不止一种这里列出的分析方法。正如米勒（Miller, 2016: 51）所说，数据科学家需要同时精通方法论。

决策者的角色

解析和常规数据分析的一个不同点是：决策者不仅是信息的用户，而且在分析过程中也扮演着角色。解析充分融合了计算机化的数据处理和专家决策过程。阿拉马（Alamar, 2013: 55-63）就以下五点讨论了决策者在分析中的作用：

1. 决策者思维过程决定数据分析。
2. 决策者了解信息的来龙去脉。

3. 决策者清楚分析中信息的不确定度。

4. 决策者知道信息如何影响决策过程。

5. 决策者掌握如何进一步减少不确定性的方法。

第一点要求决策者对数据提出相关问题。决策过程中使用的任何信息背景都是重要的，因为这些信息可能来自以前的情况，而这些情况并不能完全反映当前的情况。不确定性有三个来源。一是由于具体应用中固有的可变性导致信息存在真正的不确定性。二是由于与所用变量有关的测量问题存在不确定性。三是由于分析中存在没有考虑到的因素导致不确定性。第四点是关于计算机和其他定量分析技术产生的信息如何与决策者的经验和专业知识一起使用。最后一点是通过经验改进方法和流程循环过程来解决的。这些因素都要求决策者了解数据来源、数据质量和用于产生信息的广泛分析方法。这种透明度有助于决策者在决策时对信息进行适当的权衡。

解析和传统分析之间的对比可以通过运动表现分析来进一步说明。当教练对运动表现进行分析时，他们通常在系统开发中的功能需求层面扮演了关键的角色。由教练确定的主要功能需求包括：系统产生的输出变量、综述性事件变量和相关视频序列类型的标志。产生这些输出所需的输入数据可以由分析师得出，而无需与教练进一步讨论。系统的数据存储通常由系统在实施过程中使用的通用视频标记软件决定；例如，Sportscode（HUDL, Omaha, NE）、Dartfish（Dartfish, Fribourg, Switzerland）、Nacsports（Las Palmas de Gran Canaria, Spain）和Focus（Dalgety Bay, Scotland）。还有其他不涉及事件标记的运动分析软件，如STATS（STATS, Chicago, IL）也有特定的数据格式。一旦该系统已经试点、测试并被教练接受，它就可以在教练的实践中应用。通常情况下，分析师标记一场比赛，向教练提供汇总统计数据、视频序列和整个比赛视频。教练可能会注意到一些错误标记的事件，但他们可能并不清楚数据输入的过程。缺乏对分析过程的理解，可能会导致对数据局限性的认识不足，同时也会并造成分析师较差的工作环境。教练和分析师对数据操作性定义（operational definitions）的共同理解有助于确保数据的客观性，并进一步提高数据收集的准确性。

有些教练对于分析有更深层次的理解和体会，因为他们自己就开展运动表现分析的任务。例如，热衷于向球员提供高质量反馈的教练可能会从分析师那里收到带有标签的视频，然后做进一步分析，并在赛前会议（team briefings）之前准备重点视频。这些教练对分析拥有更大的所有权，对数据及其局限性有更深的理解。可能会有一些事件记录不正确，例如，一个结果对应到了错误的运动员身上。教练可以容忍分析师在数据输入过程中犯下此类错误，特别是在分析师可以切实检查他们需要标记视频输入的每个事件之前。分析师应尽一切努力确保最重要的事件被正确标记。一旦比赛结束，分析师应立即检查尽可能多的数据，然后再移交标记的视频。分析师可以对数据进行简单的一致性检查，例如在某些团队运动中队员之间的轮换。分析师可以快速查看所有轮换情况，以确保它们确实是进行过轮换，并且更正已经出现的错误。编码错误的另一个例子是不正确的运动员识别。使用基于标签的交互式视频回放功能可以快速查看事件。当对每个运动员依次执行此操作时，可以很快地识别和纠正运动员识别错误的事件，比如把一个运动员出现的失误错误地归因于另一个运动员的失误。当教练从标记的视频中准备视频集锦时，任何剩余的编码错误都不会对球员造成不当的影响。这是因为教练会看到这种标记错误是在哪里发生的，他不会在给球员的演示中展示存在错误标记的片段。然而，如果数据被用于监控运动表现的趋势，而教练不检查相关视频序列，则确保数据正确尤为重要。

在比赛过程中，经常可以看到教练们与正在进行现场编码的分析师近距离沟通。在这种情况下，运动表现信息通常由系统实时生成并显示在特定的输出窗口上。这需要在数据输入时使用诸如Sportscode中统计窗口等功能来实现数据的自动处理。统计窗口包含基于已输入的原始数据计算输出的脚本，并将结果信息发送到输出窗口的不同区域。教练能够实时查看这些输出，并要求查看已录制的临时事件的视频序列。输出窗口的区域可以改变颜色（例如，从琥珀色到绿色或红色），以突出显示球员表现特别好或不好。这些教练比那些在比赛中不与分析师打交道的教练更了解分析过程和对分析师的要求。正如决策者需要了解他们使用的数据和分析方法一样，分析师也应该很好地理解应用环境。正如米勒（Miller, 2016: 51）所说，“数据科学家应该讲商业语言”。

数据分析与决策任务的关系

传统的数据分析产生决策者用来制定政策和战略的信息。在这个连续的过程，分析已经完成，并产生了供决策过程使用的所有必要信息。分析过程中，解析是同时进行的，允许分析师和决策者交换意见。一旦获得初步信息，决策者可能需要更多信息，以获取制定决策的不同要素。

弗兰克斯等（Franks et al., 1983）提出的基本执教过程中的运动表现分析模型经受住了时间的考验，随着技术的发展，最近的研究（O'Donoghue and Mayes, 2013; O'Donoghue, 2015）为弗兰克斯（Franks et al., 1983）的原始模型增加了细节的补充。弗兰克斯等（Franks et al., 1983）的模型表达的是一种串行的方法，提供信息供教练使用以帮助运动员做好准备。科技发展至今，运动表现分析可以使用并行技术来完成在比赛和训练期间的实时数据分析。弗兰克斯等（Franks et al., 1983）提出的模型中包含的元素可以重新排列，以反映分析方法中分析和决策之间的并行关系。系统的轻便特性使得向教练提供信息比20世纪80年代灵活许多。当教练计划训练课程时，可以访问视频序列和比赛统计数据。全球定位系统（GPS）的出现，使得训练过程中的运动分析成为现实，其得到的信息可以在训练课程中使用。Dartfish软件（Dartfish, Fribourg, Switzerland）提供了一种名为“in-the-action”的功能，它可以在计算机屏幕上显示延迟的视频资料。这使得运动员在训练中完成一个技术动作后，在几秒钟之内就可以与教练一起在电脑屏幕上进行观察，然后再继续训练。

数据分析和决策同步进行的典型例子是一级方程式赛车。这是一项备受瞩目的运动，从开发汽车到模拟比赛策略，再到实时比赛监控和决策支持，各个环节都在使用大数据分析。这些汽车被称为“车轮上的大数据工厂（big data factories on wheels）”（Moore Colyer, 2015），使用数百个传感器监测数千个部件，将风力、轮胎压力、燃油燃烧和制动温度的遥测数据提供给在比赛场地的团队工程师（Gardiner, 2016）。体育运动的技术规则会定期发生变化，而大数据则在新规则的约束下发挥着最大化运动表现的作用（Gardiner, 2016）。当一辆车在比赛中受到损坏时，实时数据将用于确定如果该车继续参加比赛是否会受到进一步损坏，以及需要在维修区中采取的最佳修复措施，同时提供在现有状况下最佳获胜机会的比赛策略（Bi, 2014）。在电视上观看一级方程式赛车时，观众可以看到多个屏幕，这些屏幕带有专门设计的仪表盘，以辅助快速决策的方式呈现信息。在比赛期间，分析结果能够决定需要向车手提供哪些指示以及何时提供这些指示（Moore Colyer, 2015）。

解析还用于极限帆船系列比赛，可为参赛者、教练、现场观众和网络观众提供实时和赛后信息（Extreme Sailing, 2016）。该服务是由思爱普公司（SAP）与极限帆船（Extreme Sailing）合作开发的。安装在水中浮标上的测风装置和比赛船上的GPS设备收集数据，这些数据被传输回“SAP帆船立方体”，并将这些数据与场地、潮汐信息的地理数据相结合。“SAP帆船立方体”是一个移动电视工作室和编辑套件，被运送到世界各地的极限帆船赛事。水上的实时视频显示在一个巨大的屏幕上，供观众观看，并在网上播放。数据以二维和三维可视化的形式呈现，以增强观众体验。航行运动表现的二维可视化结果实时发送到比赛船上，利用赛事中前几场比赛的数据可以做出战术决策。非竞赛船上的教练使用的安装有教练应用程序的平板电脑可显示实时仪表板。这使得在比赛中可以针对起跑线的偏差进行战术调整。这些数据也可以在赛后进行分析，以确定船员的情况，并为未来比赛优化策略。该系统可以通过单击二维可视化效果中船的图像，以获取速度、方位和风向数据。该系统还对比赛的重要因素如出发和冲线进行了具体分析。

可视化

可视化将自动分析与交互式图形表示相结合，以使得用户更好地理解大量复杂数据（Keim et al., 2010: 7; Wong and Thomas, 2004）。可视化分析包括开发和使用工具来检测数据中的模式，并以适当的方式为需要不同数据视图的不同用户组呈现这些模式。可视化的应用领域包括工程、分子结构、宇宙学、生物学和气象学中的三维建模。传统的图表类型无法处理复杂的多维数据，因此需要其他创新的表示方法。可视化仍面临许多挑战，如数据需要缩减和缩放，以免造成用户的信息过载。可视化将在第3章中介绍。

数据查询

传统的分析过程涉及基本的工作流程，这些流程在工作环境中提供相同的信息。例如，运动表现分析会有一个基本的分析过程，每一场比赛都要重复。它使用相同的变量并以一致的格式提供信息。虽然有可能会发生一些临时的数据查询，但这将在主分析过程之外考虑。

在解析方法中，系统需要灵活的查询功能。随着决策者调整他们使用的信息集和使用方式，变量可能会随着时间的推移而改变。可以使用预测模型（Alamar, 2013: 107; Miller, 2016: 147–168）和模拟调整状态或参数来探索“假设分析（What-if）”问题，以表示可能采取的替代决策或可能面临的情景。这些预测模型可以估计不同情景下不同结果的概率。无论是有利结果的好处还是不利结果的惩罚，这些概率可以与结果的价值评估一起使用。这种分析能够有助于更好地了解与决策相关的机遇与风险。

回答"假设分析"临时查询的分析对实时分析有影响。在预测的准确性和模拟替代方案所需的时间之间存在一种权衡。分析师可以在决策者利用模拟信息之前为预期的查询准备结果。提供在实时决策环境中模拟场景的能力需要对模拟系统进行调整，以便为感兴趣的备选场景引入参数。这需要一个易于操作的界面，允许输入和调整这些参数，以便快速启动模拟。在实时情况下，必须减少场景的模拟运行次数，以便将结果有效地传达给决策者。这可能需要对备选方案预测进行有效的视觉呈现，以便决策者进行比较。在决策会议中，使用较低的模拟运行次数进行预测时，还需要了解并描述误差范围。增加的误差范围对于决策者来说是可以接受的，因为它是"假设分析"查询的实时分析的代价。

总结

数据的生成速度越来越快，体育运动有机会利用大数据分析。常规分析和解析之间的区别并不明确，而是根据系统中分析不同方面的程度进行判断。如果以下一个或多个条件充分存在，则可认为方法是解析方法：

1. 复杂数据来自多个分布式来源。
2. 使用不一致和不完整的数据。
3. 涉及流数据和实时更新。
4. 数据格式各异。
5. 采用多种分析方法。
6. 数据处理技术对决策者透明。
7. 数据处理和决策同时进行。
8. 以交互方式提供信息。

9. 可视化用于管理复杂数据的呈现。

10. 支持数据的即时查询。

参考文献

Alamar, B.C. (2013) Sports analytics: A guide for coaches, managers and other decision makers, NY: Columbia University Press.

Bi, F. (2014) 'How Formula One teams are using big data to get the inside edge'. https://www.forbes.com/sites/frankbi/2014/11/13/how-formula-one-teams-are-using-big-data-to-get-the-inside-edge/#2fd101344d6a, accessed 24th October 2016.

Chandor, A. (1980) The Penguin dictionary of computers, Harmondsworth, Middlesex, UK: Penguin.

Extreme Sailing (2016) http://ess2016.sapsailing.com/gwt/Home.html, accessed 22nd September 2016.

Franks, I.M., Goodman, D. and Miller, G. (1983) 'Human factors in sports systems: An empirical investigation of events in team games'. Proceedings of the Human Factors Society, 27th annual meeting, pp. 383–386.

Gallagher, S. (2012) 'How IBM's Deep Thunder delivers "hyper-local" forecasts 3–1/2 days out'. http://arstechnica.com/business/2012/03/how-ibms-deep-thunder-delivers-hyper-local-forecasts-3-12-days-out/, accessed 24th October 2016.

Gardiner, B. (2016) 'How big data is driving Formula 1 success'. https://www.cio.com.au/article/596554/how-big-data-driving-formula-1-success/, accessed 24th October 2016.

Hamm, S. (2013) 'How big data can boost weather forecasting'. https://www.wired.com/insights/2013/02/how-big-data-can-boost-weather-forecasting/, accessed 24th October 2016.

IBM (no date) 'Bringing big data to the enterprise'. https://www-01.ibm.com/software/data/bigdata/what-is-big-data.html, accessed 18th October 2016.

Keim, D., Kohlhammer, J., Ellis, G. and Mansmann, F. (2010) Mastering the information age: Solving problems with visual analytics, Goslar, Germany: Eurographics Association.

Marr, B. (2015) 'Big Data: 20 mind-boggling facts everyone must read'. https://www.forbes.com/sites/bernardmarr/2015/09/30/big-data-20-mind-boggling-factseveryone-must-read/#288753b56c1d, accessed 18th October 2016.

Miller, T.W. (2016) Sports analytics and data science: Winning the game with methods and models, Old Tappan, NJ: Pearson.

Moore-Colyer, R. (2015) 'Big data analytics accelerates Williams' Formula One performance'. https://www.v3.co.uk/v3-uk/feature/2416146/big-data-analytics-accelerates-williams-formula-one-performance, accessed 24th October 2016.

O'Donoghue, P.G. (2015) An introduction to performance analysis of sport, London: Routledge.

O'Donoghue, P.G. (2016) 'Analytics in sport', Keynote address at the International Society of Performance Analysis of Sport Workshop, 22 March 2016.

O'Donoghue, P.G. and Mayes, A. (2013) 'Performance analysis, feedback and communication in coaching', In T. McGarry, P.G. O'Donoghue and J. Sampaio, J. (eds.), Routledge handbook of sports performance analysis (pp. 155–164), London: Routledge.

Science Daily (2013) 'Big Data, for better or worse: 90% of world's data generated over last two years'. https://www.sciencedaily.com/releases/2013/05/130522085217.htm, accessed 18th October 2016.

SDPF (2016) '3rd Annual Sportdata and Performance Forum, Dublin, 22nd-23rd November 2016'. https://www.sportdataperformance.com/, accessed 24th October 2016.

Stockton, N. (2016) 'Deep Thunder can forecast the weather — Down to a city block'. https://www.wired.com/2016/06/deep-thunder-can-forecast-weather-city-block/, accessed 24th October 2016.

Thomas, J.R. and Nelson, J.K. (1996) Research methods in physical activity, 3rd edn., Champaign, IL: Human Kinetics.

Wong, P.C. and Thomas, J. (2004) 'Visual analytics', IEEE Computer Graphics and Applications, 24(5): 20–21.

第二章　复杂数据和数据时代

简介

本章区分了复杂数据和基础数据，讨论了大数据，并描绘了我们所说的“数据时代”的发展。本章共分三节。第一节介绍计算机系统中使用的基本数据类型，接着讨论了数据结构，如数组（arrays）和记录（records）、数据文件（data files）和数据库（databases）。第二节讨论复杂数据，包括自然语言、多媒体数据和知识。虽然在自然语言处理和多媒体中使用的原始数据可以分别被认为是字符串和结构化文件，但是还需要考虑符合复杂数据条件的其他高阶语言和模式结构数据。第二节的最后讨论了信息（information）和情报（intelligence）的区别。第三节涉及从前计算机时代到《数据时代2025》白皮书的综述报告期间与运动表现分析相关的信息技术简史，说明了在解析过程中使用“大数据”的一些特征，并在运动表现分析的背景下讨论它们。

基本数据

基本数据类型

所有在计算机上处理的数据都是以电子形式存在的，通常存储在磁性介质上。这意味着不管这些数据是简单的还是复杂的，都可以用二进制来表示。数字、字符、文本、图形和声音都由二进制数的字符串表示。美国信息交换标准代码（ASCII）用于将基本字符（字母、数字、标点符号和数学运算符）表示为8位二进制数字序列。数据可以用8位字节（二进制数）的格式存储，也可以利用32位、64位或多个字节表示。例如，一些读者可能熟悉用于表示颜色的RGB（红绿蓝）格式，用0到255之间的值表示组成给定颜色的三原色的强度。0到255之间的数字可以存储在8位字节中，当这三个值组合在一起时，我们可能有16 777 216种颜色可以用这种格式表示。考虑到存储在计算机可访问媒体上的数据最终是以二进制形式表示的，本节的目的是简要描述计算机系统中使用的基本数据类型。

布尔数据（Boolean Data）用于表示命题的真值。布尔表达式也用于编程语言的条件语句中，以选择要执行的可选指令。布尔表达式可以使用与（AND）、或（OR）和异或（XOR）这样的运算符进行组合。通过定义这些数据类型（包括可能的标称值或序数值），可以在许多编程环境中表示分类变量，也可以设置基组是分类变量的集合变量。

数值数据可以很容易地转换为二进制数据。基数是正数，而整数集包括所有的整数和负数。还有实数是在连续尺度上测量的，因此理论上来说，在1.0到2.0之间存在无穷多个数值。然而，读者需要注意，在计算机和磁性介质上表示实数，精度是有限的。实数通常用浮点数表示法分为两部分，包括一个有效位和一个指数。有效位也就是有效数字，介于0和用于表示数字的基数之间（例如2或10）；而指数则表示小数点需要移动的位数，从而给出正确的值。例如，以10为基数时，我们可以用4.5E+09表示45亿。这里，有效值是4.5，指数是9；也就是说，我们需要把小数点右移9位，从而得到45亿这个数值。

非常小的数可以用负指数表示。数值数据可以使用数学函数和算术运算符来进行处理。

前面已经提到了字符，它们构成了用于表示名称、地址和其他文本数据的字符串的基础。字符串可以使用各种文本命令进行处理，包括：子字符串搜索、部分字符串保存和字符串拼接。

数据结构

前面描述的基本数据类型能够组成大数据结构。记录（record）或结构（structure）是可能具有不同数据类型的数据字段的笛卡尔积。在一些编程语言中，它们往往被称为结构，在其他地方则被称为是记录。例如，我们可能有一个记录，其中包含一个人的姓名、地址、出生日期、电话号码、性别、婚姻状况和信用卡余额。姓名和地址是字符串，电话号码可以是数值或字符串，也可以是包含三个数值（国家代码、地区代码和本地号码）的记录。如果我们不希望使用记录，并且需要在电话号码的开头有一个初始的“0”，那么使用字符串可能是合理的。出生日期可以用年、月、日三个数字的记录来表示。最后，信用卡余额是一串数值。记录类型可以是固定的，也可以是“可变的”，它包含某些数据的表达形式，而这些表达形式在其他数据中可能并不需要。例如，我们可以存储两回合足球比赛的比分，但假如需要的话，也可以只记录加时赛比分和点球决胜赛的比分。

数组是由相同类型的元素组成的有序集合。例如，字符串是一种特殊的数组，称为字符数组。我们还可以有包含数值、记录和任何其他基本数据类型的数组。通常，我们不太可能存储单个客户的记录，而会存储所有客户的相同形式数据，那么这就需要一个记录数组。二维数组可以用来表示游戏界面上的不同区域，这样就可以存储和检索在这些区域发生的事件。我们还可以有多维数据数组；例如，我们可以为比赛、半场比赛、半场比赛内的时间和比赛双方的球员设置数组维度。这种记录的元素可以是一个布尔字段，用它可以表示一个球员在给定的时间是否在场上，以及球员在赛场上的位置所对应的数字坐标（X，Y）。除了拥有记录数组之外，我们还可以将记录字段作为数组。因此，数组和记录可以组合成存储大量数据的复杂数据结构。处理数据时可以在内存中完成，但也有必要将这些数据结构存储在磁性介质上，这样当计算机无法工作时，数据也不会丢失。

数据库

自计算机出现以来，数据文件一直被用来存储数据，虽然随着时间的推移存储介质已经发生了变化，但是存储容量增加了，存储设备也更加小型和廉价了。一些受限的系统需要同时使用多个数据文件，而大型系统则需要维护更为复杂的文件结构，这也就导致了数据库的发展。数据库是文件的集合，这些文件通过数据库记录的关键元素之间的关系相互链接。使用数据库的好处是：可以围绕应用程序和组织的需求来设计和建模数据，并分别通过数据库管理系统和数据库查询语言应用一致的方法来存储和查询数据。现在数据库非常常见，它们的使用不再局限于商业组织和政府机构。相反，私人用户也可以使用像微软关系数据库管理系统（Microsoft Access, Microsoft Inc., Redmond, WA）这样可获取的商业软件来维护数据库。数据库将在第10章中详细介绍。

复杂数据

自然语言

自然语言超越了文本处理，因为它涉及计算机识别输入文本的语法和语义。这是复杂数据的一个例子，因为除了基本的文本数据外，还存储了关于语言属性的更高阶数据。如今有许多自然语言处理的应用，包括现在由免费软件就可以完成的语言翻译，如必应翻译（https://www.bing.com/translator, accessed 25/10/17）。谷歌翻译通过对手写或音频输入进行预处理后的文本进行翻译而实现了更快的发展（https://translate.google.co.uk/, accessed 25/10/17）。用户只需将手机对准通知和标牌上的文字或纸上、白板上的手写文字，这些文字就会被识别，将摄像头采集到的字符转换为印刷形式的字符，然后再翻译成用户自己的语言。有些任务不推荐使用自然语言处理，例如，识别、说明和修正阶段可能会减慢数据访问的速度（Shneiderman, 1980: 208）。

多媒体数据

多媒体计算在20世纪90年代初随着硬件和软件的进步而迅速发展。早期多媒体电脑的专业图形和声音功能现在已经成为现代电脑、智能手机和平板电脑的标配功能。多媒体不仅仅是文本、图像、视频、动画和声音处理工具的集合，而是它们在产品中的完美融合（Paulissen and Frater, 1992: 2–3）。在多媒体计算的早期，图像扫描仪等外围设备需要将照片输入计算机磁盘进行处理。同样，在视频序列计算机屏幕上显示之前，需要用视频采集卡将视频数据记录到计算机磁盘上。现在多媒体的使用更具互动性——内置在电脑、移动电话和平板电脑中的摄像设备使数据得以记录、编辑和交流。多媒体数据库已用于许多领域，包括医药和旅游（Paulissen and Frater, 1992: 9–12）。多媒体数据的一些复杂性来自它们的处理方式。Dartfish软件（Dartfish, Fribourg, Switzerland）的“simulcam”功能可以将两个视频结合在一起展示，以便进行直接比较。Dartfish用高山滑雪金牌和银牌运动员的视频来说明这种演示形式（https://www.youtube.com/watch?v=wZBOJnJM1XA, accessed 26/10/17）。即使在录制视频时使用不同的缩放和平移参数对这两个高山滑雪的视频进行处理后，其背景也会匹配起来。这是一项复杂的图像处理任务，除了原始视频外，还需要特定的数据结构来管理视频转换和合并的过程。类似的，在分析声音或语音数据时，与简单地存储和检索音频文件相比，需要更复杂的数据结构。

知识

知识工程（Knowledge engineering）是人工智能的一个领域，它与在计算机系统中获取和利用人类的专业知识有关。专家系统已经被开发出来并帮助解决了很多专业领域的问题（Lyons, 2015）。专家系统将来自多个专家的知识存储在一个知识库中。知识可以用多种形式表示，如事实和规则、谓词演算与框架。推理机（inference engine）用于对用户查询进行解答，对所存储的知识进行推理，从而得到解决方案。用来回答查询的一连串推理过程解释了结论是如何得出的，解释能力还可以阐明为什么专家系统在处理查询时要向用户询问特定的事实。这是通过围绕查询逐步建立一个解释包来实现的，其中包括被考虑的子问题和推理出解决方案的知识（O'Donoghue, 1985）。这种临时性会话知识包括对用户提供的信息进行推理得出的事实和知识库中存储的知识。专家系统还具有学习能力，能够在领域专家提供新知识时对知识库进行更新。专家系统特别适用于诊断任务，例如，专家系统可以根据一系列可测试的结果诊断设备出现的故障。

情报

近几十年来，我们收集数据的能力迅速提高，在将数据处理为信息的方式上也取得了进展。如前所述，计算机系统能够存储有关应用领域的更高阶知识，所以存储和处理的数据类型具有一系列不同程度的复杂性。情报和信息的区别在于，信息需要综合考虑上下文。而中央情报局（CIA, 1919）对情报的描述如下：

简而言之，情报是对我们周围世界的知识和先验知识——是美国政策制定者做出决定和采取行动的前奏。

因此，情报包括评估能力、意图和趋势，能够在采取行动之前预测局势；情报追求的是主动而不是被动。运动表现分析包括收集和分析数据，从而为训练和备战未来的比赛做决策。我们可以提供关于我们自己表现的信息以确定需要重视的领域，或者提供关于未来对手的信息以说明对手有优势的技术和战术。不过这些活动并不能提供情报。

体育情报方法会根据情境来解释信息，并通过在信息和知识片段之间建立联系来讲述故事。它也解释了为什么在特定背景下信息是重要的，因为它可以识别机会和威胁。情报具有可诉性，因此秘密进行情报工作非常重要，这样可以避免对手能够预见将要采取的行动。如果我们即将面对一场特定对手的比赛，我们可以考虑他们在赛程中的可用球员、比赛对对手的重要性以及他们对我们的优劣势的了解造成的威胁。在预测即将到来的比赛方面，我们可能会问自己，如果我们处在对手的位置，为了准备比赛我们会怎么做，由此确定我们应该如何准备应对这种行动。

信息技术史

前计算机时代

2017年10月，当这一章写完时，其中一位作者（O'Donoghue）观看了根据弗里德里克・福赛斯（Frederick Forsyth, 1971）小说改编的电影《The Day of the Jackal》。通过观看这部电影，可以了解在使用计算机系统之前管理数据的困难。

考虑这样一个虚构的情景：一系列事件使得法国安全部门相信他们试图逮捕的刺客使用了丹麦公民的身份，他们需要在刺客企图杀害戴高乐（De Gaulle）总统之前逮捕他。有两个关键的数据分析任务需要完成：第一个任务是他们需要查明是否有丹麦公民的护照在刺客去过的国家被盗，这包括要求丹麦大使馆在不损害他们自己情报工作的情况下提供信息，再根据信息找到并逮捕刺客。第二项任务是搜查去年护照被盗并且目前住在巴黎酒店的丹麦公民的名字。酒店有所有客人填写的信息卡片,将这些信息卡片收集起来快递至一个集中地点,在那里编写数百名丹麦男性的名单并按字母顺序排列后打印出来,然后发给负责此案的首席侦探。考虑到把丹麦客人的卡片和其他客人的卡片分开,并按姓氏的字母顺序进行排序的任务中,一些排序算法涉及卡片的N^2次比较和卡片互换(N是处理的卡片数量),这些都是需要人工来完成的耗时任务。然而,完成这些操作之后,在排序列表中查找名字会和在纸质电话目录中查找名字一样简单。现在想象一下信息技术是如何帮助安全部门的工作的。福赛斯(Forsyth, 1971)的小说中有一个具体例子:找到在特定国家被盗走护照的丹麦公民后,再将这些名字与目前住在巴黎酒店的丹麦男性客人进行对比,涉嫌护照失窃的数据库可以通过电脑查询访问并进行筛选。类似的,酒店客人的数据库也可以根据性别和国籍进行筛选,或者搜索包含特定姓名的记录。计算机和通信技术的使用迅速提高了安全部门使用数据的效率。在福赛斯的小说和该故事的电影版本中还有其他的例子:手工数据收集、分析和传输过程降低了安全部门的工作效率,并被刺客用来盗窃身份和逃避当局。信息技术的出现提升了工作效率,并降低了许多潜在的风险。然而,我们也应该认识到,信息技术的进步也伴随着网络犯罪、电脑黑客、间谍软件和恶意软件的发展。

在前计算机时代,即使是在最高水平的体育竞技运动中,想要分析即将对战的球员也会面临录像材料很少的状况。球探们可能需要通过参加未来对手的比赛才能提供报告,这意味着球队依赖的是二手资料。在某些情况下,执教是没有任何补充信息来协助教练的观察和分析的;或者正如海耶斯(Hayes, 1997)所说,执教是不会受到标记分析阻碍的。

计算机辅助的运动表现分析

尽管海耶斯(Hayes, 1997)表达了上一节所述的观点,但在前计算机时代,手工标记技术,例如标记图和简写符号,还是会被应用于记录运动表现的细节(Hughes and Franks, 2004)。就像在许多其他应用领域一样，计算机的使用已经为运动表现分析提供了许多益处。运动表现分析已经从使用大型计算机（Ariel, 2007）发展到使用更便携的个人计算机（Dufour, 1993）、笔记本电脑（Liddle and O'Donoghue, 1998）和iPad（Butterworth, 2016）。

最早的计算机标记分析系统用标准键盘上的按键取代了简写符号。计算机标记分析系统利用了先进的数据输入外围设备，包括概念键盘、数字化平板电脑、图形用户界面和触摸屏（Hughes and Franks, 1995）。语音识别也被应用于比赛分析系统中，如泰勒和休斯（Taylor and Hughes, 1988）的研究，以及Focus X2（Elite Sports analysis, Delgaty Bay, Scotland, UK）的语音识别功能。该系统可以通过训练来识别操作员所说的编码事件。用于运动员自动追踪的技术包括GPS装备（Mangan et al., 2017）、红外系统（Leser and Roemer, 2015）、超声波系统（Leser and Roemer, 2015）和图像处理（Carling et al., 2008）。应用于运动表现分析数据收集方面的技术还包括智能设备、测角仪、加速度计和传感器（Baca, 2015），以及眼动追踪（Liebermann and Franks, 2004）。

在基于Windows的操作系统出现之前，计算机比赛分析系统已经可以将系统输出通过窗体界面显示在计算机屏幕上（Hughes and McGarry, 1989）。

多媒体技术在将视频与结构化事件的数据库集成到如今使用的主要商业软件的过程中发挥了重要作用。这些系统制定输入标准，以便满足标准的视频片段可以交互播放或保存为独立的视频集锦。球员和教练可以在赛前会议和赛后总结时使用数码投影仪展示和讨论这些视频集锦片，视频片段访问和交互回放也可以使用数码投影仪来显示。然而，越来越多的人通过使用基于网络的线上教练软件可以更加灵活的访问视频片段，这使得运动员可以在训练之前，利用自己的时间用自己的手机或平板电脑观看比赛内容。这些软件还支持在线讨论需要关注的运动表现领域的有关内容。运动表现信息输出方面的其他进展还包括虚拟现实（Leser and Roemer, 2015）和增强现实（Wiemeyer and Mueller, 2015）。

随着数据处理能力、计算机便携性、输入和输出外围设备等方面的进展，数据存储能力也取得了进步，这使运动表现分析也大大受益。早期的个人电脑内存有限，例如，Acorn公司研发的BBC-B电脑只有32 kB内存，而且没有硬盘，这意味着所有的程序和数据文件都需要存储在100 kB的软盘上。其他早期的机器如康懋达公司推出的Commodore Pet电脑，使用磁带作为二级存储，而磁带设备的串行访问使得访问和更新数据的效率远远低于随机存取磁盘。IBM个人电脑和苹果Mac电脑拥有更强大的处理能力、内存和硬盘。这些设备在二级存储选项方面有所改进，以前使用的1.44 MB磁盘被记忆棒（memory sticks）和闪存所取代，存储容量为GB量级，而不是MB量级。现在的外部硬盘的容量是TB量级的，这与以前使用的服务器的存储容量相当。此外，互联网允许个人电脑访问云存储，这比使用记忆棒和外部硬盘更方便。出于备份的目的，云存储克服了将备份磁盘和个人电脑放在同一位置所涉及的风险。

物理硬件存储的进步使逻辑数据结构的进步成为可能。在早期基于计算机的运动表现分析中，运动表现数据被存储在基本数据文件中。随着数据存储量的增加和存储复杂性的提升，数据库系统开始被用来存储运动表现数据（Lyons, 2015）。如今，安装有商业视频分析软件的多媒体计算机自带硬盘，可以存储音频视频交错格式（AVI）和Windows媒体视频格式（WMV）等各种格式的比赛视频。

现在，体育信息的传递是实时的，通过卫星和地面电视报道可以实现比赛比分和新闻标题在滚动信息栏的实时直播。而在过去，如果球迷在10点新闻结束时错过了周中比赛结果的播报，他们可能要等到第二天才能在报纸上看到结果。今天，人们认识到数据在一定程度上为体育组织提供了优势，这使得独立的体育数据分析组织才可以存在于市场。通过球队、项目、场馆、锦标赛和体育管理机构的官方网站提供在线体育数据（Lorenc and Gonzalez, 2017: 147），体育组织在分析运动表现和营销活动时，也会混合使用内部和公共来源的数据（Breedlove, 2017: 112）。互联网为独立运动分析公司提供了可以直接有效地进入市场的平台，被称为“物联网”的智能设备网络为数据用户和数据提供商提供了比以往任何时候都更多的机会（Dabnichki and Miyaji, 2015）。

近几年，在运动表现分析中的一个主要变化就是对数据的使用超出了运动训练背景。为了娱乐和吸引观众，体育媒体将运动表现信息与体育报道相结合，现在的球迷们已经成为体育数据的消费者。体育赛事中信息和娱乐的这种融合被称为“信息娱乐（infotainment）”（Kirkbride, 2013）。柯克布莱德（Kirkbride, 2013）描述了这些数据是如何被“推送”给电视观众的，或是如何由互联网上提供体育数据的用户给“拽”出来的。在板球和F1赛车等运动项目中，数据通常是实时提供的。复杂的目标和球员追踪技术提供了大量精确的数据，这些数据被处理和概括为图形图像，如高尔夫球的飞行轨迹、球员接发球瞬间网球的位置以及板球到达区域线时的位置。这些数据能够扩大广播信号覆盖面积，也可以用来为官员的决策提供支持。更进一步的发展是使用视频和辅助数据增强球迷在体育场馆的体验感，同时增加体育组织的收入（Lorenc and Gonzalez, 2017: 148–150）。“智慧场馆（smart stadiums）”的开发动机是：由于广播公司提供的高质量报道，许多球迷能在家里观看体育赛事（Intel, 2014）。通过整合数据提供服务和球迷们拥有的现存“物联网”设备，可以经济高效地创建智慧场馆，而且体育组织者可以在双方都有利的情况下，通过与广播公司合作，在活动中向球迷提供视频和额外的可视化效果（Bukstein, 2017: 12）。

数据时代2025报告

希捷公司（Seagate）赞助的IDC（国际数据公司）在《数据时代2025》白皮书（Reinsel et al., 2017）中对“数据时代”的未来进行了推测。本节讨论该报告及其对运动分析的影响。白皮书预测，到2025年将会加剧的五大主要趋势：

1. 数据在商业和生活中的常规使用

2. 嵌入式系统和物联网
3. 移动和实时数据的使用
4. 人工智能
5. 数据安全

数据在商业和生活中的作用

《数据时代白皮书》预测了一个新的时代。到那时，智能家居设备、智能辅助技术和自动交通将会改变我们的生活方式。我们每天会明显有意或无意地与这些设备发生高达4 800次的交互，相当于平均每18秒发生一次交互。有关机构仍将积极收集数据(Farris, 2017: 75–76)并使用客户生成的数据(Mathew, 2017: 62–65)。我们可以预料，在训练和比赛中收集和分析的数据量会随着运动员佩戴监控设备的采样频率的增加而增加。《数据时代2025》报告还预测，随着设备互联程度的提高，单机设备的比例将下降。全球数据量将从16.1 ZB增加到163 ZB(即163万亿GB)，其中20%的数据将成为影响日常生活的关键数据，10%的数据将变为超关键数据。关键数据包括用户继续其业务和社会活动所需的数据，而超关键数据包括嵌入式医疗和交通应用。远程医疗的进展预计将在体育和其他应用领域变得更加普遍。

嵌入式系统和物联网

如上所述，组成物联网的设备会包含创建数据和通信数据的嵌入式系统。物联网设备包括芯片卡、安全摄像头、智能仪表、交通设备、智能建筑和玩具。《数据时代2025》报告对物联网的预测如下：

1. 到2025年，数据生成设备的数量将从每人不到1台增加到每人超过4台。

2. 生产数据在个人设备上的使用比例将会增长，而娱乐数据不会。这些生产数据大多存储在个人计算机和服务器上。

3. 产生的数据量将继续超过我们存储数据的能力。赖因泽尔等

（Reinsel et al., 2017）对此观点进行了客观的分析，预计2025年创建的数据量为163 ZB，存储163 ZB的数据需要160亿个12 TB的硬盘驱动器，而2007年至2017年仅生产了80亿个硬盘驱动器。

在训练和比赛环境中，我们预计嵌入式系统的使用将会增加。由于人们可以许多应用程序监控他们的训练状态，因此在休闲运动中，我们已经看到嵌入式系统的使用正在迅速增加。其中许多应用程序都连接到了全球的数据库，这允许人们比较他们在不同场地和距离上的运动表现。

使用移动和实时数据

报告预测，无论在何时何地有人需要，数据都将变得越来越容易获得，因为可获得的实时数据的增加是非实时数据的1.5倍。到2025年，全球75%的人口将拥有移动设备，近25%的数据将可实时获得。报告预测，这25%中95%的数据将由物联网创造。现在已经有大量的体育数据可供球迷们实时访问，然而，向用户实时提供进一步的数据仍有很大的发展空间。目前，教练和体育运动表现管理者使用的一些数据还无法在体育比赛期间实时提供。虽然这带来了技术挑战，但更重要的是要确保实时数据提供的任何发展都要优先处理，这也是为了避免正在生成但未使用的数据被大肆宣传（Ismail, 2017）。

人工智能

人工智能作为计算机科学的一个分支继续发展，预计到2025年将在大数据分析中发挥重要作用。该报告预测，到2025年，使用认知系统分析的数据量将增长100倍。该报告还认为人工智能可以帮助信用卡公司在60毫秒内发现欺诈行为，并将医疗、交通、保险和艺术等领域纳入可以应用人工智能的领域。体育运动中的许多运动数据的模式都可以用人工智能技术（如神经网络）进行分析。体育比赛中所产生的大量数据是一种可以在运动表现研究中被开发利用的资源。机器学习技术可以利用这些数据来寻找运动中成功的战术。

数据安全

《数据时代2025》报告承认了数据安全和隐私面临的威胁，以及不安全数据所占比例的不断增加。报告指出了数据安全的五个等级：

1. 锁定：用于超临界数据和关键数据。
2. 机密：用于有商业价值的数据，如工业研究和发展报告、客户名单。
3. 监管：如果没有安全措施，就可能出现客户信息泄露。
4. 合规：由于法律或专业原因而必须保留的信息。
5. 隐私：私人但不是至关重要的信息，例如个人电子邮件。

这些风险适用于运动表现数据，就像它们适用于个人银行信息一样。例如，战术数据落入对手手中可能会带来不公平的内幕信息（Marr, 2017）。马尔（Marr, 2017）还提到，与计划球员交易相关的数据泄露可能会危及谈判。

总结

本章讨论了在区分复杂数据和基本数据时的各种类型数据，还阐述了从前计算机时代到现在信息技术的发展，以及数据时代2025白皮书对体育方面的预测。随着物联网和其他系统创造的数据量的增长，收集的数据量和分析的数据量之间将会存在差距。因此，努力从运动表现中提供实时数据，关注教练、体育科学支持和客户所需的数据是至关重要的。

参考文献

Ariel, G. (2007) 'Sports technologies from Mexico City Olympics to the future Olympics in Beijing 2008', *6th International Symposium of the International*

Association of Computer Science in Sport, Calgary, June 2007.

Baca, A. (2015) 'Data acquisition and processing', In A. Baca (ed.), *Computer science in sport: Research and practice* (pp. 46–81), London: Routledge.

Breedlove, J. (2017) 'Developing and measuring the effectiveness of data driven direct marketing initiatives', In C.K. Harrison and S. Bukstein (eds.), *Sports business analytics: Using data to increase revenue and improve operational efficiency* (pp. 107–129), London: Routledge.

Bukstein, S. (2017) 'Evolution and impact of business analytics in sport', In C.K. Harrison and S. Bukstein (eds.), *Sports business analytics: Using data to increase revenue and improve operational efficiency* (pp. 1–22), London: Routledge.

Butterworth, A. (2016) 'Domestic and international netball performance analysis: A comparative reflection', *World Congress of Performance Analysis of Sport XI*, Alicante, Spain, November 2016.

Carling, C., Bloomfield, J., Nelson, L. and Reilly, T. (2008) 'The role of motion analysis in elite soccer: Contemporary performance measurement techniques and work rate data', *Sports Medicine*, 38: 839–862.

Central Intelligence Agency (Office of Public Affairs) (1999) *A consumer's guide to intelligence* (p. vii), Washington, DC: Central Intelligence Agency.

Dabnichki, P. and Miyaji, C. (2015) 'Computers, informatics and sport', In A. Baca (ed.) *Computer science in sport: Research and practice* (pp. 18–32), London: Routledge.

Dufour, W. (1993) 'Computer assisted scouting in soccer', In T. Reilly, J. Clarys and A. Stibbe (eds.), *Science and football II* (pp. 160–166), London: E and FN Spon.

Farris, M. (2017) 'The Aspire Group's ticket marketing, sales and service philosophy', In C.K. Harrison and S. Bukstein (eds.), *Sports business analytics: Using data to increase revenue and improve operational efficiency* (pp. 69–88), London: Routledge.

Forsyth, F. (1971) *The day of the Jackal*, London: Penguin (Hutchinson and Co).

Hayes, M. (1997) 'Notational analysis — The right of reply', *BASES Newsletter*, 7 (8): 4–5.

Hughes, M.D. and Franks, I.M. (1995) 'Computerised notational analysis, keynote address', *World Congress of Science and Football II*, Cardiff, UK, April 1995.

Hughes, M.D. and Franks, I.M. (2004) 'How to develop a notation system', In

M. Hughes and I.M. Franks (eds.), *Notational analysis of sport: Systems for better coaching and performance in sport* (2nd edn., pp. 118–140), London: Routledge.

Hughes, M.D. and McGarry, T. (1989) 'Computerised notational analysis of squash', In M. Hughes (ed.), *Science in squash* (pp. 156–168), Liverpool, UK: Liverpool Polytechnic.

Intel (2014) 'Smart stadiums take the lead in profitability, fan experience and security'. https://www.intel.com/content/dam/www/public/us/en/documents/solution-briefs/iot-smart-stadiums-brief.pdf, accessed 26th October 2017.

Ismail, N. (2017) 'Mobility predictions for 2017', *Information Age*. http://www.information-age.com/mobility-predictions-2017-123463851/, accessed 18th March 2018.

Kirkbride, A. (2013) 'Media applications of performance analysis', In T. McGarry, P.G. O'Donoghue and J. Sampaio, J. (eds.), *Routledge handbook of sports performance analysis* (pp. 187–209), London: Routledge.

Leser, R. and Roemer, K. (2015) 'Motion tracking and analysis systems', In A. Baca (ed.) *Computer science in sport: Research and practice* (pp. 82–109), London: Routledge.

Liddle, S.D. and O'Donoghue, P.G. (1998) 'Notational analysis of rallies of European Circuit badminton', In A. Lees, I. Maynard, M. Hughes and T. Reilly (eds.), *Science and racket sports II* (pp. 275–281), London: Routledge.

Liebermann, D. and Franks, I. (2004) 'The use of feedback-based technologies', In M. Hughes and I.M. Franks (eds.), *Notational analysis of sport: Systems for better coaching and performance in sport* (2nd edn., pp. 40–58), London: Routledge.

Lorenc, M. and Gonzalez, A. (2017) 'Leveraging digital marketing to engage customers and drive revenue', In C.K. Harrison and S. Bukstein (eds.), *Sports business analytics: Using data to increase revenue and improve operational efficiency* (pp. 145–156), London: Routledge.

Lyons, K. (2015) 'Databases and expert systems', In A. Baca (ed.), *Computer science in sport: Research and practice* (pp. 33–45), London: Routledge.

Mangan, S., Ryan, M., Devenney, S. and Collins, K. (2017) 'The relationship between technical performance indicators and running performance in elite Gaelic football', *International Journal of Performance Analysis in Sport*, 17. https://doi.org/10.1080/24748668.2017.1387409.

Marr, B. (2017) 'The big risks of big data in sport'. https://www.forbes.com/

sites/bernardmarr/2017/04/28/the-big-risks-of-big-data-in-sports/#319883887c6f, accessed 26th October 2017.

Mathew, R. (2017) 'Customer relation management and fan engagement analytics', In C.K. Harrison and S. Bukstein (eds.), *Sports business analytics: Using data to increase revenue and improve operational efficiency* (pp. 53–68), London: Routledge.

O'Donoghue, P.G. (1985) 'An expert system for prescribing safe exercise training programmes', M.Sc. Dissertation, Jordanstown, UK: University of Ulster.

Paulissen, D. and Frater, H. (1992) *Multimedia-mania: Experiencing the excitement of multimedia computing*, Grand Rapids, MI: Abacus.

Reinsel, D., Gantz, J. and Rydning, J. (2017) '"Data Age 2025: The evolution of data to life-critical don't focus on Big Data; Focus on the data that's big", an IDC White Paper', *Sponsored by Seagate*. https://www.seagate.com/www-content/our-story/trends/files/Seagate-WP-DataAge2025-March-2017.pdf, accessed 11th April 2017.

Shneiderman, B. (1980) *Software psychology*, Cambridge, MA: Winthrop Publishers.

Taylor, S. and Hughes, M. (1988) 'Computerised notational analysis: A voice interactive system', *Journal of Sports Sciences*, 6: 255.

Wiemeyer, J. and Mueller, F. (2015) 'Information and communication technology-enhanced learning and training', In A. Baca (ed.) *Computer science in sport: Research and practice* (pp. 187–213), London: Routledge.

第三章　交互式可视化

简介

在运动表现分析的圈子中，“可视化”这个术语已经不算什么新鲜事。当一个人阅读有关可视化的教科书（Few, 2009; Kirk, 2012; Yau, 2011），并研究在社交媒体上使用的例子时，他很快就会发现，所谓的可视化已经存在了几个世纪。可视化是使用视觉呈现的手段对数据进行总结的方法。柯克（Kirk, 2012: 122–158）提供了一种优秀的数据可视化方法分类方法，包括标准饼图、区域图、散点图、折线图、箱形图、条形图和柱状图，以及一些不太为人所知但非常实用的方法，如树状图、流图、流向图、和弦图和有向图形等。目前流行的文字处理、电子表格和演示软件都提供了构造各种图表的方法。像Tableau（www.tableau.com, accessed29/11/2017）这样的软件比电子表格和统计分析软件中的图表绘制工具为数据可视化可提供更大的灵活性和功能性。然而，这些软件需要一定的使用技巧才能使得生成的图表具备最优的数据传递效率，同时增强阅读图表人员的理解效率。菲尤（Few, 2009: 19–24）列出了分析师在可视化数据和加强沟通方面应该具备的素质。分析人员需要对数据感兴趣，这样才有动机去探索和发现可以呈现的更吸引人的模式和对比效果。分析师还需要具备良好的解决问题的能力，这样他们才可以选择最为合适的可视化方式来展示分析结果。分析师需要有条理地使用他们所掌握的工具来开展数据分析和数据展示。这也需要创造力和想象力来尝试不同的方法。分析师在工作中遇到的问题可能需要他们使用以前从未接触过的系统特性和选项，因此分析师的数据分析和可视化技能水平可以随着经验而逐步提高。分析师应该对探索结果持怀疑态度，并寻找可能犯下的错误。熟悉数据及其上下文有助于发现潜在的分析错误。

尽管许多图表类型都不是新出现的，但我们与数据交互的灵活性已经发生了变化。可视化更具包容性，不再是一项需要统计专家才能完成的任务（Kirk, 2012: 8, 18–19）。该技术可以让图表按照不同的变量进行分类，也可以基于实例或时间标准来进行过滤，还可以突出强调选定的案例或者可能会影响数据的事件（Few, 2009: 55–82）。图表上的单个数据点可以被点击，在弹出的对话框中可显示进一步的细节。菲尤（Few, 2009: 55–82）还描述了如何通过重新表示平均数据（如百分比或每公斤）来调整图表。图表可以使用不同的图表类型来重新显示，还可以添加更多的变量和样本。坐标轴可以重新调整，使得数据在图表空间内的展示更加有效。例如，职业足球运动员的转会费或收入正向倾斜，很少有球员的价值高于中值。因此，显示这些变量的图表可能需要使用对数尺度重新进行调整。缩放和平移也是可行的，这样可以更精确地显示我们所感兴趣的范围。图表在研究过程中可能会被添加“书签”，以便于分析师在分析过程快速打开。

认知和感知

成功的数据可视化需要理解数据的发送方和接收方的观点。柯克（Kirk, 2012: 16）的模型将信息置于中心，对这两个角色进行了说明。信息的发送方试图传达的是他们在数据和思路中发现的东西。而信息的接收方可能是一个决策者，他不仅需要理解信息，而且需要被它说服和激励。人类的大脑通过感知和认知来处理信息。感知和认知的知识有助于分析师提高他们提供给决策者的信息的影响力和清晰度。感知是对来自外部环境的感官数据的组织和处理，是利用感官的刺激来探测事物，而不是去理解事物。而认知则是通过思考我们感知到的信息和我们不一定经历过的想法来获取知识的。认知是用来解决问题和发起行动的。由于信息共享、感官信息与人类所理解概念进行“绑定”的需要、注意力在关注我们所看和所听内容中的作用以及对由多种感知形状组成的复杂物体的理解能力等原因，感知和认知并不是截然分开的两部分（Tacca, 2011）。视觉是我们最强大的感官（Few, 2009: 6, 30–31）；我们对纹理、形状、大小、颜色、方向、曲率、模糊、空间位置和运动的识别能力几乎全部得益于知识和记忆。

现在就看看或者听听周围的环境，可以说，你正在处理大量的信息。想想要编写一个计算机程序来处理这些信息并从中学习需要如何操作。我们可以很容易地分离或组合形状，处理部分模糊的物体，判断距离和阴影。我们认为原始的视觉特征取决于我们处理信息时使用的抽象级别。你可能只需要使用自己刚刚处理过的信息的一小部分来确定你在哪里和一天中的艰难时间。同样，处理音频信息的复杂性也常常被认为是理所当然的。某个单词可以在语句不停顿的情况下穿插到其他单词中，但人类却能够识别出单独的单词。再次考虑一下计算机程序在处理“Good morning, how are you?”这样的声音时必须做的事情。面对这样的声音时必须做的事，就是把它分成五个可以处理的单词。

尽管人类大脑具有处理复杂信息和通过视觉感知识别模式的能力，但由于信息呈现的方式不同，我们仍然经常无法识别重要的概念。被骗也是很有可能的，因为信息可能会以故意误导的方式呈现。因此，当我们向决策者提供信息时，我们应该用可以提高理解速度和准确性的方式来呈现它。以这种方式为特定的受众提供信息，有助于减少理解时间（Sleeper, 2017）。

至于运动表现方面的分析，视频回放中的配音和仪表盘是两个增强型演示的例子。视频回放中会包括教练希望运动员注意的事项。比赛统计数据可能会揭示比赛中有问题的地方，这将在使用的视频片段中进行强调。有时，统计信息也会包含在视频中，通过协同呈现这两种类型的信息；然而，将文本叠加在视频片段中是很糟糕的做法。无论文本有多相关，运动员都应该观看视频片段，而不是因为必须阅读文本而从丰富的视频信息中分心。因此，这些观点会出现在视频的配音中，这样可以让运动员一边看视频，一边听这些观点。关于大脑如何处理信息的理论有许多，但由于运动员可以一边积极观看视频回访，一边讨论运动表现，可以得出他们在观看视频片段的同时听音频信息并没有分散太多注意力。

仪表盘以一种有助于快速理解和决策的方式来呈现关键信息（O'Donoghue and Holmes, 2015: 68–84）。仪表盘中的每条信息都需要以正确的视觉方式显示，使得消息得到有效地传递。图表的视觉特性允许在200毫秒之内使用短期记忆来处理信息（Healey et al., 1996）。当仪表盘将类似的信息组合在一起时，短期记忆的使用也可以得到优化。

信息也应该以我们熟悉的方式进行呈现。例如，在生物力学中，动画可以让观测者使用他们的专业知识和能力来评估技术，以区分好的和有缺陷的技术。随着工程技术的进步，这些动画已经从二维的简笔画发展到虚拟骨骼或使用真实运动员或患者之前记录的数据所生成的真人动画。

运动表现中的可视化趋势

趋势是指随着时间的推移而变化的模式，它可以通过直观的显示方式来识别事物出现的改进和波动（Farris, 2017）。数据可以与参考值一起呈现，帮助观测者进行数据评估（Few, 2009: 96）。图3.1显示了如何使用参考值来评估运动表现趋势；具体的例子是2014—2015年英超联赛赛季中，阿森纳足球队在对手半场的传球准确度（Nisotaki, 2016）。加粗的黑色曲线代表阿森纳在对方半场的传球准确度，而另外四条曲线是这个变量的五分位线，用于表示竞争者的传球精确度。这些五分位值是根据与每个对手交手时的所有表现计算出来的。例如，与水晶宫队比赛的五分位值是根据水晶宫队对手的表现来进行计算的。这将对水晶宫队的表现划分为五个等级：水晶宫队对手比赛表现最高值的20%，接下来次高的20%，中间的20%，倒数第二最低的20%和最低的20%。这些五分位值可以通过使用回归方法来计算，以竞争球队水平（以联赛积分或排名来表示）为基础建立传球表现模型。然而，足球的运动表现是由多种进攻和防守能力组成的，这意味着我们不能简单地将传球表现与赢球联系起来。有些球队可能在防守方面比在传球方面做得更好，而另一些球队可能在传球方面比他们在联盟排名上的表现要好得多，造成排名不高的原因是他们在其他方面的表现不够理想。因此，图3.1所示的五分位线可以通过球队对手的传球表现来证明。想想阿森纳对战水晶宫的第一场比赛。为了评估阿森纳在这场比赛中的表现，我们通常都会问："当阿森纳对阵水晶宫的时候，他们的传球表现是好，一般，还是差？"这是因为阿森纳在本赛季的第一场比赛中面对的是水晶宫。图3.1显示阿森纳在对手半场的传球成功率是英超球队中最高的20%。这种方法考量的球员表现是相对于对手能力的，而不是自身绝对的能力。以曼联桑德兰的比赛为例，曼联是一个强大的对手，和他们比赛时的传球成功率比和其他对手比赛时要低。这一点从与曼联的比赛的球队的传球成功率最低的五分位数就可以看出。以阿森纳对曼联的第一场比赛为例：阿森纳在对手半场的传球精度与上一场对阵斯旺西城的比赛相似。然而，当我们把阿森纳的表现与对这两个对手的比赛数据联系起来时，我们发现阿森纳对曼联的传球准确率排名在前20%，但在对斯旺西城的比赛中仅排名60%左右。这意味着英格兰足总杯在对阵斯旺西城的比赛中，有近40%的球员在对方半场的传球准确率高于阿森纳的这场比赛。另一方面，桑德兰是一个比曼联更弱的对手，球队在对阵桑德兰时往往比对阵其他对手的比赛拥有更高的传球准确率。我们可以看到，阿森纳在对桑德兰的第二场比赛中，无论从绝对还是相对的角度来看，他们的传球准确率都比第一场比赛要高。

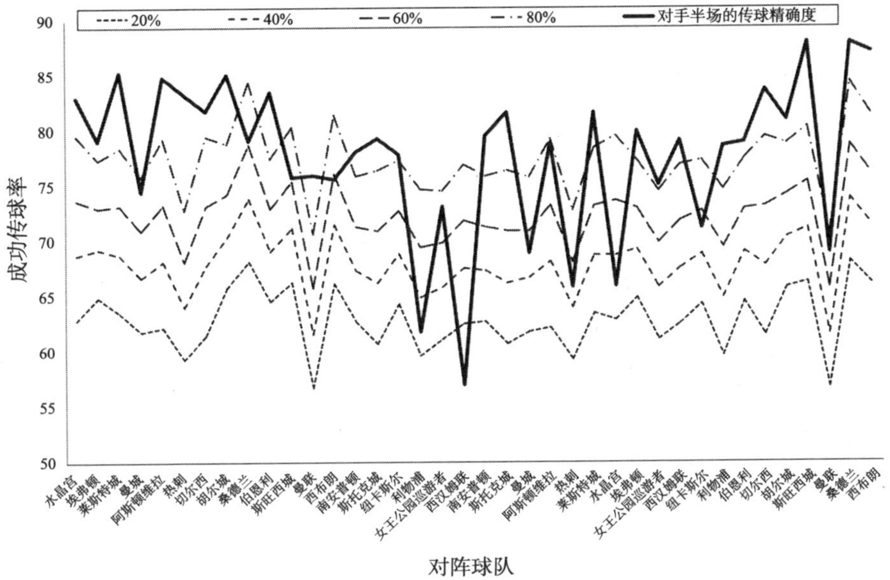

图3.1　2014—2015年英超联赛赛季阿森纳在对手半场成功传球给队友的比率（Nisotaki, 2016）

图3.1中显示的五分位线不是平行的。这是因为有些对手在防守上比其他对手更稳定。这反映了在对手球队半场的传球准确率范围比联盟中的其他球队更小。从阿森纳在2014—2015年赛季对阵水晶宫和埃弗顿的前两场比赛可以看到，在对阵水晶宫的比赛中，对方半场的传球准确率的范围比埃弗顿高得多；也就是说，水晶宫的防守比埃弗顿更不稳定。在控制对手传球方面最稳定的球队是纽卡斯尔联队；纽卡斯尔联队对手的传球准确率在20%的水平和80%的水平之前的差距为4.78%。切尔西是控制对手传球最不稳定的球队；20%的水平和80%的水平之前的差距是7.64%。因此，当我们与一个给定的对手比赛时，五分位不仅告诉我们

传球准确度应该有多高或多低，而且告诉我们在与给定的对手比赛时我们可以预期的传球准确度的范围。

在讨论了参考值后，我们可以从绝对和相对的角度来考虑阿森纳的表现。可视化的趋势旨在强调变化率以及选定变量的波动（Kirk, 2012: 68–69）。在该赛季的前17场比赛中，除4场外，阿森纳在对手半场的传球准确率在与对手的比赛中是排名前20%的。然而，在接下来的三场比赛中，阿森纳有两场的传球表现是本赛季最差的（对阵利物浦，尤其是对西汉姆联）。从阿森纳对阵南安普顿的第二场比赛到对阵纽卡斯尔联队的第二场比赛，传球的表现一直不稳定。在这些比赛中，当考虑到对手球队的实力时，传球的准确率往往在前20%和中间20%或以下之间交替。这种不稳定的传球状态在他们与利物浦的第二次比赛中结束了。在该赛季余下的8场比赛中，阿森纳的传球表现在对其他球队的比赛中排名前20%，其中包括对阵曼联的比赛，对手半场的传球准确率偏低是其自身实力造成的。

十项全能准备工作的决策

十项全能

本节以田径十项全能为例，说明如何将数据可视化，以帮助教练和运动员做出决策。十项全能由10个项目组成，如表3.1所示。运动员需要做好最佳准备，以最大化他们在十项全能项目中获得的分数。十项全能运动员可能会遇到的问题包括：

1. 在哪些项目上可以改进，从而使总分更多？

2. 在给定的时间范围内，每个项目的成绩可以提高多少？成绩的提高水平是否取决于运动员目前在该项目上的能力？

3. 某个项目的成绩提升是否会降低其他项目的成绩？

4. 是不是有共同体能和技术要求的项目都能从相同的训练中受益？

5. 是否某些项目比其他项目更为“重要”，表现的可变性对得分的影响比其他项目更大？

6. 参加十项全能比赛的运动员有哪些类型？包括的项目和记分规则是否对某些类型的运动员有利？

所有这些问题都很重要，但归根结底，最令人感兴趣的是第一个问题。其他问题都与第一个问题有关；因此，数据科学家需要了解十项全能项目以及如何计算得分，并帮助每个运动员确定需要项目优先级。

表 3.1 十项全能的得分系数（国际田联，2001：24）

项 目	A	B	C
100米（秒）	25.434 7	18	1.81
跳远（厘米）	0.143 54	220	1.4
铅球（米）	51.39	1.5	1.05
跳高（厘米）	0.846 5	75	1.42
400米（秒）	1.537 75	82	1.81
110米栏（秒）	5.743 52	28.5	1.92
铁饼（米）	12.91	4	1.1
撑竿跳（厘米）	0.279 7	100	1.35
标枪（米）	10.14	7	1.08
1 500米（秒）	0.037 68	480	1.85

最终，项目优先级将由决策者进行选择；因此，本章关注的问题是如何将数据可视化，以便为决策过程提供最佳信息。

十项全能计时项目的计分公式为式（3.1），投掷和跳跃项目的计分公式为式（3.2）。计时项目的时间越短越好，投掷和跳跃项目的距离越大越好。

在公式中，X是按照表3.1所示测量的运动员的成绩，得分系数A、B和C取决于被评分的科目。十项全能的总分是10个单项分数的总和。

$$Points = A(B - X)^C \quad (3.1)$$

$$Points = A(X - B)^C \quad (3.2)$$

数据收集与检验

为了更好地理解十项全能并回答上一节开始提出的问题，我们需要基于数据开展研究。本章基于2007年至2017年期间，100名十项全能世界冠军和奥运冠军的211项成绩进行分析。这些数据来自公开的结果（https://en.wikipedia.org/wiki/Category:Decathlon_at_the_World_Championships_in_Athletics, accessed 26/7/17; https://en.wikipedia.org/wiki/Category: Decathlon_at_the_Olympics, accessed 26/7/17）；以上网址记录了每位运动员在各项目的时间、距离、该项目的得分以及十项全能的总分。同时，初始的预处理也是必要的；例如，1 500米的成绩是按照X分X秒来记录的，需要转换成以秒为单位。另外一些以米为单位的距离记录（如跳远）需要换算为以厘米为单位。任何未能将10个项目全部完成的不完整记录都应被排除。

所有的数据都需要经过三个阶段的彻底检查。首先，利用每个项目的成绩，基于公式（3.1）和公式（3.2）计算项目得分，确保计算和记录的分数是相同的。当记录与计算的分数不一致时，成绩的记录或分数的记录可能有误。所以错误的数据需要根据最初的来源来重新检查，并在可能的情况下予以纠正。之前的数据来源中有两个出现错误的案例，因此我们访问了第二个数据来源（https://www.iaaf.org/results, accessed 13/8/17），结果表明这两个错误案例的最初数据来源并不准确，因此我们对数据进行了纠正。这个过程同时还验证了2007年至2017年所有十项全能比赛都采用了相同的积分规则。在数据收集之前，我们已经研究过十项全能的设备和规则，在得分方面的规则没有明显变化。另外，在电子表格中对数据进行这样的检查只需要15分钟时间，为了获得额外的保障，数据检查是值得的。

第二步，将每个十项全能运动员10个项目的得分相加，并与记录的总分进行比较，以判断是否出现错误。这个阶段的错误可能出现在十项全能的总分记录中，也可能出现在个人项目的成绩（时间或距离以及相应的得分）记录中。当总分出现任何不匹配时，需要重新检查最初的来源并更正数据。这表明在检查的第一阶段中没有发现其他错误。

第三步，在所有211个成绩中检查每个项目的最低和最高得分。比如在110米栏比赛中，一名运动员获得了8分，可能是因为完成比赛前在跨栏时摔倒了，这样的成绩不能被包含在内。一旦完成了上述操作，所有项目中的最低得分为381分，对应的项目是1 500米，成绩为5分钟33.7秒；最高得分为1 068分，对应的项目为跳远，成绩为8.03米。十项全能总分的区间在7 021分至9 045分。

在排除未完成的项目时存在一个问题：它减少了用于研究运动员在连续几个赛季进展的单个项目数据量。分析十项全能的一个目的是找出可以提高得分的项目。试想，一名运动员在2015年成功完成了除跳远外的所有项目，只在跳远时连续三跳都没有成绩。当我们排除这个项目时，我们还可能会失去运动员完成的其他九个项目的两个逐年递增配对（2014至2015年和2015至2016年）。这样的结果既有优点也有缺点，其主要优点是：增加了用于分析赛季间进展的个别项目数据。主要的缺点是：如果运动员在十项全能的一个项目中已经失败，那么其他部分项目的表现可能就不那么有竞争力，甚至可能带有实验性质目的。这些数据可能不适用于十项全能竞赛中的各个项目。

不同单项的得分范围

我们考虑一下之前提出的问题：是否有些项目比其他项目更“重要”，其表现的可变性对得分的影响比其他项目更大？图3.2以箱线图的形式显示了10个单项211个得分中的分值分布的分析结果，它表示四分位之间的范围，只要值在1.5个四分位的范围内，箱线就会显示剩余值的范围。超出这个范围的异常值都用圆圈表示。这种表示方式可以直接向观众显示运动员在哪些项目中得分最高，哪些单项的得分差异最大。十项全能项目单项之间的比较，应该考虑不同状况和不同组之间值的范围、分布和排名（Kirk, 2012: 67–68）。撑竿跳和标枪有最大的四分位范围，这意味着一项成绩的排名在这两个项目中增加或减少的分数要多于其他项目。基本上，在这两种情况下，从最佳表现下降1/4和从最差表现上升1/4之间的分差比任何其他情况都大。

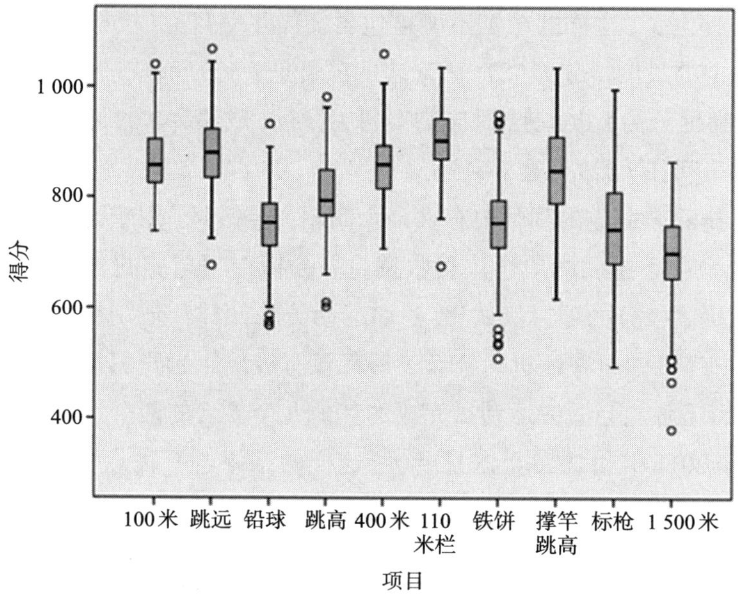

图3.2　10个单项得分分布（*n*=211）

我们也可能对其他的奖牌获得者和运动员的得分趋势感兴趣。这些数据可以用来为未来十项全能比赛的运动员设定目标。获得银牌或铜牌运动员的目标是金牌，在前一届锦标赛中排名第五到第十的运动员的目标是获得奖牌，排名在15到20之间运动员的目标是进入前10名。也许有一名准备参加奥运会或世界锦标赛的十项全能比赛的运动员，他在国内的比赛中获得了个人最好分数，并根据可行的进步设定了目标。图3.3显示了2007年至2017年间在世界十项全能和奥运会十项全能比赛中获得不同名次所需要的分数。

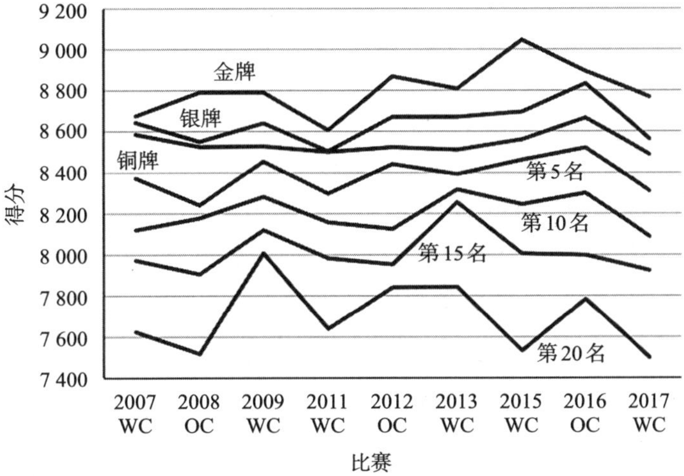

图3.3 2007—2017年世界十项全能（WC）和奥林匹克十项全能（OC）锦标赛得分

不同项目之间的关系

现在让我们考虑一下前面的问题："一个单项的进步是否会导致其他单项的分数降低"以及"具有共同体能和技术要求的单项是否都会从相同的相关训练中受益？"可视化变量之间的关系可以识别连接、关联和异常（Kirk, 2012: 69–70）。然而，在十项全能比赛中，存在45对单项之间的两两相互关系。简单的相关矩阵可以显示10个单项中两两之间的关系。然而，也可能存在三个或更多相关变量的集合。主成分分析法（principal components analysis）可以用来确定变量之间的这种关系。可以用全部的211项成绩，也可以用100名运动员最佳成绩的数据来进行因子分析。本章采用了后一种方法，以避免出现关联关系的研究中过分针对参加过多次世界锦标赛和奥运会优秀运动员的。最初探索性的主成分分析提取了三个特征值超过1.0的因子，共解释了数据中64.3%的方差。然而，最后两个单项（标枪和1 500米）没有使用到上述三个因子中的任何一个。（$|r|<+0.500$）。因此，我们尝试用进一步的主成分分析来提取两个额外的因子，希望能包含这两个单项，从而使所有提取的因子在因子旋转后特征值都大于1.0；特征值小于1.0的因子不如使用原始变量分析更为有效。

这次主成分分析提取了5个因子，总共解释了数据中80.5%的方差。旋转使主要成分的特征值减小，但使第4、第5分量的特征值增大至大于1.0。因子载荷图可用于显示多维空间内单项之间的关系（Miller, 2016: 13, 72）。图3.4（a）至3.4（c）的载荷图显示了各单项的分数如何加载到这些主要成分上。主成分如图3.4（a）、3.4（b）所示，与100米（r=+0.879）、跳远（r=+0.755）、400米（r=+0.844）得分高度相关，与110米栏（r=+0.485）得分正相关；因此，这四个单项似乎通过速度和力量这两个共同的属性联系在一起。PC2（第二主成分）具有较重的载荷，由铅球（r=+0.828）和铁饼（r=+0.908）所获得的分数构成，并与标枪（r=+0.364）呈正相关。因此，这三个投掷项目是相互关联的。PC2与1 500米比赛的得分呈负相关（r=−0.484），表明铅球和铁饼成绩的提高会降低1 500米比赛的成绩。如图3.4（b）所示，PC3的载荷来自撑竿跳（r=+0.860）和110米栏（r=0.641）的得分。这两个单项可能有相似之处，比如起跳能力。图3.4（c）显示了PC4和PC5的项目载荷。PC4与跳高得分高度相关（r=+0.909），与跳远得分正相关（r=+0.455），可以理解为数据内代表跳跃的维度。最后，PC5有来自标枪（r=+0.821）和1 500米（r=+0.609）分数的载荷。这可能是因为与十项全能中另外两个投掷项目的准备阶段相比，标枪的助跑更有赖于有效的跑步技术。主成分分析包括一些主观的过程，如确定提取主成分的数量、使用的解决方案和主成分应如何解释。一种因子旋转技术结合可提取的主成分数量可产生几种解决方案。而解决方案的选择需要分析人员考虑不同解决方案中主成分上载荷变量的性质，以及考虑哪个解决方案最符合逻辑和相关理论。这就对经验、知识和专业技能提出了要求。

十项全能运动员的类型

我们现在转向是否有不同类型的十项全能运动员的问题。通过将层次聚类分析应用于数据集中100名十项运动员的最佳表现来进行研究。首先对数据进行量纲化处理，这样各个单项就可以用它们在总分中所占的百分比来表示。这样做是为了避免出现十项全能运动员的实力水平影

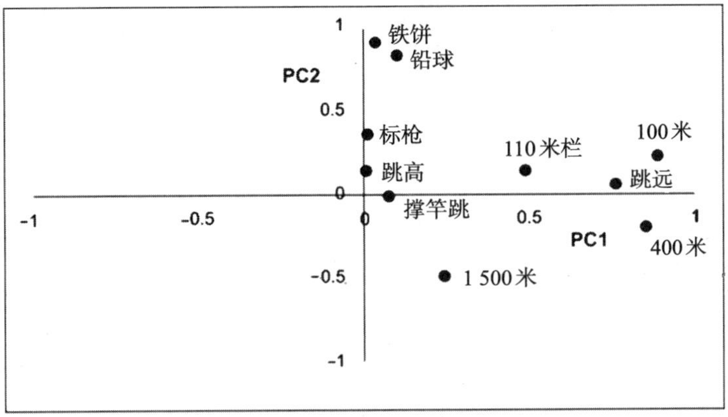

（a）主成分PC1和PC2的载荷图

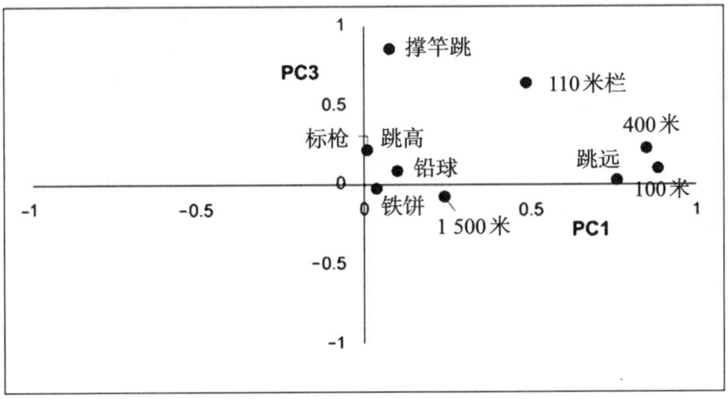

（b）主成分PC1和PC3的载荷图

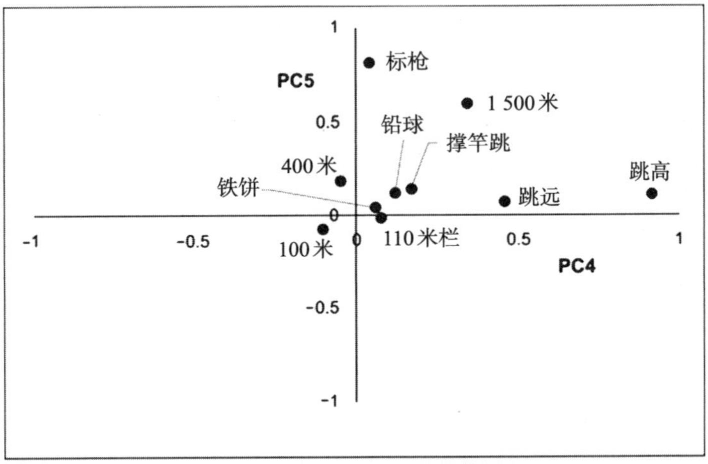

（c）主成分PC4和PC5的载荷图

图3.4　从十项全能数据中提取的五个主成分的载荷图

响分析结果的情况；本节要研究的是关于十项全能运动员的类型和他们如何得分，而不是他们得分多少。使用层次聚类分析可以产生一系列的解决方案；因此，就像主成分分析一样，层次聚类分析也存在着需要分析人员判断的因素。树枝形结构关系图（dendogram）显示了将运动员集合分解为；这些簇不断分裂，直到在树枝形结构关系图的最底部有100个独立的十项全能运动员。树枝形结构关系图的垂直线表示不同簇之间的距离；因此，在理想的情况下，我们希望在簇内有短的垂直线，这样的运动员就是相似的（表明这些运动员能够划分为一类），但事实上，不同的簇之间有着较长的垂直线（表明这些簇之间存在较大差异）。当确定了七个簇（分别包括76、9、7、3、2、2和1名十项全能运动员）时，接下来的五个簇的数据都只包括了一到三名运动员而不是将76名运动员划分到由10名或更多组员的簇里面去。因此，我们决定选择7个簇的解决方案。有可能出现单独一个运动员组成一个簇的情况，这是不可避免的，因为在第一次创建簇时就出现了一个运动员独自构成一个簇，而剩余99个运动员构成一个簇。

图3.5显示了三个主要组别的平均成员从10个单项获得的总分百分比。这说明76名十项全能运动员（C1）模态组在标枪成绩上高于其他两个组，但在其余的任何单项中都不是最高的。相对于其他项目，C1组接下来最成功的项目是铅球和铁饼。这五个项目的得分比其他两个组低，但并没有低很多。在跳高、400米、110米跨栏、撑竿跳和1 500米成绩相对较好的项目组中，C2组的表现最不一致，但铅球和铁饼得分比其他两个组少得多。C3组在100米、跳远、铅球、铁饼等项目中表现较好，但在标枪、撑竿跳等项目中表现不佳。图3.5中使用的折线图只是不同运动员组群在不同项目上表现的一种可视化方式。

虽然其他四组为1到3个十项全能运动员组成的小组，但可能非常重要，特别是如果我们正在研究的十项全能运动员是这些小组中的成员的时候。如果在图3.5中再添加四条曲线可能会使得可视化效果模糊不清，所以另一种选择是使用复合柱状图，这将避免多条曲线相互交叉，但由于

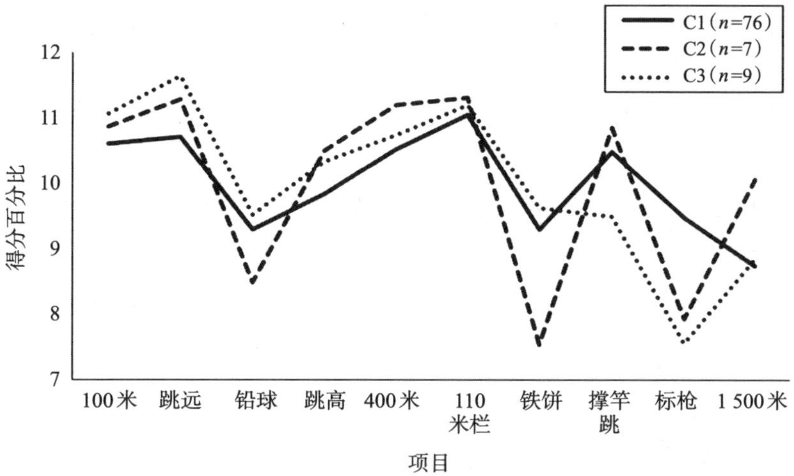

图3.5　十项全能三大类运动员在10个项目中获得的十项全能得分百分比

使用了完整的0—100%的刻度，这也限制了簇之间的差异以至于难以识别。我们的解决方案是使用如图3.5所示的折线图，但不同时显示所有的7个簇。相反，我们可以用中间颜色（如蓝色和绿色）显示三个主要的簇，使用更明亮的颜色（如红色或黄色）来突出另一个簇，一次只显示一个额外的簇。交互式可视化允许对这样的折线图进行交互过滤，以便在任何时候只显示选定的簇。

不同项目的可行性改进方案

现在我们转向我们最初的第二个问题："在给定的时间范围内，提高每个项目的水平是可行的，提高水平是否取决于运动员当前在该项目上的能力？"这和辨别十项全能运动员在某个领域的表现不如其他领域的表现是一回事。下一步是为提高这一项目而设定合理的目标。要做到这一点，我们需要知道在给定的时间内，什么水平的改进是可行的。在本章使用的数据集中，有65个十项全能运动员有上一年度的数据。这就让我们的配对分析可以查看十项全能中不同项目可能的改进范围。图3.6是一个箱形图，它揭示了某些运动员在某一单项上的得分有所提高，而另一些运动员的得分可能比前一年有所下降。图中的星号(*)是“极值”，表示超过三个四分位数范围，超出连续历年得分变化的四分位数区间。铁饼、撑竿跳和标枪的得分变化幅度最大，而400米和铅球的得分变化幅度最小。

图3.6中位数区域所示的进步空间可能不适用于所有运动员。一个运动员在某一项目的得分已经处于较高水平，他比其他在该项目得分处于最低四分位的运动员的进步空间要小。表3.2总结了连续历年在各项目中提高分数的运动员的数据。撑竿跳是大多数运动员进步最多的项目(n=47)，而铅球的进步最少(n=27)。在每一个单项中，得分的提高与运动员一年前该单项的得分呈负相关。这证实了你做得越好就越难提高的事实。在10个项目中，有8个项目基于前一年的成绩建立了预测改善的回归模型。其主要含义是：随着从某个项目中获得的分数的增加，其分数进步的幅度会减小。虽然铅球在成绩变化上的变异性最低，但铅球成绩与铁饼成绩相关，这意味着可能会存在有对这两个单项都有利的训练。

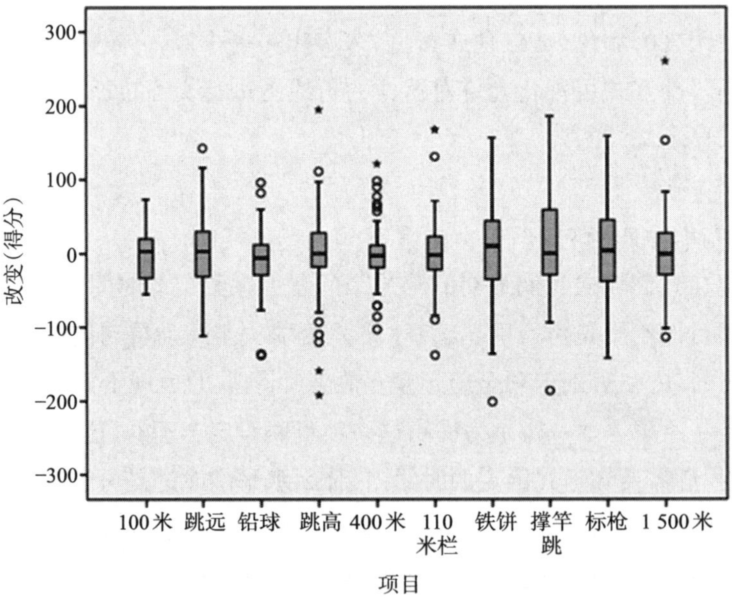

图3.6 连续历年十项全能各项目得分变化(n=65)

进步程度的标准差适用于分析运动员相对任何之前参加过的项目得分均值的变动情况。例如，我们选择在分数上实现了最大进步的标枪。一年前一名运动员该单项成绩为742.6分，预计将提高58.4分（=169.1 −0.149 × 742.6）。改进的标准差为 ± 42.1分，适用于之前获得742.6分的运动员。一年前标枪得分低于742.6分的运动员会有较大的提高幅度，而高于742.6分的运动员有较低的提高幅度。一年前，标枪得分低于700分的12名运动员的进步分数的标准差为 ± 45.3分，而700分以上（n=21）的进步分数的标准差为 ± 32.8分。

表 3.2 各项目得分与进步程度的相关系数和回归系数

项目（成绩提升的运动员数量）	历年项目得分统计	项目得分进步程度统计	方差分析		相关系数	回归系数	
	均值 ± 标准差	均值 ± 标准差	显著性差异水平	检验水平	***R***	***a***	***b***
100米（n=39）	874.2 ± 70.1	20.2 ± 17.1	0.852	.362	−0.150	52.3	−0.037
跳远（n=34）	878.4 ± 66.5	45.2 ± 37.4	5.814	.022	−0.392	238.9	−0.221
铅球（n=27）	739.0 ± 57.7	26.1 ± 25.0	0.878	.358	−0.358	85.2	−0.080
跳高（n=42）	794.5 ± 66.7	36.1 ± 39.9	10.881	.002	−0.462	256.1	−0.277
400米（n=28）	850.1 ± 59.2	30.4 ± 34.2	6.869	.014	−0.457	254.9	−0.264
110米栏（n=30）	889.0 ± 73.9	41.9 ± 42.9	9.903	.004	−0.511	305.9	−0.297
铁饼（n=37）	717.6 ± 70.1	48.7 ± 42.9	12.66	.001	−0.515	275.3	−0.316
撑竿跳（n=47）	846.1 ± 73.4	43.3 ± 56.1	6.268	.016	−0.350	269.5	−0.267
标枪（n=33）	742.6 ± 97.7	58.4 ± 42.1	4.218	.049	−0.346	169.1	−0.149
1 500米（n=31）	679.9 ± 81.3	40.6 ± 50.6	52.045	.000	−0.801	380.1	−0.499

设定目标

我们的分析是基于比利时田径运动员范·德·普拉特森（Thomas Van der Plaetsen）的十项全能的表现进行的纯学术案例研究，他是2016年欧洲冠军,在2016年奥运会十项全能中以8 332分的个人最佳成绩获得第八名。问题是:这个运动员需要做什么才能在下一届世锦赛或奥运会上赢得奖牌?如图3.3所示,获得世锦赛或奥运会铜牌所需的最高分数为8 666分。考虑到双奥运和双世界冠军阿什顿·伊顿的退役,我们可以设定8 700分的目标,期望这样的目标能让我们赢得奖牌。

该运动员十项全能比赛数据来源于公开信息(https://en.wikipedia.org/wiki/Thomas_Van_der_Plaetsen, accessed 15/8/17),揭示了其个人十项全能成绩中的两项最佳表现。表3.3显示了他在前几年表现更好的单项成绩。如果他能在十项全能比赛中取得10项个人最佳成绩,那么他将获得8 651分,这距离目标还差得很远。那么,他应该专注于哪些项目,让自己有最好的机会达到目标总分8 700分呢?表3.3显示了他在本章使用的211项表现数据集中的最佳表现排名。他已经是撑竿跳、跳高和跳远中表现最好的运动员之一,因此这些单项的进步空间有限。他最差的项目是100米,由于100米时间和跳远距离之间的密切关系,所以这样的结果很令人惊讶。然而图3.2显示,100米是分数变化最小的三个单项之一,而铁饼是三个单项中分数变化最大的项目。

表3.3 范·德·普拉特森十项全能成绩

项 目	个人最佳十项全能成绩		十项全能单项最佳成绩			
	单项成绩	得分	单项成绩	得分	年度	排名
100米(秒)	11.24	808	11.09	841	2013	133
跳远(米)	7.66	975	780	1 010	2013	7
铅球(米)	12.84	657	14.12	736	2014	125
跳高(厘米)	216	953	217	963	2011	2
400米(秒)	49.63	832	48.64	878	2011	79
110米栏(秒)	15.01	848	14.59	900	2015	114
铁饼(米)	43.58	738	44.32	753	2016	107
撑竿跳(厘米)	540	1 035	540	1 035	2016	1

（续表）

项　目	个人最佳十项全能成绩		十项全能单项最佳成绩			
	单项成绩	得分	单项成绩	得分	年度	排名
标枪（米）	62.09	769	65.31	818	2013	49
1 500米（分：秒）	4:34.21	717	4:34.21	717	2016	85
总分		8 332		8 651		

使用表3.3中的信息和表3.2中的潜在改进的分析结果来确定运动员在何处可以最好地提高其总分。对应于每一个单项各有三个阶段。首先，将运动员目前在十项全能中的最佳表现作为起点，基于此来提高分数。第二，在10个项目中得分提高的第25、50和75百分位由在给定单项中提高的运动员（$27 \leqslant n \leqslant 47$）确定。例如，该单项的37名进步运动员的第25、第50和第75个百分位的铁饼得分分别提高了14分、37分和65分。在给定的项目中，成绩低于平均水平的运动员得分提高更多，成绩高于平均水平的运动员得分提高较低。因此，需要第三个阶段来确定适用于分数改进的百分位的放大系数。这只适用于之前提到的八个单项，在这八个单项中，表现水平对改进幅度有显著影响。将表3.2中所示的回归方程应用于运动员在十项全能中的最佳表现，以确定运动员在不同单项的给定水平上的预期进步。百分位相乘的放大系数是该运动员的预期进步，表示为该单项中运动员取得的预期平均进步平均进步分数。例如，若运动员在十项全能中目前的最好成绩是753分，那么他的铁饼成绩预计将提高37.4分（$=275.3-0.316\times753$）。根据表3.2，平均进步的运动员预计会提高48.7分。因此，运动员的进步范围需要缩小0.77（=37.4/48.7）。因此，铁饼分数提高的第25、第50和第75个百分位从14分、37分和65分分别降至10.8分、28.5分和50.0分。

图3.7显示了将此过程应用于所考虑运动员的每个单项的结果。运动员目前在十项全能中的最佳表现用粗黑线表示。较细的实心黑线是根据运动员的表现水平调整的项目得分提高50%。细实线下方和上方

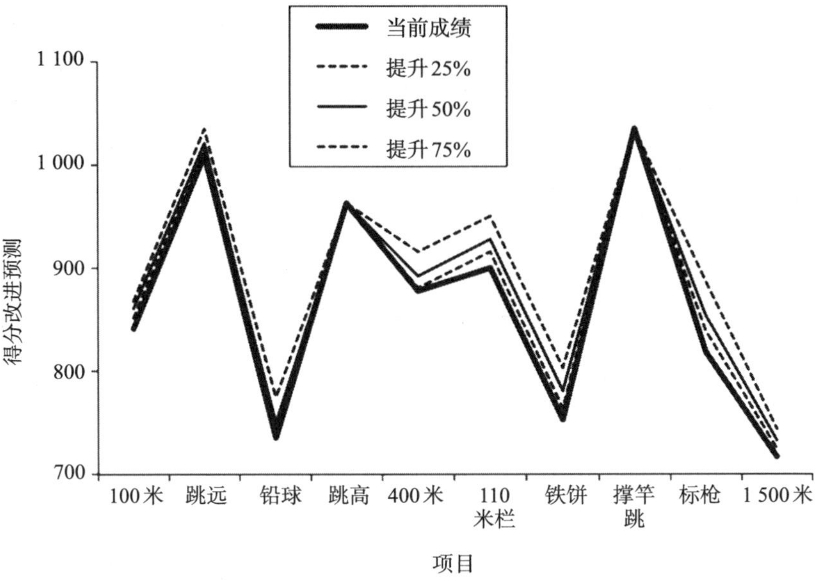

图3.7 范·德·普拉特森的成绩提升预测

的虚线分别是得分提高的25%和75%。提高幅度最大的项目是标枪（得分提高了50%=36）、铁饼（得分提高了50%=29）、110米栏（得分提高了50%=28）和100米（提高了50%=20）。如果运动员在这四个项目中的成绩都能比成绩垫底的四分之一提高到更好的程度，并在十项全能的其他六个项目中保持最佳成绩，他将获得8 709分，超过8 700分的目标。如果运动员在这四个项目中取得相当于50%的进步程度，他将获得8 763分。通过改变公式（3.1）和（3.2）的参数，可以确定达到目标分数所需的实际表现，因此X是方程式的主体，而不是*points*。公式（3.3）和（3.4）分别确定了跑步和跳跃/投掷项目所需的成绩。将这些数据应用到四个单项的分数上，设定了相当于提高25%的目标成绩，100米的目标成绩为11.04秒，110米栏的目标成绩为14.46秒，铁饼的目标成绩为44.84米，标枪的目标成绩为66.66米。

$$X = B - e^{(\ln points - \ln A)}/C \tag{3.3}$$

$$X = B + e^{(\ln points - \ln A)}/C \tag{3.4}$$

请记住，本章前面讨论的主成分分析表明，铁饼的表现与1 500米的表现结果呈负相关。运动员和他的团队必须确保提高铁饼成绩的同时不会导致1 500米比赛的分数下降。综上所述，运动员需要在100米、110米栏、铁饼和标枪等项目上有所提高，避免在1 500米项目上失分，并在其他5个项目上达到个人最好成绩，这样就可以达到足够赢得奖牌的超过8 700分的目标。世界冠军和奥运会奖牌可不是从天上掉下来的！

总结

本章描述了可视化在评估表现趋势和训练优先级决策制定中的作用。以英格兰足球超级联赛的传球表现为例进行了趋势监测。球队的绝对表现是根据对给定对手表现的五分位数来计算的。这就使得球员的表现可以与对手在比赛中的表现相比较。田径十项全能就是一个很好的例子，因为该项目由10个不同的单项组成。在设定目标时，我们需要了解我们所面对的十项全能运动员的类型、他们在不同单项的表现有多优秀以及他们的进步范围。运动员在某一单项上越出色，提高难度就越大。可以从以前的表现中得出证据，以证明在不同的单项项目中同时进步是可能发生的。不同单项得分的差异意味着某些单项的进步将产生比其他单项同等进步更多的额外得分。这可以让运动员和他们的支持团队确定最可行的改进项目，从而使十项全能的总分获得最大的提高。可视化在将这些信息呈现给运动员、教练和高层管理者以帮助他们做出有效决策。

参考文献

Farris, M. (2017) 'The Aspire Group's ticket marketing, sales and service philosophy', In C.K. Harrison and S. Bukstein (eds.), *Sports business analytics: Using data to increase revenue and improve operational efficiency* (pp. 69–88),

London: Routledge.

Few, S. (2009) *Now you see it: Simple visualisation techniques for quantitative analysis*, Oakland, CA: Analytics Press.

Healey, C.G., Booth, K.S. and Enns, J.T. (1996) 'High-speed visual estimation using preattentive processing', *ACM Transactions on Computer-Human Interaction*, 3(2): 107–135.

IAAF (2001) 'IAAF scoring tables for combined events', https://web.archive.org/web/20071203030644/www.iaaf.org/newsfiles/32097.pdf, accessed 26th July 2017.

Kirk, A. (2012) *Data visualisation: A successful design process*, Birmingham, UK: Packt Publishing.

Miller, T.W. (2016) *Sports analytics and data science: Winning the game with methods and models*, Old Tappan, NJ: Pearson Education Inc.

Nisotaki, M. (2016) 'Trend analysis: Addressing opposition quality using regression analysis', M.Sc. Dissertation, Cardiff, UK: Cardiff Metropolitan University.

O'Donoghue, P.G. and Holmes, L.A. (2015) *Data analysis in sport*, London, UK: Routledge.

Sleeper, R. (2017) 'Data visualisation and data-driven storytelling', In C.K. Harrison and S. Bukstein (eds.), *Sports business analytics: Using data to increase revenue and improve operational efficiency* (pp. 201–218), London: Routledge.

Tacca, M.C. (2011) 'Commonalities between perception and cognition', *Frontiers in Psychology*, 2: 358.

Yau, N. (2011) Visualise this: The flowing data guide to design, statistics and visualisation, New York, NY: Wiley.

第四章　模拟与建模

简介

对于决策者来说，模拟研究是一种对运动表现进行预测的可靠的方法。通过模拟研究可以在不需要进行真正有风险的比赛的情况下，生成合理有效的信息。然而，模拟结果须与模拟系统中使用的比赛基本模型一致。这些模型通常通过关键变量来表示比赛，因此不能代表运动表现的全部复杂性。有许多无形的因素很难用数字来衡量，如可塑性和领导力（Alamar, 2013: 47）。不过，模型中未包含的因素所导致运动表现分析结果的可变性是可以使用随机数来进行模拟的。运动表现模型是通过对以前的案例进行分析而产生的，其中感兴趣的关键变量和结果是已知的。一旦模型生成，就可以用于模拟未来的表现并提供结果预测。我们还需要认识到模拟的局限性和假设前提。以Fast4赛制的网球比赛为例进行说明，在这种赛制下，即使在之前出现了3 ： 3评分，第一个得到4分的选手依然会赢得比赛。我们可以利用我们所知道的女子网球单打和男子网球单打中发球选手在不同场地得分的概率，模拟传统比赛和Fast4赛制的比赛，来确定这两种比赛获胜概率的差异。不过，这需要假设在两种赛制下，网球得分方式是相同的。假设前提并不会使模拟研究失效，但我们确实需要意识到这种局限性。关于模拟研究最重要的一点是：模拟研究并不能预测比赛结果！模拟研究通过对比赛和锦标赛进行多次模拟，来了解可能出现的不同结果以及它们发生的概率。本章以国际橄榄球联盟比赛结果为例，评估不同球队赢得2019年橄榄球世界杯的概率。这些信息可以用于目标设定和团队表现评估。

赛事预测

大型体育赛事是按照一定的周期进行的。例如，橄榄球或足球世界杯是每四年举行一次，两次世界杯之间的间隔期被称为一个周期。通常体育管理机构会为球队设定目标，比如进入赛事的四分之一决赛或半决赛。为了制定合理的目标，应该用到达到比赛各个阶段的概率知识，而模拟的作用就是确定球队进入不同比赛阶段的概率。模拟研究强调了影响成功的因素，如赛制结构（O'Donoghue, 2005）、球队质量（O'Donoghue and Williams, 2004）、主场优势和客场行程（O'Donoghue, 2014）以及比赛间的恢复天数（O'Donoghue et al., 2016）。用于模拟的预测模型也可以被博彩机构用来设定球队名次的赔率。这使得他们可以在赛事开始前几个月甚至几年就对球队下赌注。本章讨论建模假设、如何测试建模假设以及如何处理模型中违反建模假设的情况。本章以2019年橄榄球世界杯为例，截至本文撰写完成（2017年夏天），赛制结构和抽签已经确定，但并非所有球队都有资格参赛。即使参加锦标赛的20支球队都是已知的，我们在预测比赛结果时仍有很多不确定性。运用分析原理能够对橄榄球联盟表现进行分析的基础模型进行改进。

建模假设

这个案例的要旨是模型不应该被建模技术的假设束缚住。事实上，使用不符合建模技术基本假定的数据进行建模的方法，恰是能够增强模型适用性能的机会，这个过程需了解使用过的与数据类型相关的特征。回归模型通过使用橄榄球参赛队伍的世界排名差异，来预测两支参赛队伍之间的得分差异。体育中的回归模型无法预测个别情况下的准确数值。例如，在运动心理学中，回归模型被用来显示变量之间的一般关系（Woodman et al., 2010），而用于建模的数据并不完全符合模型，实际值和预测值之间的差异被称为残差，预测值的残差分布可以用来估计不同比赛结果的概率。回归模型也可以用于仿真软件中，来估计由多场比赛组成的赛事中各种结果的概率（O'Donoghue and Williams, 2004; O'Donoghue et al., 2016）。与此相关的回归分析假设如下：

1. 模型中每个自变量必须至少有20个样本（Ntoumanis, 2001: 120–121）。

2. 残差值应服从正态分布（Vincent, 1999: 111）。

3. 残差满足同方差性（Anderson et al., 1994: 521）。即对于预测值的所有子区间，残差分布应该相同。

4. 残差值是独立的（O'Donoghue, 2012: 151）。即在残差值内必须没有顺序效应或时间趋势。

使用简单线性回归进行预测建模的总体方法由两个阶段组成。第一个阶段，利用真实数据来评估自变量和因变量之间的关系，并形成回归模型。第二阶段是预测阶段，在这个阶段中，我们在已知新样本自变量的情况下，反向使用模型来确定因变量的预测值。在本节中，我们将描述如何应用第一章中介绍的解析原理来增强回归模型性能。本节特别讨论了数据质量方面的限制，因为用于橄榄球表现建模的数据可能会违反建模技术的假设前提。近年来，随着越来越多令人沮丧和意外的结果的出现，国际橄榄球的本质可能正在发生变化。解析方法应该处理这些问题，以提高预测模型的质量。为解决这些问题，建模和预测阶段都包括如图4.1所示的其他步骤。

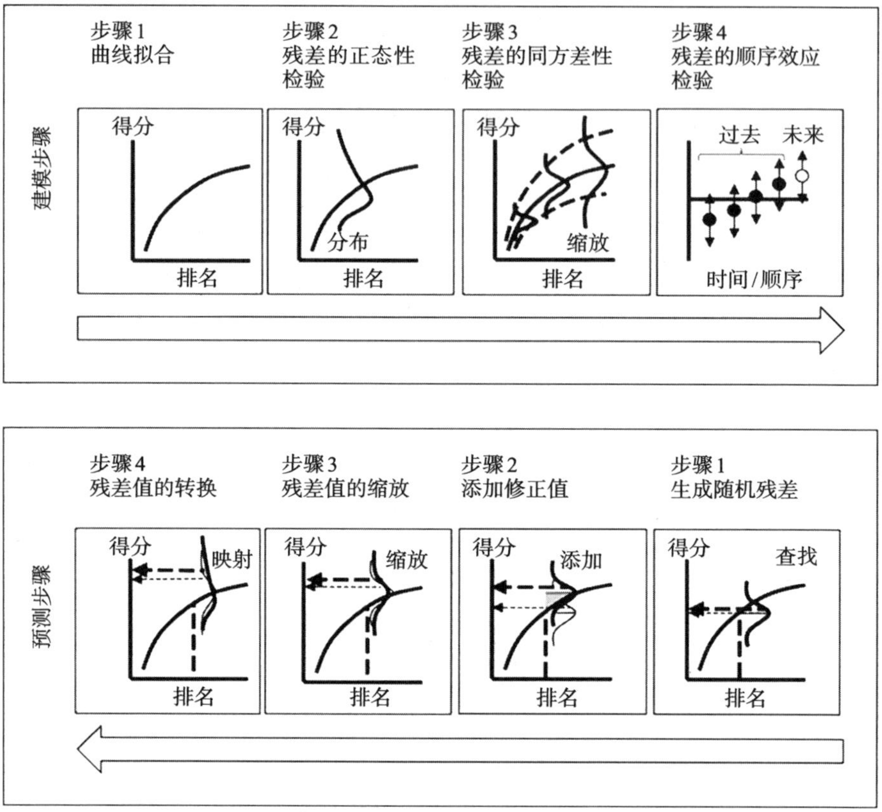

图4.1　预测建模的总体方法

建模阶段

建模阶段的第一步是应用曲线拟合来确定自变量和因变量之间存在的关系。在这一步中，我们先单独考虑自变量，然后再一起考虑自变量和因变量。自变量和因变量之间的关系可以是线性的、对数的、反向的、二次函数或三次函数。在每个案例中，选用哪一个模型取决于模型的统计意义以及应用领域的相关知识。例如，在体育比赛中，人们有理由认为随着两名选手排名差距的增大，他们的得分差距也会增大。在这种情况下，如果一个二次模型被证明在统计上具有显著意义，我们将推翻统计分析所建议的模型选择。二次型模型要么是U型，要么是倒U型，这两者都不能反映我们对两个变量之间关系的概念理解。在其他情况下，二次模型是可以接受的。在初始曲线拟合阶段，我们可以减少模型中使用的自变量个数，因为可能会存在一些与因变量完全无关的自变量。

一旦了解了自变量和因变量之间的关系，我们就可以用多元回归分析方法得到一个包含全部自变量的单个因变量模型。如果使用的统计软件仅提供使用线性关系的多元回归，我们可以简单地对自变量使用必要的函数来说明它们与因变量之间的关系。例如，假设我们有四个自变量x_1，x_2，x_3和x_4，它们与因变量的关系分别是线性的，反比例的，对数的和二次函数的。在这种情况下，我们将x_1，$1/x_2$，$\lg x_3$，x_4和x_4^2输入到多元回归模型中进行分析，并为自变量的纳入和排除设置相应的显著性水平，这可使任何显著模型都能通过统计软件显示出来。一个模型可以包括一个或多个自变量。我们可能会遇到这样一种情况：其中一个变量(x_1)是因变量的重要预测因子，而另一个自变量(x_2)不是很重要的预测因子，但同时包含x_1和x_2的模型比不包含x_2的模型更显著。这时我们可以选择同时包含x_1和x_2的模型，因为对于我们的因变量来说，它是最显著的预测模型，而且x_2只有在被单独考虑时才会不显著。

建模阶段的第二、第三和第四步要研究残差。残差是用于生成模型的样本数据实际值和预测值之间的差异。残差的分布很重要，因为当我们最终做出预测时，需要添加预测结果的随机变异性，而实际发生的变异性可以证明这一点。正态分布非常重要，因为我们可以确定一个随机生成的值小于某个感兴趣值的概率，这也意味着我们可以反向使用0到1之间的随机概率来确定与之等价的因变量的值。建模阶段的第二步是确定残差值的分布。当我们在第一步结束时选择了要应用的模型，就要保存好残差值以便研究它们的分布。首先，检验残差是否服从正态分布。如果在建模阶段使用的样本量少于50个，可以使用夏皮罗-威尔克检验(Shapiro Wilk test)；如果有50个及以上的样本，可以使用柯尔莫可洛夫–斯米洛夫检验（Kolmogorov-Smirnov test, K-S test）。如果残差不服从正态分布，我们需要确定它们的分布类型，因此我们就有了一种将残差值映射到具有正态分布的残差值上的方法。在预测阶段，转换后的正态分布可以与随机概率一起使用。偏度和峰度可以使用统计软件的变量探索工具来计算。然而，我们真正需要的是一种将残差值的分布映射到正态分布的方法，这可以通过对有序残差值与一组综合的正态分布值进行曲线拟合来完成，而且这组正态分布值与我们的残差值具有相同的均值（0）和标准差。标准正态分布可以使用Microsoft Excel（Microsoft Inc., Redmond, WA）中的NORMINV函数合成。例如，如果我们有100个以前的样本，其残差以0为均值，6为标准差，我们将会对这100个样本使用函数NORMINV（p, 0, 6），其中，p值是以0.01为步长，从0.005到0.995的100个值。曲线拟合训练将产生一个变换函数，此函数可以将残差值映射到服从正态分布的残差值上。对用于此目的的曲线拟合模型，有一些要点需要考虑：首先，如果最佳变换函数是线性的，我们也可以不使用它，因为线性变换只是对非正态分布进行缩放，而不对其进行正态化。二次变换函数会带来问题，因为最终我们希望在做预测时进行反向操作，而解的平方根项会给出两个答案，所以二次方程的解也会给出两个结果（例如，4的平方根可以是2或 −2）。三次变换函数也有类似的问题。忽略掉x_2项的二次或三次变换函数是能被使用的，因为反向方程只产生一个结果。倒数、对数和指数变换函数意指反向的逆函数。

建模阶段的第三步是检验变换后的残差是否满足同方差性。如果变换后的残差与因变量的预测值之间没有关系，则变换后的残差确实满足同方差性。另一方面，如果变换后残差的分散程度取决于因变量的预测值，那么我们就需要了解残差值的分散程度如何随着预测值的增加而增加或减少。当我们最终做出预测时，我们需要缩放随机生成的残差，以反映残差值分散不均匀的事实。而为了解转换后的残差是否存在“猎枪”效应，我们需要将转换后的残差绝对值与预测值联系起来。如果正相关性大于0.250（皮尔逊相关系数），则存在“猎枪”效应，即转换后残差的分散程度会随着因变量预测值的增加而增加。简单线性回归分析将为因变量的任何预测值产生一个平均转换残差函数，然后可以用它来缩放转换后的残差值，这样我们就有了一个可以在预测阶段使用的具有相同方差的残差。

建模阶段的第四个也是最后一步是确定残差（经过变换和缩放后）是否独立，或是否存在时间趋势或顺序效应。到目前为止，当将用于生成模型的历史样本作为一个整体来考虑时，该模型有独立于预测值的服从正态分布的残差。然而，模型可能会低估了在某段时间内发生的样本因变量，而高估了发生在其他时期的样本因变量。如果出现这种情况，我们应该在预测值中分析这一趋势，并推断出未来模型会在多大程度上高估或低估因变量。这些信息之后可以用于修正基于该模型的预测值，以解释已知的顺序效应对残差的影响。

预测阶段

依据自变量生成因变量模型的建模阶段使用了四个有序步骤，其中后三步是调整残差值以产生满足回归分析假设的转换后的残差值，这使我们可以使用随机数映射到正态概率分布进行预测。因此，在预测阶段，当生成预测结果时，我们需要反向进行，从调整后的残差移动到残差的实际分布。

预测阶段的第一步是利用回归方程确定预测值，这是自变量给定值的最佳拟合直线上的值。然后，我们需要生成一个0到1之间的随机数，以确定调整后的残差值，该残差值将添加到预测值中以解释最佳拟合直线的可变性。

第二步将时间修正值应用于预测值，而这些预测值已经被外推调整后残差值的趋势证明是合理的。将此修正值分别添加到残差值和预测值中，这里残差值仍然需要应用几个步骤以将其转换回残差值的实际分布。

预测阶段的第三个步骤是将残差值反向缩放回建模阶段使用的值。例如，如果我们在建模阶段发现转换后的残差中存在“猎枪”效应，那么对于给定的预测值，转换后的残差就需要除以1.2，如果残差是同方差的，则需要将预测阶段产生的残差值乘以1.2。这意味着，虽然模型使用的残差值满足同方差假设，但我们能够表示因变量在不同子区间上的不同变异性。

对给定的预测值，已经生成了服从正态分布的残差值，且该残差值已进行过适当比例的缩放，第四个也是最后一个阶段是将残差值转换为因变量残差值的实际分布，而不是建模所需的正态分布。这涉及在建模的第二步中使用的映射函数的逆函数。例如，如果对残差应用对数变换来产生正态分布，那么我们就可以用指数函数将正态分布的残值映射到实际分布。一旦应用了预测阶段的四个步骤，将期望值、残差值和时间修正值相加，就可以计算出最终的预测值。

橄榄球世界杯

我们可以将预测模型的方法应用于橄榄球世界杯。利用2003年至2015年橄榄球世界杯比赛的所有191场比赛创建国际橄榄球联盟比赛的模型。2003年之前的世界杯排名还没有被使用，而1991年以前在比赛中，一次只能4分，而不是5分。因此，2003年之前的橄榄球世界杯比赛并没有用于创建模型。

我们感兴趣的因变量是排名较高和排名较低的参赛球队之间的得分差值（*PD*）。如果该值为正，则比赛开始；如果为负，则说明比赛出现爆冷；如果为零，则比赛打平。在构建预测模型时考虑三个自变量，包括：球队质量、主场优势和从先前比赛中的恢复状况。两支参赛队伍的相对质量用对阵双方在世界排名上的差异来表示，记为*RD*。主场优势用两支队伍到赛场的路程差异来表示，记为*DD*。每支球队到赛场的距离是用他们国家首都与世界杯东道主首都之间的最大圆距离粗略估算的。第三个自变量是上次比赛以来排名靠前的球队与排名靠后的球队之间恢复天数的差异，记为*RecD*。

首先单独考虑每个自变量与因变量之间的关系。根据已有的研究成果，与比赛结果相关的主要变量是参赛球队或个人的相对质量（O'Donoghue, 2014; O'Donoghue and Williams, 2004; O'Donoghue et al., 2016）。因此，我们首先考虑*RD*与*PD*之间的关系。曲线拟合发现，以*RD*为自变量时，线性（$p<0.001$）、对数（$p<0.001$）、反比例（$p=0.015$）、二次（$p<0.001$）和三次（$p<0.001$）模型均为*PD*的显著预测模型。其中最显著的是线性模型，与二次模型一样，它也可以避免*RD*值大于30时*PD*下降的情况。

曲线拟合发现，用*DD*来表示*PD*的最佳模型为二次模型。然而，以*DD*为自变量的模型均不显著（$p>=0.435$）。此外，以*RecD*为自变量的*PD*的模型不显著，但基于*RecD*的线性模型近似显著（$p=0.059$）。在单独探讨了自变量和*PD*之间的关系后，我们决定将*DD*从模型中排除。将*RD*纳入模型是因为它是*PD*的一个非常显著的预测模型，而将*RecD*纳入模型是因为它在单独考虑的情况下非常近似显著，因此使用同时包含*RD*和*RecD*的模型可能比仅基于*RD*的模型更为显著。当*RD*和*RecD*单独使用时，线性模型是最显著的，这意味着这些自变量无需进行任何形式的转换就可以被纳入多元回归中进行分析。*RD*和*RecD*采用"逐步回归"法进行分析，自变量的进入和删除所对应的p值分别为0.05和0.20。统计软件排除了*RecD*（$p=0.491$），并产生了如方程（4.1）所示的*PD*模型。

$$PD = -4.127 + 2.592RD \tag{4.1}$$

在确定了*PD*的线性模型后，现在我们可以进入建模阶段的第二步，也就是研究残差值。保存后发现残差值的平均值为0.0 ± 18.229，也就是说，预期结果有相当大的变动！柯尔莫可洛夫–斯米洛夫检验的结果表明，残差值的分布是完全的正态分布（$p=0.200$）。因此，不需要利用映射函数将残差转换成服从正态分布的残差值。在研究残差时发现了三个异常值和一个极值，该极值是2003年澳大利亚队142比0战胜纳米比亚队的比赛。结合当时的世界杯球队排名，第一个异常值是2015年爱尔兰队以20比43输给阿根廷队，这不仅是一场爆冷的比赛，对阿根廷来说是一场巨大的胜利；第二个异常值是2011年威尔士队以66比0战胜斐济队，这也是一个超出人们预期的巨大胜利。最后的异常值是2015年新西兰队以58比14战胜纳米比亚队，这是因为预计新西兰将以更大的优势获得胜利。我们决定不删除这些异常值和极值，因为它们是合理真实的橄榄球比赛结果，而不是因为测量误差造成的。排除这些值会人为地减少国际橄榄球比赛结果的波动性。

建模阶段的第三步揭示了残差中的“猎枪”效应，绝对残差值与*RD*和*PD*预测值（记为*PD′*）均为正相关，相关系数为+0.270。数据轻微的异方差性意味着，*PD*值越低，残差的标准差就越低，而*PD*值越高，残差的标准差就越高。用预测得分差值*PD*表示的绝对残差（*AbsRes*）的回归方程如公式（4.2）所示。

$$AbsRes = 9.968 + 0.163*PD' \tag{4.2}$$

比赛能够产生期望的*PD′*得分差，这个得分差绝对值的均值用*AbsRes*表示。我们需要生成关于预期结果的随机波动，即需要生成比赛中*PD*的期望得分差值造成的残差标准差。服从标准正态分布的绝对残差均值是0.797 7，标准差是1。因此，需要将*AbsRes*乘以1/0.797 7（=1.253 6），来确定给定预测得分差PD′的标准差。将公式（4.2）乘以1.253 6，我们就得到了公式（4.3），这个残差标准差就被用来代替18.229的统一标准差。

$$SDres = 12.496 + 0.204PD' \tag{4.3}$$

方差分析检验比较了四次橄榄球世界杯锦标赛之间的残差值，这四次锦标赛构成了用于创建模型的数据集。四次锦标赛之间存在显著差异（p=0.058），残差的下降规律如下所示。

2003年橄榄球世界杯：残差5.6 ± 20.6

2007年橄榄球世界杯：残差0.0 ± 19.1

2011年橄榄球世界杯：残差 −1.0 ± 16.6

2015年橄榄球世界杯：残差 −4.5 ± 16.5

以上的数据表明，平均而言，排名更高的球队以较小的优势赢得了比赛，而其输球的可能性正在增加。尽管方差分析检验本身并不显著，但2003年和2015年锦标赛的事后比较是具有显著性的（p=0.043）。考虑到这一趋势，我们决定对2019年世界杯的预测值使用 −6.5分的修正值。

表4.1显示了每个参赛队伍和其余预选赛的来源。我们考虑A组选拔赛中爱尔兰队和日本队之间的比赛。在撰写本文时，爱尔兰队以85.39分排名世界杯第四，而日本队以73.79分排名世界杯第11位（www.worldrugby.org/rankings/mru?lang=en, accessed 30/8/17）。因此，两队排名得分差值是11.6分。应用公式（4.1）可计算出爱尔兰队预期的胜算为25.9分（= −4.127+2.592 × 11.6）。然而，球队的表现可能比预期的要好，也可能比预期的要差，并且存在一定范围的得分差值。应用公式（4.3）能给出比赛中期望得分差值的残差值的标准差，这里给出的标准差为17.780（=12.496+0.204 × 25.9）。考虑到输球的机会将会增加，我们对期望值进行了 −6.5分的修正，得到爱尔兰队的获胜预期为19.4分。因此，得分差值服从均值为19.4，标准差为17.780的正态分布。得分差值在 −0.5和+0.5之间可四舍五入到0，也就是平局，其概率为0.012 3。日本获胜的概率（得分差值小于 −0.5）为0.131 5，爱尔兰获胜的概率（得分差值大于0.5）为0.856 1。

表 4.1　2019 年橄榄球世界杯球队获胜概率（日本）

排名	A 组		B 组		C 组		D 组	
	球队	%	球队	%	球队	%	球队	%
1	苏格兰	63.1	新西兰	87.8	英国	85.8	澳大利亚	50.8
2	爱尔兰	34.6	南非	12.0	阿根廷	9.4	威尔士	36.8

（续表）

排名	A组		B组		C组		D组	
	球队	%	球队	%	球队	%	球队	%
3	日本	1.0	意大利	0.1	法国	4.6	大洋洲1	8.3
4	欧洲1	0.7	补充赛1	0.0	大洋洲2	0.2	格鲁吉亚	4.1
5	附加赛冠军	0.7	非洲1	0.0	美洲1	0.0	美洲2	0.0

模拟

在Matlab中实现了一个模拟程序，可对2019年橄榄球世界杯进行10万次的模拟。这意味着，上文描述的爱尔兰和日本之间的选拔赛可以模拟100 000次，其他39场选拔赛也是如此。随机数与服从正态分布的每场比赛得分差值一起使用，以模拟关于预期结果的变化。因此，爱尔兰队在与日本队的比赛中有85.61%的胜率，日本队在与爱尔兰队的比赛中有13.15%的胜率和1.23%的概率打平。如果我们假设在撰写本文时，表4.1中列出的世界杯地区排名最高的球队都有资格参加2019年世界杯，则其余参赛队伍将会是：

欧洲1：罗马尼亚

非洲1：纳米比亚

大洋洲1：斐济

大洋洲2：萨摩亚

美洲1：美国

美洲2：乌拉圭

附加赛冠军：汤加

补充赛冠军：西班牙、俄罗斯或加拿大

这些队伍的排名分数会在模拟程序中使用，表4.1显示了每个队伍在他们的选拔赛中夺冠的概率。模拟程序中值得注意的两个预测结果是：苏格兰队（目前在世界杯排名第六）比排名第四的爱尔兰队更有可能赢得A组选拔赛，阿根廷队（目前在世界杯排名第十）比排名第八的法国队更有可能冲出C组。很大程度上，由于-6.5分的修正，使得排名靠前的球队之间的比赛最有可能出现反转。

图4.2展示了预期能进入淘汰赛各个阶段的球队及其进入的概率。新西兰队赢得比赛的概率似乎比他们进入决赛的机会更大！请注意，图4.2中新西兰有48.7%的概率通过淘汰赛的下半场并挺进半决赛。新西兰有额外的10.2%的机会将在B组选拔赛中排名第二，并通过淘汰赛的上半赛区进入决赛。然而，尽管新西兰是最有可能赢得锦标赛的球队，但相比新西兰，其他球队获胜的概率为46.3%。当模拟程序运行10万次后，20支队伍中有12支至少赢得了一次比赛，除了3支队伍外的其他所有队伍都被认为有机会进入半决赛。那么这个预测正确吗？这个预测实际上并不是一个单一的预测——它并不是预测每支球队将在锦标赛中走多远。相反，这个预测模型生成的概率承认橄榄球世界杯的比赛结果是不确定的。

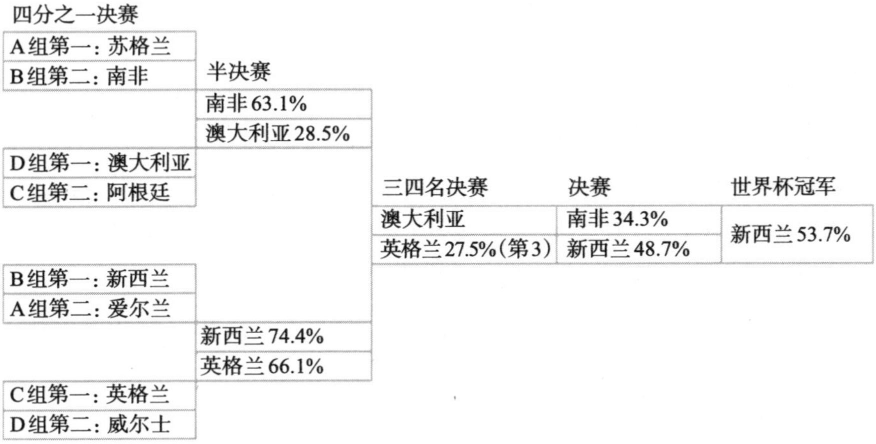

图4.2　2019年橄榄球世界杯淘汰赛阶段（日本）

模拟结果可用于目标设定。例如，南非可以设定一个进入决赛的目标，根据模型，实现该目标的概率是34.3%，同时进入半决赛是也可以接受的。球队可能会思考：他们在选拔赛中获得第二名而不是第一名是否会增加他们参加比赛的机会。模拟程序预测：英格兰队有85.8%的概率赢得C组选拔赛，另外还有11.3%的概率获得第二名，这使晋级的总概率达到97.1%。然而，赢得C组选拔赛，英格兰队和世界杯最强的新西兰队就都进入了淘汰赛的后半赛区。英格兰队目前在世界杯上排名第二，如果能在C组中排名第二，其晋级决赛的机会可能更大。这个结果可以在选拔阶段结束后通过调整模拟程序来确定，使英格兰队有97.1%的机会从选拔赛中获得资格，并在任何一场晋级的比赛中进入淘汰赛的上半部分。最后要提醒大家的是，橄榄球世界杯的抽签是在比赛真正开始前很长一段时间进行的。2015年橄榄球世界杯抽签结果将澳大利亚、英格兰和威尔士排在一组，当时抽签时威尔士在世界杯排名第九。到2015年橄榄球世界杯，这三支球队都跻身前五名。因此，球队的实力在两年时间里可能会发生巨大的变化，这表明随着比赛的临近，模拟运行可能需要周期性地重复。

总结

个人运动表现以及锦标赛的结果都是不确定的，这就是博彩机构接受此类赛事投注的原因。体育比赛不同结果的概率可以用以前的数据进行建模。本章使用了比赛的连续结果变量（得分差值），根据参赛队的相对质量进行建模。通过对先前样本数据进行残差分析，可以得到得分差值变量的概率分布。然后应用模拟软件包把随机数应用到概率分布中，从而产生一系列的预测结果。以前分析案例的数据证明随机变化可能需要利用模型将实际分布映射到正态分布上来预测结果。这种映射过程克服了数据不能满足回归分析所要求的正态假设的问题。当预期结果的变化取决于所涉及球队的相对质量时，这就可以构建到模型中去。同样，当独立性假设不成立时，这可能是增强预测模型的一个机会。例如，国际橄榄球的实力正全面提升，这一趋势就可以加入未来锦标赛的预测中。

参考文献

Alamar, B.C. (2013) *Sports analytics: A guide for coaches, managers and other decision makers*, New York, NY: Columbia University Press.

Anderson, D.R., Sweeney, D.J. and Williams, T.A. (1994) *Introduction to statistics: Concepts and applications*, 3rd edn., Minneapolis/St. Paul, MI: West Publishing Company.

Ntoumanis, N. (2001) *A step by step guide to SPSS for sport and exercise studies*, London: Routledge.

O'Donoghue, P.G. (2005) 'The role of simulation in sports tournament design for game sport', *International Journal of Computer Science in Sport*, 4(2): 14–27.

O'Donoghue, P.G. (2012) *Statistics for sport and exercise studies: An introduction*, London: Routledge.

O'Donoghue, P.G. (2014) 'Factors influencing the accuracy of predictions of the 2014 FIFA World Cup', *International Journal of Computer Science in Sport*, 13(2): 32–49.

O'Donoghue, P.G., Ball, D., Eustace, J., McFarlan, B. and Nisotaki, M. (2016) 'Predictive models of the 2015 Rugby World Cup: Accuracy and application', *International Journal of Computer Science in Sport*, 15(1): 37–58.

O'Donoghue, P.G. and Williams, J. (2004) 'An evaluation of human and computer-based predictions of the 2003 Rugby Union World Cup', *International Journal of Computer Science in Sport*, 3(1): 5–22.

Vincent, W.J. (1999) *Statistics in kinesiology*, 3rd edn., Champaign, IL: Human Kinetics.

Woodman, T., Zourbanos, N., Hardy, L., Beattie, S. and McQuillan, A. (2010) 'Do performance strategies moderate the relationship between personality and training behaviors? An exploratory study', *Journal of Applied Sport Psychology*, 22(2): 183–197.

第五章　地理空间数据分析

简介

地理空间分析已经有效应用于包括气象和犯罪等多个领域，在近期研究中也广泛地应用于体育领域。本章首先讨论可能遇到的各种数据格式，以及可以付费使用的软件类型。然后我们再讨论一些用于地理空间分析的软件程序、常用工具和技术，包括“热点（区域）”分析。

地理空间数据就是一长串的数字坐标，它难以揭示深层次的现象。但当这些数据在地图上进行可视化时，分析师就能够与这些可视化显示进行交互，这就为解释数据创造了有利条件。地理空间数据的可视化展示对诸如运动和健康、运动人才选拔和体育营销等领域的决策尤其有价值。

随着语义轨迹和计算运动分析研究的兴起，轨迹分析研究取得了重大进展。轨迹信息可以源自如全球定位系统/射频识别技术（GPS/RFID）或视频分析等多种数据来源以及对足球和篮球的研究结果。本文介绍了轨迹分析方面的一些最新研究成果，并对时空数据挖掘的相关领域进行了总结。

地理空间分析的发展

地理信息系统（GIS）

就在十多年前，地理空间数据还需要专业的地理信息系统（GIS）来进行处理和可视化。开放源代码工具很难使用，通过互联网处理地理空间数据的工作还没有实现。直到Google地图和googleearth（2005年）发布后，地理空间数据才能够被任何可连接互联网或者有地图驱动应用工具移动设备的用户所获取。ESRI的商业地理信息系统旗舰产品是ArcGis（https://www.arcgis.com, accessed 27/11/17），它为地理空间数据提供了一个非常强大的平台，但与开源系统QGIS（https://www.qgis.org, accessed 27/11/17）相比，对初学者来说更难使用（https://grass.osgeo.org, accessed 27/11/17）。GRASS提供的更为复杂的空间分析或例程可以通过QGIS的SEXTANTE插件进行访问（https://plugins.qgis.org/plugins/sextante/, accessed 27/11/17）。

全球定位系统（GPS）

全球定位系统（GPS）也显著影响了地理空间解析领域的发展。汽车卫星导航和携带全球定位系统芯片的便携式设备都发挥了各自的作用。人们想记录自己所在位置的愿望越来越普遍，所以大多数社交媒体都有地理标签的选项。

开源软件的发展也对地理空间解析产生了重大影响，现在可以从免费提供的工具包和库中构建地理空间应用程序，如PROJ.4、PostGIS、OGR和Mapnik（本章末尾软件部分的链接）。

随着软硬件的发展，各种标准和数据格式（如GML、KML、GeoRSS、WKT）也被提出并逐步改进，例如开放地理空间信息联盟（https://www.opengeospatial.org, accessed 27/11/17）共享和存储的地理空间数据的格式和协议。

核心地理空间概念

地理空间一词是指利用坐标来定义地球表面位置的信息，其中坐标系通常以经纬度的形式构造。因为涉及大量数据，所以对标准关系数据库的空间拓展是有必要的。同样，由于地理空间数据在地图上的自然呈现方式，许多地理信息系统按照不同的标准开发了特有的文件格式，因此并非所有地理空间数据都是兼容的。

由于地球实际上不是一个完美的球体，因此利用这些不同的标准和数据格式来表示地球表面的点、线和面积是一个相当复杂的过程。

位置

经纬度坐标系是测量位置的一种常用方法。把地球想象成一个球体，我们可以把该球体表面上的任何一点和球心连接成为一条线，然后利用下述的两条参考线来进行测量。赤道是围绕地球的一条中心线，而纬度是该点至球心的线与这条参考线在南北方向的夹角。同样，我们也可以用英国的格林威治子午线作为参考线来测量东西方向，格林威治子午线与球心和被测点连线的夹角就是经度。一般来说，赤道以北的坐标是正数，以南的坐标是负数；本初子午线以西的坐标是负数，以东的坐标是负数。

距离

考虑地球表面上两点之间的距离测量问题，我们既可以直接测量地球表面两点间的距离，还可以通过两点与球心组成的两条线之间的夹角来进行测量。在地球表面测量的距离称为线性距离或实际行驶距离。

投影和坐标系

了解包括投影和非投影的多种类型的坐标系非常重要。非投影坐标系的典型案例就是前面描述的经纬度坐标系，因为在经纬度坐标系中的坐标值代表的是地球上的一个特定点。这种坐标系（使用与球心连线之间的夹角）的缺点是计算很复杂，比如计算点之间的距离。

投影坐标是将地球的三维形状“投影”到二维表示上的一种方式。坐标是指二维空间中的一个点，它代表了地球的表面，也被称为笛卡尔坐标系。我们为了定义这种投影，通常需要指定原点和测量单位。如果数据是非投影的，与复杂的角度计算相比，这种坐标系可以更快地计算距离和进行其他计算。实际上，存在数百种不同的投影方式，但没有一种是完美的；这不是因为地球的“不完美”形状，而是因为你无法利用二维的维度准确表示一个三维的表面。在实践中，一些投影可以准确代表地球表面的某些区域，但同时会在其他区域增加严重的扭曲，也就是说，这些投影只对那些特定的区域有效。因此，在处理地理空间数据时，我们必须了解投影。如果不了解投影，就无法构建图表或执行准确地计算。幸运的是，该领域的研究比较成熟，也存在很多可以将一个投影转换为另一个投影的工具。

投影坐标系的一个典型案例是通用横轴墨卡托投影（UTM）坐标系，它使用60个区域覆盖整个地球。在每个分区内使用不同的投影以减少误差，每个投影都使用自己的原点进行定义。所有的标记点将相对于原点计算北距值和东距值，这些值总是从原点或者是参考点正向增长。

基准面

我们还需要理解的一个相关的重要概念是基准面。地理坐标系或非投影坐标系，坐标系统（纬度和经度）是基于地球的球体或椭球体进行表示的。如果是椭球体，则需要定义长轴和短轴两个坐标轴。如果是球体，所需要的就是球体半径。这是基准面，用来近似地球的形状，实际上是一个被压扁的椭球，因此很难建模，基准面就是这个选定的模型。

所有的坐标都是参照基准面的。前面提到的投影是指将基准面上的点的位置转换为平面上位置的一系列变换。因此，基准面是投影不可分割的一部分，因为投影坐标系基于地理坐标，而地理坐标又是参照基准面的。同一投影中的数据集，参考不同的基准面会具有不同的坐标值，这样的情况是很可能存在的，甚至会很常见。

所有的坐标系都代表一个或多个基准，没有这些基准，投影就没有意义。投影是将三维空间中特定的点与二维空间中的位置联系起来的计算方法。因此，基准是投影的重要组成部分。数据实际上可以在使用相同的投影的同时与不同的基准关联。

在处理地理空间数据时，我们可能会遇到三种主要的参考基准：

NAD 27：1927年的北美基准面。与所有的基准一样，它有一个地球三维形状的模型，该模型采用1866年的克拉克椭球面作为基准。参考点位于堪萨斯州米德牧场。该基准用于北美地区。

NAD 83：1983年的北美基准面。这里的地球模型比之前被称为1980大地参考系或GRS 80的椭球更为复杂。该基准用于墨西哥、中美洲和北美（美国和加拿大）。

WGS 84：1984年世界大地测量系统。这是目前最常用的基准面。另一个还在使用的不同模型则是1996年的地球引力模型（EGM96）。参考点基于国际地球自转和参考服务（IERS）的基准子午线。当涉及美国的位置时，该基准基本上与NAD 83相同。它是全球定位系统卫星使用的基准面，任何来自全球定位系统设备的数据使用的都是该基准面。

许多地理空间数据会参考WGS 84以外的基准。如果使用不同的基准面，同一坐标的差异可能会超过100米。毫无疑问，我们将遇到引用不同基准的数据，所以在许多情况下，我们需要在它们之间进行转换。

地物和几何图形

在现实世界中，地物存在于特定的位置，例如特定的地标、房子或购物中心。很多时候，用一组坐标来描述一个地物并不容易，例如，像河口这种边界不清晰的自然地物。另一方面，几何图形可以表示从简单的点到复杂向量的精确地理空间结构。

地理空间数据的使用

初始阶段包括空间数据的准备和预处理，例如基准面的检查和投影间的转换。接下来是有趣的部分——实际使用数据。利用地理空间数据可以做很多事情，包括确定点之间(如运动员位置之间)的相邻距离，根据全球定位系统获取的轨迹记录计算运动员的跑动距离，在终点周围创建缓冲区，以及确定两条轨迹的交点。

使用地理空间数据的一个重要部分是可视化。数据的可视化让我们更容易进行观测，不仅有益于数据的检查，还可以用于转换和确定应用于数据的计算类型。

近年来出现的混聚(Mash-up)的概念，通过使用Google地图应用程序编程接口(API)得到推广，对地理空间分析产生了巨大的影响，使得新一代分析人员可以基于此进行几年前梦寐以求的复杂计算。通过一个公共地理空间索引组合多个数据集的能力称为混聚(Mash-up)。一般来说，它是个任何人都可以使用的web应用程序。混聚(Mash-up)的一个例子是将球迷家的位置与运动场的位置结合起来。谷歌地图显然有其他的选择，但这种导航系统肯定是这种分析的灵感来源。MapServer、Mapnik和OpenLayers也可以提供此功能，并在地图上覆盖数据。

我们已经介绍了地图投影的概念，有趣的是，Google产品使用的地图投影被刻意简化，这可能导致可视化(混聚/叠加数据)和分析出现错误。

下面几节将介绍能够弥补这些限制的地理信息系统和空间数据库。

用于地理空间数据的常用工具

地理信息系统(GIS)软件

除了表示地理空间特征的实际数据外，地理信息系统数据还可以包含：

1. 有关基准面、投影和坐标系的元数据；测量系统和文件级的详细信息，如上次访问日期/时间。

2. 特定方面的属性，如球员的“年龄”“体能”“姓名”等。

3. 有关如何显示数据信息，例如点的颜色和连线的厚度。

地理信息系统数据有两种主要格式：栅格和矢量。栅格通常用于图像数据，如位图。典型的例子包括航空照片、扫描纸质地图(数字光栅图，DRG)和高程数据(数字高程模型，DEM)。

顾名思义，矢量数据是数学领域的名词，可应用于分析，是地理信息系统最常用的数据类型。

向量格式有点(运动员位置)、线(运动员在比赛中的移动轨迹)和面(可能是定义运动员在比赛中位置轮廓的“凸壳”)。

最简单的向量是点，可以用于在坐标系中的坐标来进行描述。更复杂的是线或路径(例如轨迹)，用一组连接的线段来表示。这些线段从一点到另一点不等，而数据的原始来源(可能是运动员的曲线跑)表示起来很复杂，因此，这些线段是实际事件的简化或表示。例如，在地理信息系统中，线段用于城市、国家、河流和道路的各种等高线。面类似于线段，是线段的序列；然而，区别在于面的“线”实际上自己相互连接的——它是“闭合的”，在它的内部封闭了一个空间。多边形用于任何类型的对象，无论是房屋、桥梁、城市特征等。

可能会遇到的一些常见矢量格式地理空间数据包括：

Shapefile：由ESRI开发的用于存储和交换地理信息系统数据的开

放规范。Shape文件(美国环境系统研究所Shape文件技术说明，https://www.esri.com/library/whitepapers/pdfs/shapefile.pdf)是地理空间分析中常用的文件类型。所有商业和开源软件都会接受地理信息系统格式的shapefile文件。它由一组三个扩展名不同但基本名相同的文件组成，例如player1.shp、player1.shx和player1.dbf。其中，SHP是几何要素的空间信息，SHX是索引位置，DBF是属性数据。

Simple Features：这是OpenGIS标准，用于存储地理数据(点、线、多边形)以及相关属性。

TIGER/Line：处理美国数据集时经常会遇到。美国人口普查局使用的一种文本格式，用于表示道路、建筑物、河流和海岸线。最近的数据以shapefile格式出现。

除了这些“主要”的数据格式外，还有所谓的微格式，通常用于表示较小的地理空间数据部分，比如可以用于程序内的一小段代码或用于在网络上传输数据。但是，它们可以用于保留和储存数据。熟知文本(Well-known Text)是一个典型的例子。

熟知文本(Well-known Text, WKT)是地理空间对象(例如点、线或多边形)的基于文本的简单描述。代替文本的熟知二进制(Well-known Binary, WKB)使用二进制数据来表示其各种特性。以下展示了英国海丁利(Headingley)橄榄球体育场边界的几何图形转换为WKT字符串的结果：

```
POLYGON ((53.816029−1.581314,
53.816093−1.583039,
53.816734−1.583040,
53.816684−1.581245))
```

可以看出，WKT字符串是描述几何图形的一种简单方式，海丁利橄榄球体育场被表示为一个由四个x，y坐标组成的多边形。然而，WKT文本字符串可能要复杂得多，它包含数千个具有复杂多边形的点。无论地理特征多么复杂，它仍然可以表示为WKT字符串。

WKT字符串还可以用来表示包含投影、基准面和/或坐标系的空间参考。例如，下面是一个WKT字符串，使用D_GDA_1994基准，GRS_1980坐标系和参考点（0,0），转换为一个WKT字符串：

```
GEOGCS[“GCS_GDA_1994”,DATUM[“D_GDA_1994”,SPH ER
OID[“GRS_1980”,6378137.0,298.257222101]],PRIMEM
[“Greenwich”,0.0],UNIT[“Degree”,0.0174532925199433],
AUTHORITY[“EPSG”,4283]]
```

其他微格式包括：

1. GeoJSON：JSON数据格式的变体，用于表示地理数据结构。

2. 地理标记语言（GML）：一种基于XML的地理信息系统数据交换格式。

3. GPS交换格式（GPX）：一种基于XML的格式，用于交换地理信息系统数据，特别是航路点、轨道和路线，受到许多体育应用程序的青睐。

4. KMZ/KML：另一种基于XML的格式。这种地理信息系统格式主要用于googleearth。KMZ（KMLZipped）是文件的压缩版本。它取代了KML作为默认的googleearth地理空间格式。2008年，KML/KMZ成为开放地理空间联盟的国际标准。

以下是相同数据在不同格式下的一些示例：

```
<kml xmlns:atom=“www.w3.org/2005/
Atom” xmlns:gx=“www.google.com/
kml/ext/2.2” xmlns=“www.opengis.
net/kml/2.2”>
 <Document>
  <name>example.kml</name>
  <Style id="pushpin">
```

```
Time, Smooth Vel., GPS
Time, GPS Latitude, GPS
Longitude,
1:19:48.32, 0.646, 14:30:00,
53.33515936, -6.228433907,
1:19:48.43, 0.661, 14:30:00,
53.33515926, -6.228433207,
```

```
    <IconStyle id="mystyle">
     <scale>1.0</scale>
     <Icon>
      <href>http://maps.google.com/mapfiles/
      kml/shapes/placemark_circle_highlight.
      png</href>
     </Icon>
    </IconStyle>
   </Style>
   <Folder>
    <Placemark>
     <name></name>
     <styleUrl>#pushpin</styleUrl>
     <Point>
      <coordinates> -6.228433907,
      53.33515936</coordinates>
     </Point>
    </Placemark>
```

```
    <Placemark>
     <name></name>
     <styleUrl>#pushpin</styleUrl>
     <Point>
      <coordinates> -6.228433207,
      53.33515926</coordinates>
     </Point>
    </Placemark>
      </Folder>
  </Document>
</kml>
```

KML format

```
<?xml version="1.0"
encoding="UTF-8"?>
<gpx
version="1.1"
creator="RunningFreeBird – www.
runningfreebird.com/"
xmlns:xsi="www.w3.org/2001/
```

GML and WKT format

```
<gml:Point gml:id="rfb1"
srsName="http://www.
opengis.net/def/crs/
EPSG/0/27700">
   <gml:pos srsDimension=
"2">53.33515936
6.228433907</gml:pos>
```

```
XMLSchema-instance"
xmlns="www.topografix.com/GPX/1/1"
xsi:schemaLocation="www.topografix.
com/GPX/1/1 www.topografix.com/
GPX/1/1/gpx.xsd"
xmlns:gpxtpx="www.garmin.com/
xmlschemas/ TrackPointExtension/v1">
<trk>
<name><![CDATA[Running 6/29/10
1:19 pm]]></name>
<time>2010–06–29T01:19:48Z</time>
<trkseg>
<trkpt lat="53.33515936" lon=
"-6.228433907"><ele>57.7</ele><time>
2010–06–29T01:19:48Z</time>
</trkpt>
<trkpt lat="53.33515926" lon=
"-6.228433207"><ele>57.7</ele><time>
2010–06–29T01:19:48Z</time></trkpt>
</trkseg>
</trk>
</gpx>
```

GPX

```
 </gml:Point>
<gml:Point gml:id="rfb2"
srsName="http://www.
opengis.net/def/crs/
EPSG/0/27700">
  <gml:pos srsDimension=
"2">53.33515926
6.228433207</gml:pos>
 </gml:Point>
Or:
   <gml:LineString>
     <gml:coordinates>
53.33515936, 6.228433907
53.33515926, 6.228433207
</gml:coordinates>
   </gml:LineString>

WKT
POINT (53.33515936
6.228433907)
POINT (53.33515926
6.228433207)
LINESTRING (53.33515936
6.228433907, 53.33515926
6.228433207)
```

GML

OpenStreetMap（OSM, http://openstreetmap.org, accessed 27/11/17）地理信息系统格式是另一种基于可扩展标记语言（XML）的文件格式，效率更高，另一种可选择的格式则是更小的PBF格式（Protocolbuffer二进制格式）。OpenStreetMap是一个众包地理信息系统项目，它与一个网站链接，人们可以在该网站上协作创建和编辑地理空间数据。

尽管几何图形保持不变，但命名规则不同。点表示为节点，线表示为路径，多边形表示为区域。它们都是其他元素的集合。任何元素（节点、路径或关系）都可以有许多与其相关联的标记，从而提供关于该元素

图5.1　投影在OpenStreetMap图层上的GPX轨迹记录数据

的附加信息。通过使用应用程序接口（API），可以免费从OpenStreetMap获得地理空间数据，既可以下载您感兴趣的数据子集，也可以下载整个OpenStreetMap数据库（称为Planet.osm）。另外，也可以下载打包成更小块的数据并转换成其他数据格式。

以下是OpenStreetMap XML数据的示例：


```
<?xml version="1.0" encoding="UTF-8"?>
<osm version="0.6" generator="CGImap 0.3.3 (9787 thorn-01.openstreetmap.org)" copyright="OpenStreetMap and contributors" attribution="http://www.openstreetmap.org/copyright" license="http://opendatacommons.org/licenses/odbl/1-0/">
<bounds minlat="51.5085000" minlon="-0.1563000" maxlat="51.5138000" maxlon="-0.1465000"/>
<node id="102053" visible="true" version="11" changeset="13457341" timestamp="2012-10-11T17:44:21Z" user="Metanautics fixes"
```

```
uid="900987" lat="51.5130481" lon="–0.1581734"/>
    <node id="108253" visible="true" version="3" changeset="18178728"
timestamp="2013–10–04T13:39:44Z" user="mjmm17" uid="716353"
lat="51.5121181" lon="–0.1450357"/>
    <node id="3256088661" visible="true" version="1" changeset=
"27744491" timestamp="2014–12–28T01:06:39Z" user="Amaroussi"
uid="1016290" lat="51.5135354" lon="–0.1575604"> <tag k="bus"
v="yes"/>
    <tag k="local_ref" v="P"/>
    <tag k="name" v="Marble Arch Station"/>
    <tag k="public_transport" v="stop_position"/>
    <tag k="source" v="Survey of 2014–12–24"/>
    </node>
    <way id="26996713" visible="true" version="3" changeset="21149754"
timestamp="2014–03–17T06:51:23Z" user="Amaroussi" uid="1016290">
    <nd ref="295907939"/>
    <nd ref="295907948"/>
    <tag k="highway" v="residential"/>
    <tag k="lit" v="yes"/>
    <tag k="name" v="Red Place"/>
    </way>
    </osm>
```


空间数据库启用

我们已经看到，可以使用WKT格式表示点、线和面，因此，从技术上讲，可以将这些文本值插入关系数据库中的文本字段中进行存储。但是，除了逐个检索文本值并重新创建空间对象之外，没有其他简单的方法可以用来查询数据并在此基础上进行计算。也许可以创建大量额外的索引来解决这个问题。

但是,更好的解决方案是将空间对象插入使用数据的空间特征(而不是纯文本表示)的数据库中,也就是支持空间的数据库。这种数据库的特点包括:

1. 存储空间数据类型的特定几何字段。

2. 进行空间查询的能力;例如:选择特定区域内的所有事件(如“铲球”)。

3. 对空间数据执行相当于常规数据库“连接”的功能,称为“空间连接”。

4. 从内置空间操作派生全新对象并将其插入数据库的能力;例如:将"possible_sales"设置为"double_income_no_kids"或"disposable_income"和"sports_fans"多边形的交集。

与常规数据库(非空间)利用索引优化查询策略一样,空间功能数据库也使用空间索引。其目的是相同的——对复杂的计算优化并提升速度,这意味着这类数据库可以处理非常大量的数据。通常,在检索数据之前,繁重的工作应该由数据库来完成,因为数据库已经针对这些形式的计算密集型过程进行了优化。

一个具有强大功能的开源空间数据库案例是具有PostGIS空间对象插件的PostgreSQL。该数据库支持不同的几何类型、空间类型、索引和函数,允许查询和管理关于位置和地图的信息。PostGIS擅长处理地理空间数据,并支持以下功能:

1. 可接受各种常见格式的数据,如WKT和WKB,也可以接受GML、KML、SVG和JSON,GeoJSON的地理变量。

2. 基于空间索引的快速边框计算;例如,一个区域与另一个区域的左侧或右侧是否存在重叠、接触、相等、包含等状态。

3. 在实际的空间对象上进行等效计算,而不仅仅局限于边框(“lighter”数据库只执行等效的边框计算)。

4. 用于计算空间对象有价值数据的广泛函数,如点之间的距离、线的长度和距离对象最近的点。

5. 考虑到基准面和坐标参考系的重要性，PostGIS可在不同坐标系之间转换数据，甚至可以通过多种方式进行修改数据，如对数据进行缩放和旋转。

与Postgres/PostGIS一样，SpatialLite也是开源的，但局限性更大。SpatialLite通过空间功能扩展了无服务器的SQLite数据库引擎，并可以在一个文件中保存所有空间和非空间文件。它支持以下特性：

1. 可以处理所有主要形式的空间数据类型，如点、线和多边形。

2. 指定列使用标识代码处理具有特定空间引用的特定空间数据类型。这将强制把数据存储在数据库正确的字段中。

3. 可接受一系列常见格式（如WKT和WKB）的数据，并可在这些格式的几何图形和其他格式的几何图形之间进行转换。

4. 与PostGIS类似，各种几何函数（如点之间的距离或面之间的距离）创建缓冲区，等效的快速操作使用更粗略的空间对象边界框表示。

5. 与PostGIS类似，可以在坐标系之间进行数据转换，缩放和旋转等。

6. 支持使用最小边界矩形进行快速空间关系计算。

7. 可以利用不同形式的索引加速计算，例如R-Tree和边框索引。

著名的数据库MySQL（Facebook和Twitter正在使用）也具有许多可用功能的空间扩展。例如，下面的SQL语句创建了一个数据库表，其中一个字段被设计用来保存多边形数据类型：

```
CREATE TABLE playerzones (
id INTEGER AUTO_INCREMENT PRIMARY KEY,
player CHAR(255),
convexhull POLYGON NOT NULL,
INDEX (player),
SPATIAL INDEX (convexhull))
```

POLYGON关键字是扩展SQL语言的一部分，字段“polydata”被指定为这种类型。这段代码的最后一行在这个字段上创建了一个空间索引，这有利于以下类型的优化查询：

```
SELECT player FROM playerzones WHERE MBRContains(convexhull,
thisTacklePoint)
```

假设根据某一场比赛或某一赛季的比赛中的球队球员的轨迹记录来制作一组凸壳。我们感兴趣的是那些有可能在球场上的特定位置拦截对手的球员。MBRContains( )的工作原理是在空间对象周围创建一个最小边界矩形（MBR）或边框。这是一个快速的例行程序，它更容易计算出一个点是否在矩形框内，而不是更复杂的原始空间对象。当然现在有可能产生误报，因为边界框的大小明显大于原始面。尽管如此，这可以用于快速地检索数据（误报等），然后通过访问该记录集的应用程序执行更精确的计算。

最后，在商业领域有两种重要的空间数据：Oracle和微软的SQL Server。

在很长一段时间里，Oracle被视为关系数据库管理系统的行业标准。毫无疑问，这个平台具有可用的空间扩展，称为Oracle Spatial。支持的特性包括前面提到的所有PostGIS和MySQL的特性，比如空间数据类型和索引、空间连接和查询以及数据转换。此外，Oracle Spatial采用了数据挖掘领域的各种数据探索或分析技术、有用的地理编码函数，并且可以处理光栅格式的数据。

微软的SQL Server是另一个广泛使用的关系数据库系统。同样，该数据库支持所有预期的地理空间操作和数据类型。

与以前的数据库一样，微软制定了开放地理空间联盟指定的标准。这意味着所采用的命名规则与前面提到的开放源码数据库是相匹配的，但由于使用的是面向对象的语法所以又略有不同。例如，SQL Server使用的是some_geometry.stintersects(some_point)而 不 是ST_Intersects(some_geometry, some_point)。

与以前的数据库不同，潜在的重要限制是SQL Server不支持坐标系的转换。

点位数据分析

在介绍了可能遇到的各种地理空间数据格式、投影、存储以及相关软件的问题之后，我们现在可以回顾一下可以执行的解析类型。

空间中心统计

点位数据空间分布的最基本描述符是空间中心统计。对一个单行的数据进行分析，确定平均值、标准差、偏度和峰度的统计数据——这些数据对二维数据具有同等的意义（例如以东和以北）。正如预期的那样，最简单的统计数据是平均中心，它是两个坐标的平均值。标准距离偏差和标准差椭圆是对平均中心周围点离散度的度量。最小距离的中心被定义为最接近所有其他点的点，通过对所有其他点的距离求和，返回的最小值即为最小距离的中心。

凸包提供了对数据的另一种描述。简单来说，它是根据点的分布而绘制得到的边界。这个多边形（便捷）包含了所有的数据点，所以该特征清楚地显示了数据集的地理范围，并且可以比较不同的凸包，以确定大小、方向、重叠程度等方面的差异。虽然凸包在多方面都有重要作用，但它很容易受到极值的影响，离群值对凸包的影响要比平均中心大得多，因为平均中心的影响会因为所有点平均值的减小而减小。

区域数据的空间自相关

通常来说，基于区域或特定空间区域的划分来进行数据分析是明智的。比如，针对一个分为防守、中场和进攻区域的比赛场地，我们可以将这些区域内的单个数据点相加，并与其他区域的值进行比较。在这种情况下，所有数据都会分配到一个中心位置，通常是质心，而区域内数据点的数量则刻画了区域数据的属性。

在分析空间数据时，有必要考虑完全空间随机性（complete spatial randomness）的概念。完全空间随机性意味着不存在聚集的情况，没有可遵循的模式，没有相关性或任何形式的空间排列。然而，空间自相关（Spatial autocorrelation）与随机性是一对矛盾体，也就是说，以某种方式相互关联的点存在某种可遵循的模式或排列，这就违反了统计独立性的假设。有几种方法可以测量区域或者区间属性的单个水平数据之间的空间自相关，如莫兰指数（Moran's "I" statistic）、吉尔里指数（Geary's "C" statistic）或高/低聚类（Getis-Ord "G" statistic）（Geary, 1954; Getis-and-Ord, 1992; Moran, 1950）。

热点、热图和集群

使用地图来呈现点位数据的特性，对于运动与健康、体育招募和体育营销等领域的决策有重大意义。此外，热点图、热区图或聚类图的概括同类数据特征的能力非常强大。

热点区域（或质心）是人为构造的，在现实中并不存在。热点区域由大量点数据聚集而成。热点的精确起点是无法确定的，因为它是基于梯度不是固定的边界来定义的。但是，我们可以画一条假想的线来表示这个假设的边界位置，这样就可以确定，研究对象是处于在热点区域内还是在热点区域外。

有许多技术可以识别热点，其中一些技术是从聚类分析（cluster analysis）的统计学领域衍生出来的，目的是将大量的点聚类。由于存在不同的聚类规则，因此已经有很多种聚类分析的类型被开发出来（Everitt et al., 2011）：

1. 最容易理解的方法是众数，即不同位置的点的计数来确定热点。

出现数量最多的位置即为热点。模糊众数则包括众数周围的数值区间，例如，将5米或10米的搜索半径内出现在点都认为其处于热点区间。

2. 分层技术（*Hierarchical* techniques）基于某些标准（如最小距离）创建连续的高阶聚类。二级聚类进一步被分为三级聚类，以此类推，聚类层次结构可以用树状图表示。最小距离法定义了一个阈值，所有点之间的距离均与这个阈值进行比较。如果点之间的距离小于阈值，则认为这些点属于一类。此外，可以对类中包含的点的数量进行设置。

3. 分块技术（*Partitioning* techniques），通常称为K-means技术，在处理之前先将点划分为指定数量的组。因此，所有点都先被分配给一个组。程序试图找到k个中心的最佳位置，并将每个点重新分配到最近的中心。当需要确定质心数量即确定k值来控制分组时，该技术就很有用（例如针对足球比赛球员数据聚类分析的k值可以设定为11）。

4. 密度技术通过寻找密集的点来识别聚类。核密度插值（有时称为核密度估计）通过研究区域所有部分（即所有点）的密度估计，将点位置扩展到整个区域。表面或等高线图可用于显示所有位置的密度。核密度估计技术应用的典型案例是网球比赛中的空间分析（Mora and Knottenbelt, 2016），球场及其周围区域被划分为大小相等的矩形网格（球员设定100 × 100的矩形，球运动区间设定为200 × 200的矩形），将球员或球在该区域所停留的时间用颜色表示，这些颜色代表标准化后的频率值。例如，从球员位置热图的视频分析能够显示，球员大部分时间都处在垒线后的中间位置，偶尔会出现在靠近球网的位置。

时空分析

有关时空的测量和技术主要包括：Knox指数、Mantel指数、时空移动平均（spatiotemporal moving average, STMA）和相关游走分析（correlated walk analysis, CWA）。

时空移动平均是n个观测值的移动平均中心，其中n称为跨度数据的数量，假设默认值为5。跨度区间以每一次观测值为中心，所以中心两边的数据个数是相等的，当然刚开始和结束的点除外。

相关游走分析是一种基于随机漫步理论（Random Walk Theory）的统计方法，用于分析事件的时空序列。相关游走分析基于空间和时间分布来推测下一事件的时间和位置，能够像前面描述的时空移动平均方法一样进行预测。

轨迹分析

定位技术（GPS、RFID）的最新研究进展让我们有机会在时空中跟踪个体，产生由众多(x,y,t)点构成的时空数据流，称之为轨迹。

本节包括：数据清理和准备；运动物体和轨迹的定义；运动分析和语义轨迹的计算；运动模式的分类的开发；数据的表示和存储；时空信息挖掘。

运动场景分析对轨迹分析技术有着很大的需求。比如，在网球比赛中可以对球员和网球进行跟踪，并提供每一分的三维重建模型。同样，足球教练也会定期分析比赛录像，了解对手的行为和策略。相关的软件可以自动输出有关比赛和球员表现的基本统计信息，如球员跑动距离、球员的最高/平均速度、传球和射门次数、任意球的球速、球员的密度图、最喜欢的位置以及球员越位的测量。然而，最新的跟踪技术正在产生以前从未见过的时空粒度数据。这种时空数据需要开发新的建模和分析技术，因为传统的静态空间分析工具箱缺乏与动态过程相关的数据方法（Gudmundsson and Horton, 2017）。

轨迹管理的最新研究开发了高效的存储和索引技术，以及信息观测方法。许多研究工作都集中在原始移动性数据的几何移动方面。然而，现在需要利用数据模式来理解移动对象的语义行为，这些数据模式通过来自下一层应用程序领域的信息来解释或理解。

根据梅尔罗斯等（Melorose et al., 2015）的研究，在这个领域的研究人员的研究成果集中表现在如下方面：

1. GIS研究人员在对轨迹进行不确定性、敏感性和尺度建模方面具有丰富的经验，例如将球员在“球场”上的轨迹分割为语义上有意义的部分，或内插球员强度面进行分析。

2. 各种类型的移动目标数据库的研究人员和开发人员的研究方向是移动目标的数据管理和查询。例如，球场上的每个球员都可能代表动态树中的一片叶子，而这个动态树已经进行了快速查询的优化。

3. 计算几何学研究人员使用新的测量方法对运动员运动模式进行描述和挖掘。例如，使用凸包表示运动员位置的，以确定“群集”效应。

无论使用探索性分析方法、索引技术，还是开发新的数据挖掘算法，所有这些方法都提高了从低阶跟踪数据到高阶知识推断的能力，麦昆等(McQueen et al., 2014)基于位置数据（由STATS SportVu系统收集的运动员跟踪数据）的低阶特征制定了高阶规则：

持球掩护自动识别
假如[
有一个球员正在运球（即持球球员）
同时10英尺内有一个进攻球员（即掩护队员）
同时掩护队员不在三秒区内或附近（“附近”的定义见附图）
同时掩护队员离篮筐的距离不超过持球者2英尺
同时防守球员距离持球人<=12英尺（即后卫）
同时篮球不在三秒区内] for>=13连续帧
同时每一帧里持球球员都不变
那么，识别为动作

数据清理和准备

对移动个体建模的最常见方法是将其作为随时间变化的点对象，并产生一系列有时间戳的观察结果。

由于来自移动设备的全球定位系统（GPS）测量数据存在采样误差，而且记录的移动物体的位置并不总是正确的，因此记录的数据可能是不可靠、不精确、不正确、含有噪声的，所以在数据准备方面仍需付出很大努力。影响全球定位系统信号的噪声有许多来源，比如电离层带来的影响，卫星时钟对全球定位系统测量距离带来的误差可达 ±15米。有许多方法可以通过检测“异常值”来消除错误数据，这些方法的前提是：实际的路线或路径是一个近似“平滑”的曲线。这个阶段是一种简单的数据清理形式，基于此可以进行更复杂的语义标记和路径展示。在初始处理之后，努力将全球定位系统设备移动轨迹与环境中的上下文数据结合起来，这称为语义轨迹（见图5.2）。

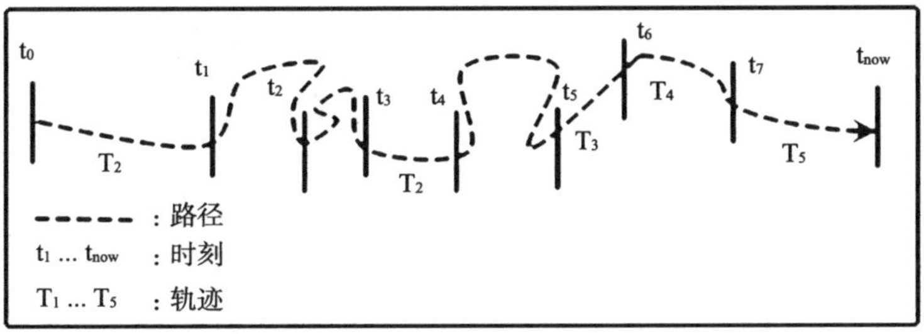

图5.2　时空路径及其轨迹

运动对象创建的时空路径由许多轨迹组成，这些轨迹由路径的语义分割定义。每个轨迹由一段包括开始和结束区间［tbegin，tend］的时间间隔来定义，该段轨迹可以与该移动目标路径上的其他轨迹相遇，但不能重叠。轨迹又可以被划分成具有新的子间隔序列的更小的语义段，其中目标位置可以移动（定义为移动）或保持静止（定义为停止）。因此，轨迹被看作是一些列静止的点组成的序列。

接下来的问题是如何将一个轨迹分割成若干有意义的段（子轨迹）。可以确定运动特征的一致性，如物体的速度或方向，以定义一个分段。因此，确定这些有意义的运动特征和相关片段显然依赖于语境。在不同的语境下，相同的轨迹可能代表完全不同的活动。这些特性的分析需要专业知识和上下文信息。在跟踪对象期间，对象实际执行的活动是什么？如何解释轨迹的许多“停止”和“开始”，速度的变化等等？从轨迹中自动提取信息是一项艰巨的任务。

复杂的运动目标和轨迹

移动数据的范围从相对简单的轨迹日志到极端复杂的类型，包括在空间中移动的三维形状，如飓风或气旋等大规模天气事件产生复杂的移动数据。图5.3描述了古德蒙森和霍顿（Gudmundsson and Horton, 2017）讨论的运动类型。

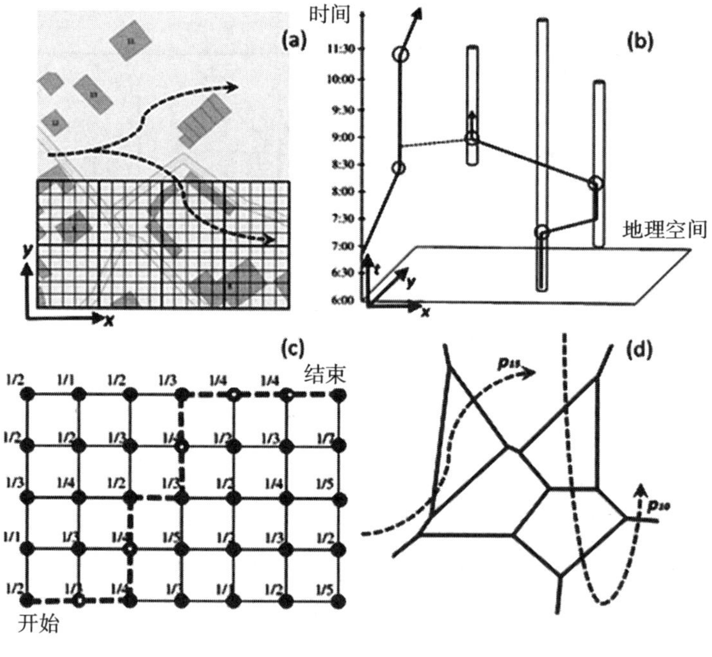

图5.3 四个基本的移动空间

语义轨迹建模与分析

有两类轨迹——一类涉及单一物体轨迹和序列行为的动力学，另一类涉及几个移动物体，部分聚焦物体之间的相互作用，或者协调，例如群体行为(Parent et al.,2013)。

梅尔罗斯等(Melorose et al., 2015)指出,洛布(Laube)和他的同事们最开始对群集行为这个新兴领域开展研究。在该领域中,群集被定义为一组于确定的时间间隔内在空间邻近移动的实体,并且这组实体有一个已定义的边界框。该方法因其过于简单而受到批评,因为其忽略了成员问题(实体离开和进入群组)。尽管如此,他们的研究成果还是首次考虑了如何处理多个对象的动态组的问题。

洛布(Laube, 2014: 87)后来将计算运动分析的新领域定义为“跨学科研究领域,研究在地理和抽象空间中捕获、处理、管理、构建和最终分析描述运动现象的数据计算技术的发展和应用,以便更好地理解和控制运动过程”。通常,移动数据管理的研究主要集中在移动对象数据库和统计分析上。这些工作主要集中在:

1. 数据模型:轨迹相关数据类型(如移动点/区域)的定义和扩展。

2. 数据管理或轨迹数据库管理系统:使用特别索引和查询技术有效存储移动数据。

3. 数据挖掘:设计轨迹挖掘和学习算法(如聚类、分类、异常点检测、序列模式挖掘)。

在轨迹数据分割、运动模式相似性定义、聚类检测、结构和模式的语义标注等方面也取得了一定进展。梅尔罗斯等(Melorose et al., 2015)和Yan等(Yan et al., 2013)提出了一种语义注释模型,该模型将原始移动数据逐步转换为具有分段和标注的语义轨迹。

当然,不仅仅是单独的运动员或群组(群集)的运动员需要被跟踪,许多球类项目也有这个需求。很多篮球项目的跟踪工作(如篮板等)都是通过IBM SecondSight analytics进行的。在足球方面,贾马蒂和安格拉(Gyarmati and Anguera, 2015)通过寻找足球比赛中传球事件的重复模式,提供了一种自动提取传球策略的方法。首先将场地上发生传球的位置输入系统,然后收集每次传球时关于传球者和接球者在场上位置(x,y)的信息。单独考虑每支球队的控球,这样每支球队在每场比赛中都有一组二维序列。然后使用动态规划算法来比较数据的传递序列。

贾马蒂和斯塔诺耶维奇(Gyarmati and Stanojevic, 2016)在他们的QPass系统中继续采用这种方法。他们提出的“基于成绩的传球评估”方法,考虑的是球员在传球和控球方面对球队战略的实际贡献,而不仅仅关注于描述性统计上定量分析球员的传球能力。例如,球员是否能够帮助组织进攻或保持控球,或是否由于传球而改变评估值。他们从赛季数据中得出了不同比赛风格的传球轨迹集锦,像传球和射门这样的重要事件都有注释,包括球员的身份和位置信息。根据其他观点,失去控球权或者在球场的某个特定位置没有控球实际上可能会带来更好的赢得比赛的机会。

表示和存储

我们已经阐述了一些用于处理移动目标数据的方法,并指出了用语义形式描述(如语义轨迹、停止和移动等情节)和不同运动模式(如移动聚类)指定运动分段的难度。另一个问题是如何在移动数据仓库(MDW)中存储这些数据。目前对这类数据的支持仅限于存储和查询原始移动状态(即目标的时空位置)。然而,需要存储在数据库中的不仅仅是原始数据,还有它的各种描述和测量数据。数据库有助于提升数据分析强大的信息处理能力。

我们已经看到各种空间数据库启用额外表示原始多边形数据的最小边界框和这些轨迹分割方法的例子,把原始对象简化成更小、不那么复杂的基元更适合存储和检索的目的。检索、查询和调查是有效的过程,因为索引结构可以在用于存储轨迹的最小边界框上创建。目的通常是找到所有轨迹的分段,以最小化成本;也就是说,总的分段数以某个数字k为边界。成本函数的建议范围从最小化边界盒的体积到许多不同属性的复杂组合。

许多作者探讨了概念建模如何为应用程序提供轨迹支持(即将移动数据结构化为可计数的语义单位)(Spaccapietra et al., 2008)。

用于移动对象数据的数据库应用包括古廷等(Guting)定义的数据类型集(Güting and Schneider, 2005; Güting et al., 2000),涵盖空间、时间和移动数据类型。该方法包括移动目标(点和区域)的正式理论和完整的实现过程。古廷的成果包含了对时空路径抽象化和离散化的观点。前者将路径描述为由无限集定义的曲线,后者则采用有限表示将轨迹近似为折线。

菲尔托等(Fileto et al., 2014)提出了MDW的语义模型,引入了运动片段(movement segments)、模式(patterns)、类(classes)和类别(categories)的定义这些概念以及按不同层次排列的概念应用实例对上述设计从语义上予以充实和丰富。

信息探索与时空信息挖掘

动态世界由不同尺度的空间区域组成。通常,小尺度空间由定义清晰、长久存在的对象组成。然而,大尺度空间是由界限模糊的空间对象组成,它们很可能经历转换,并以复杂的方式相互作用。

地理或时空数据挖掘领域已经发展了十多年的时间(Miller and Han, 2009; Roddick and Lees, 2006),典型的技术包括空间和时空规则挖掘。

在上述区域和包含的对象(也包括事件和过程)上有意义的时空信息查询的种类是多种多样的,而且很难量化。尽管在传统上,信息查询很少超越简单的数据记录检索,但时空信息挖掘的自动查询支持技术必须将数据库中记录的内容扩展到可以从中推断的内容上。袁等(Yuan et al., 2002)提出了查询类型学,包括属性查询、三种类型的空间查询、三种类型的时间查询和四种类型的时空查询。

知识发现方法对于大型体育数据集的分析是有利的。开发分类器和预测模型可以用于检测体育运动中的特定事件。例如,预测某种战术或策略是否会带来得分机会。为此,可以使用人工智能的方法或工具,包括决策树、关联规则、支持向量机、神经网络和贝叶斯方法。

不同的作者利用不同的技术来发现移动目标数据中的运行模式

(e.g. Cao et al., 2009)。乔尔杰维奇等(Djordjevic et al., 2011)开发了一种工具,可以检验一系列带有时间标签的事件是否存在周期性模式。此外,因为一个对象在不同时期的不同时间都不可能访问完全相同的位置,所以运行模式不是固定的,而是随着时间的推移而变动。

机器学习技术在位置数据中的应用

对球员以及球的跟踪数据进行分析的技术需求越来越多,而这些技术需要大量知识储备。同时,也有一些深度学习方法,它们不太依赖于编码领域的知识,而是依赖于大型数据集(带有类编码)。沙阿和罗米金德(Shah and Romijnders, 2016)以序列建模的形式应用深度学习递归神经网络,对篮球飞行轨迹进行预测并判断三分球是否会得分。其他的方法可能会使用复杂的物理模型。而这种方法纯粹是数据驱动的,并且利用了强大的深度学习范式。事实上,作者证明了他们的方法在预测三分球是否会得分方面优于静态特征丰富的机器学习模型。这表明,深度学习模型可以对传统的基于特征的机器学习方法进行改进。

软件

我们提到了开源和商业GIS和空间数据库,它们包含大量强大的功能(如QGIS和Postgres/PostGIS)。大多数平台有许多免费提供的机器学习资料库,这些资料库与常用的编程语言结合在一起呈现。以下是一些有用的资源:

1. PROJ.4, OGR and Mapnik
2. Python库:
3. [XYZ]
4. Geodjango framework as ORM: http://geodjango.org/
5. Python空间分析库:https://pypi.python.org/pypi/PySAL

6. Kevin Toohey的相似性度量R程序包用以确定两个多边形曲线之间的距离,能够进行运动目标轨迹的稳定快速的相似性搜索。

7. SaTScan是一种免费软件,它使用空间、时间或时空统计数据来进行分析,可用于以下相关的目标:检测空间或时空聚类,看它们是否具有统计意义;测试一个点模式是否在空间、时间或空间和时间上随机分布。

8. CRIMESTAT:最初设计用于犯罪分析,它为点位数据提供了一套全面的分析规则(https://www.nij.gov/topics/technology/maps/pages/crimestat.aspx)。

参考文献

Cao, H., Mamoulis, N. and Cheung, D.W. (2009) 'Periodic pattern discovery from trajectories of moving objects', *Geographic Data Mining and Knowledge Discovery*, 20. https://doi.org/doi: 10.1201/9781420073980.ch15.

Djordjevic, B., Gudmundsson, J., Pham, A. and Wolle, T. (2011) 'Detecting regular visit patterns', *Algorithmica*, 60(4): 829–852. https://doi.org/10.1007/s00453-009-9376-2.

Everitt, B.S., Landau, S., Leese, M. and Stahl, D. (2011) 'Cluster analysis', *Quality and Quantity*, 14. https://doi.org/10.1007/BF00154794.

Fileto, R., Raffaetà, A., May, C., Roncato, A. and Klein, D. (2014) 'A semantic model for movement data warehouses', *Proceedings of the 17th International Workshop on Data Warehousing and OLAP* (pp. 47–56), Shanghai, China, November 2014.

Geary, R.C. (1954) 'The contiguity ratio and statistical mapping', *The Incorporated Statistician*, 5: 115–145.

Getis, A. and Ord, J.K. (1992) 'The analysis of spatial association', *Geographical Analysis*, 24(3): 189–206. https://doi.org/10.1111/j.1538-4632.1992.tb00261.x.

Gudmundsson, J. and Horton, M. (2017) 'Spatiotemporal analysis of team sports — A survey', *ACM Computing Surveys*, 50(2): 1–34. https://doi.org/10.1145/3054132.

Güting, R.H., Böhlen, M.H., Erwig, M., Jensen, C.S., Lorentzos, N.A., Schneider, M. and Vazirgiannis, M. (2000) 'A foundation for representing and querying moving objects', *ACM Transactions on Database Systems*, 25(1): 1–42. https://doi.org/10.1145/352958.352963.

Güting, R.H. and Schneider, M. (2005) 'Preface', In R.H. Güting and M. Schneider (eds.), *Moving objects databases* (pp. xvii-xxi). San Francisco: Morgan Kaufmann. https://doi.org/10.1016/B978-012088799-6/50001-3.

Gyarmati, L. and Anguera, X. (2015) 'Automatic extraction of the passing strategies of soccer teams', *2015 ACM KDD Workshop on Large-Scale Sports Analytic* s, 0–3. http://arxiv.org/abs/1508.02171.

Gyarmati, L. and Stanojevic, R. (2016) 'QPass: A merit-based evaluation of soccer passes', *2016 ACM KDD Workshop on Large-Scale Sports Analytic* s, 0–3. https://arxiv.org/abs/1608.03532.

Laube, P. (2014) *Computational movement analysis*, New York, NY: Springer.

McQueen, A., Wiens, J. and Guttag, J. (2014). 'Automatically recognizing on-ball screens', *2014 MIT Sloan Sports Analytics Conference, Boston, MA, USA*, 28 February–01 March 2014.

Melorose, J., Perroy, R. and Careas, S. (2015) 'The SIGSPATIAL special', *Statewide Agricultural Land Use Baseline 2015*, 1(1). https://doi.org/10.1017/CBO9781107415324.004.

Miller, H.J. and Han, J. (2009) 'Geographic data mining and knowledge discovery: An overview', In H.J. Miller and J. Han (eds.), *Geographic data mining and knowledge discovery* (pp. 3–32), London: Taylor and Francis.

Mora, S.V. and Knottenbelt, W.J. (2016) 'Spatiotemporal analysis of tennis matches', 2–5. https://doi.org/10.475/123.

Moran, P.A.P. (1950) 'Notes on continuous stochastic phenomena', *Biometrika*, 37 (1/2): 17. https://doi.org/10.2307/2332142.

Parent, C., Pelekis, N., Theodoridis, Y., Yan, Z., Spaccapietra, S., Renso, C., … Macedo, J. (2013) 'Semantic trajectories modeling and analysis', *ACM Computing Surveys*, 45(4): 1–32. https://doi.org/10.1145/2501654.2501656.

Roddick, J.F. and Lees, B.G. (2006) 'Spatiotemporal data mining paradigms and methodologies', *Geographic Data Mining and Knowledge Discovery*, 27–44. https://doi.org/doi: 10.1201/9781420073980.ch2.

Shah, R.C. and Romijnders, R. (2016) 'Applying deep learning to basketball trajectories', *KDD '16*, 4. https://doi.org/10.475/123.

Spaccapietra, S., Parent, C., Damiani, M.L., de Macedo, J.A., Porto, F. and Vangenot,

C. (2008) 'A conceptual view on trajectories', *Data and Knowledge Engineering*, 65(1): 126–146. https://doi.org/10.1016/j.datak.2007.10.008.

Yan, Z., Chakraborty, D., Parent, C., Spaccapietra, S. and Aberer, K. (2013) 'Semantic trajectories: Mobility data computation and annotation', *ACM Transactions on Intelligent Systems and Technology*, 4(3): 1–38. Article No. 49. https://doi.org/10.1145/2483669.2483682.

Yuan, M., McIntosh, J., Shaw, K., Ladner, R. and Abdelguerfi, M. (2002) 'A typology of spatialtemporal information queries', *Mining Spatiotemporal Information Systems*, 1–20.

第六章　时空数据分析

简介

第五章探究了地理空间分析的内容。在体育运动特别是在运动表现分析中使用更多本地化的时空数据是很常见的。虽然很多数据包含了空间数据随时间变化的特征，但时间序列数据和空间数据是存在差别的。大量的全球定位系统（GPS）数据、球员和球的追踪数据可以快速生成，并用于对运动项目的战术动作和运动效率进行分析。本章讨论了一系列方法，从算法方法到神经网络，用于识别这些数据中的战术模式。这种算法和神经网络具有局限性，无法识别许多假阳性事件，也无法识别运动员和移动物体数据展现的真实事件。因此，在数据分析和决策制定过程中，人工检验具有很明显的作用。为了协助完成数据分析的任务，本章还讨论了数据的可视化表示，包括运动员运动和事件定位的场地图解方法。本章还讨论了在团队比赛中使用的泰森多边形（Voronoi）和质心位置地图等图形技术，用于重点显示时空数据呈现的特征模式。视频和定量数据的综合使用也有助于克服仅依赖运动数据进行定量分析的局限性。

基于算法的方法

体育从业者们熟知团体比赛中的战术运动模式。很多团队比赛指导技术文献中描述战术时，用到了运动员在比赛区域的移动图解（Bangsbo and Peitersen, 2002, 2004）。团队比赛关于时空数据的研究包括空间创造（Bangsbo and Peitersen, 2004）、空间限制（Bangsbo and Peitersen, 2002）、深度和宽度（Daniel, 2003）、球员集中（Worthington, 1980）和防守平衡（Olsen, 1981）。许多这样的战术阵型和动作在球和球员的自动跟踪技术发展前几十年的文献中就有描述。球和球员精确追踪技术的发展（Carling et al., 2008）推动了算法的发展，使得体育从业者所描述的战术行为可被明确识别（Lames and Siegle, 2011; Lemmink and Frenicken, 2011; O'Donoghue, 2011）。这类数据的早期时空分析是由格雷艾尼等（Gréhaigne et al., 1997）所做的识别球员所占比赛场地表面区域的研究。运动员在下一秒内所走的距离与他们当前的移动速度呈正相关，而他们改变方向的范围则与当前的移动速度呈负相关。格雷艾尼等（Gréhaigne et al., 1997）制定的准则是后续克努森（Knudsen）和安德森（Andersen）等学者研发系统的基础，该系统识别了容易被对手通过传球渗透的防守模式（Knudsen and Andersen, 2015）。奥多诺休和霍姆斯（O'Donoghue and Holmes, 2015: 116–121）描述了一种能从地理空间数据中识别战术的系统的开发过程，共包含五个步骤：需求分析、系统规范、系统设计、演进实现和验证。第一步需求分析，要选择出运动项目中一个重要的相关战术。第二步系统规范，使用几何学和三角学知识来实现规范说明。第三步系统设计，包括识别数据结构和系统所需要的算法，以达到识别感兴趣的战术的目标。然后，第四步使用演变的原型设计法，逐个实现和测试这些功能。第五步是验证和确认，其中验证是要检测系统是否满足其规范性，换句话说就是系统要实现开发人员的意图。这包括使用测试案例场景检测特定的几何特性，确认包括检查系统是否能像专家一样识别出相同的战术。这个评估过程包括专家观察比赛视频，并记录感兴趣的战术出现的时间，然后将此事件清单与系统识别出的事件进行比较，这样就可以对所有出现的假阳性和假阴性情况加以考虑。以上的步骤并不是按顺序执行的，因为在研究难以量化的运动方面的探索性算法时，有些步骤需要重复。例如，奥多诺休（O'Donoghue, 2017: 102–104）描述了在验证阶段如何评估用于识别给定战术的不同标准子集，这可能导致系统规范的修订。

数据整理

质心

在团队比赛中有大量的时空数据可以记录。如果运动员追踪系统的采样频率为10 Hz，记录22名运动员90分钟的运动过程，则可以得到共计1 188 000个坐标数据。因此，分析师希望减少他们需要分析的数据量，仅分析与成功直接相关的最关键数据。其中一种有效的方法是分析关于控球的关键帧。例如，在分析足球运动中的挑战赛时，奥多诺休和霍姆斯（O'Donoghue and Holmes, 2015: 123–124）只考虑了每次控球过程中的三个瞬间：运球开始、与传球同时发生的运球结束和队友接到传球的瞬间。减少数据的另一种方法是在每一帧中使用摘要变量，而不是每个球员和球的坐标数据。帕索斯（Passos, 2017: 82–104）讨论了质心、球员间距离、球员间角度、一组球员覆盖区域的长度和深度，以及如何使用这些数据来分析团队成员之间的相互作用。团队质心是一个总体变量，它通过将团队数据简化为团队成员的平均位置来简化团队数据。这样做的缺点是丢失了关于队形深度和宽度的信息。此外，当仅使用团队质心时，关键个体的重要行为将会被隐藏。

长度与宽度

长度和宽度可应用于整个球队或球队的某个位置，如后卫、中场或前锋。基于最小的长度和宽度可以构建一个与运动场地边线平行的矩形，该矩形可放置在感兴趣球员周围。长度和宽度可以与质心一起使用或代替质心。帕索斯（Passos, 2017: 95–97）描述了长宽比变量，利用它可以进一步减少分析的数据量。

区域

放置于感兴趣球员周围的矩形区域可以作为一个简单计算的变量。图6.1显示了福根（Frencken, 2011）和洛佩斯（Lopes, 2013）描述的"表面区域"的替代形式，该形式适合感兴趣球员群组周围最小的凸包，如图所示为10名场上球员组成的区域。该区域的周长也可以用来作为球队队形的综合测量。

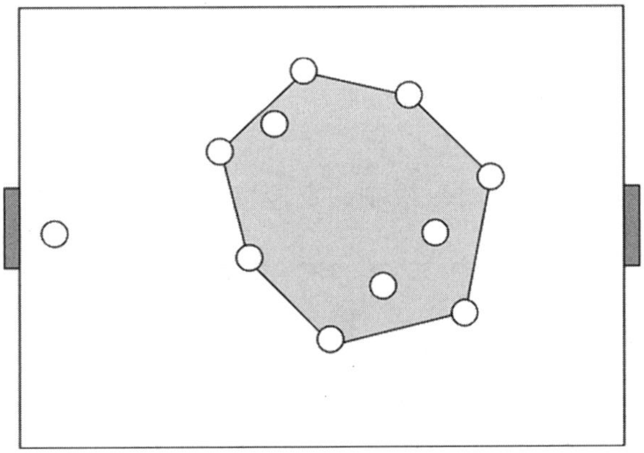

图6.1　包含球队外场球员的最小凸起部分的面积

泰森多边形也可以用于空间分析。泰森多边形把整个运动区域划分为多个子区域，当一名球员比其他所有球员都更加接近某个子区域内的任意一点，那么该子区域则划分给该球员。丰塞卡（Fonseca, 2013）描述了两支比赛队伍单独的泰森多边形是如何相互叠加的，并论述了如何确定球员子集的重叠区域和自由区域。

距离

可以使用各种距离参数来代替坐标。例如，确定球员到他们所攻击球门中心的距离就可以将分析的数据量减半。同样，可以为每个球员计算他们到中心圆或球队质心的距离。

也可以计算同一球队的两名球员之间、对方球员之间、球员与球之间的距离。术语“二分体”被用来表示一对感兴趣的球员。例如，攻击–防守组合可以通过两个球员在每个组合中的距离来分析。

角度

帕索斯(Passos, 2017: 85–91)描述了球员间的角度如何指示进攻球员在一个二分体内的闪避动作，以及球员在关键时刻如何保持持球人和对方球门(或篮筐)在视野之内。当定义使用的角度时，我们需要明确规定其参照线或参考方向。

等时线

等时线是指在某个时刻绘制的点连接起来组成的曲线。图6.2使用

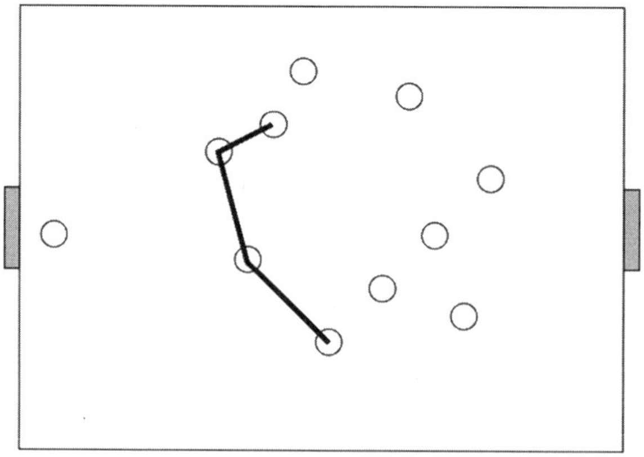

图6.2　足球队的四名后卫的等时线

等时线来表示球队的四名后卫在比赛期间某一时刻的位置。等时线的总长度可以用来描述在某一时刻防守的集中或扩散程度。另外，可以使用等时线内的关键角度来减少分析的数据量。虽然等时线内两名球员之间的最大距离可以显示防守的脆弱点，但我们仍需要小心中后卫的越位，因为防守时这种分析可能会导致对距离的错误解读。

处理数据

人工神经网络

如前所述，体育运动中的运动，特别是团队比赛中的运动，是动态且复杂的。因此，人工神经网络已被用于运动技术分析（Lamb and Bartlett, 2013）和更广泛的团队比赛模式分析（Memmert and Perl, 2009; Perl et al., 2013）。人工神经网络可以被训练进而识别复杂的模式，并使用监督或非监督学习算法对这些模式进行分类。本部分描述了使用人工神经网络来识别与成功持球回合相关的战术模式。举一个简单的例子，针对一场英超比赛中的416次控球进攻进行分析，共有26名球员参加比赛。不过数据是经过预处理的，所以球场上只有22名球员的完整比赛数据被记录下来。这表示当有一个球员被替换时，一旦替补球员进入球场，一组数（X和Y）就代表球员和替补球员。使用商业的自动球员追踪系统（Prozone3: Prozone Sports Ltd, Leeds, UK）记录了球员坐标。人工神经网络只在开始控球时使用球员和球的位置。知道了每次控球开始时控球的球员也可以确定球在每次控球开始时的位置。如果有得分机会或者进攻球队进入前场，则控球成功（n=122）；否则，他们被归类为不成功（n=294）。控球开始的时间以及控球结果是通过人工手动的视频分析来确定的。所有的数据都进行了转换，这样持球回合中的球队就可以从左边（负X值）打到右边（正X值）。本章的其余部分将讨论使用监督和非监督学习算法处理数据的方法。这些替代方案是在Matlab R2017a（Mathworks, Natick, MA）

中实现的。

线性分类滤波器

线性滤波器网络可用于预测某些特定情况下的数值或用于分类。当预测数值时，输出神经元使用的是纯线性传递函数。当线性滤波网络用于分类时，对于每个有关的样本结果，在输出层通常都会有一个神经元。这些神经元使用硬限制传递函数或logsig传递函数来把数值限定在0和1之间，值为1或接近于1就可以预测给定神经元所代表的类。

BP算法

在本节中，我们将比较两种前馈网络：一种是使用球队质心和球在控球开始时的位置（ADB网络），另一种是使用球队质心而不使用球的位置（AD网络）。其中，字母A、D、B分别表示进攻方的质心、防守方的质心、球。将各队质心和球到球门中心的距离输入神经网络，中间层神经元和输出神经元分别使用tansig和logsig传递函数，权重被初始化为随机值，因此，就算任意的训练测试都使用相同的训练样本，它们也不一定预测到相同的结果。使用反向传播算法训练神经网络，研究了每种神经网络中间层的大小范围。

用于研究这两种网络的系统采用了整体控制系统，对含有1到8个神经元的每个中间层都进行了200次神经网络训练和测试。如图6.3所示，系统运行了两次：一次是AD网络，一次是ADB网络。因此，在系统第一次运行时使用了两个输入神经元（进攻球队和防守球队的质心到球门的距离），而在第二次运行时使用了三个输入神经元（增加了球到球门的距离）。这些网络试图区分两种类型的控球状态：成功和失败。因此，只需要一个输出神经元，如果控球状态被预测为成功，则输出1，否则，则输出0。

这些控球状况被随机排序，以便在3 200次训练测试运行期间，每次训练测试都能使用不同的数据集训练神经网络。每次使用208个控

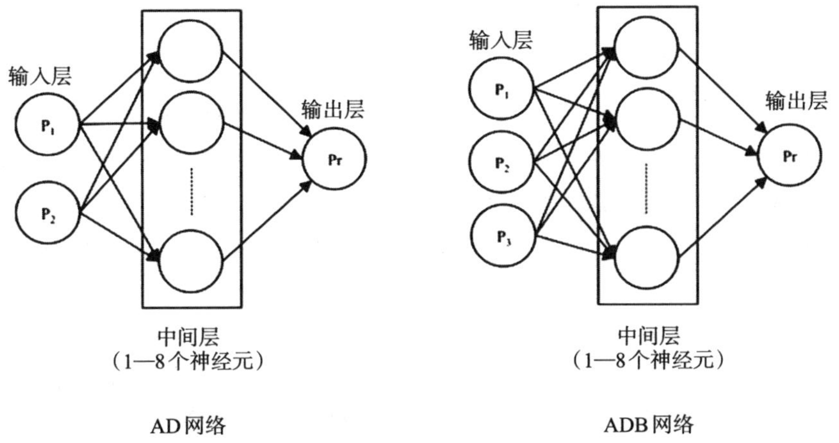

图6.3 前馈网络（P1、P2和P3分别表示进攻队质心到球门的距离、防守队质心到球门的距离以及球到球门的距离）

球状态训练网络，并用另外的208个测试神经网络的预测精度。该系统统计了每轮训练试验期间的准确率、敏感度和特异度，并允许为网络类型和中间层大小的每个组合确定平均值。准确率是指神经网络预测出正确结果的所有控球状态百分比。敏感度是神经网络正确预测成功结果的成功控球百分比。特异度是指神经网络能够正确预测失败结果的失败控球百分比。

在每轮训练测试期间，利用208个训练案例的距离值来建立输入向量，目标结果是从208个训练案例的原始数据中得出来的。探索性分析显示，经过训练的网络很少在0和1左右产生明确的结果值。这意味着需要一个后处理操作来预测神经网络输出的结果。用于训练网络的208个案例被重新应用到训练后的网络中，从而确定它们将产生的输出值，并按升序进行排列。在这208个案例中，实际控球状态为成功的比例是已知的，因此可以确定预测成功的阈值。由于案例的随机排序，各轮训练测试之间的案例数都各不相同。然而，输出的后处理意味着，在每轮的训练测试中，有适当比例的训练案例将被预测为成功，但里面也会有一些假阳性和假阴性预测结果。

如前所述，在每次训练测试期间，该网络模型用208个随机选择的控球状态进行训练，并在每个周期内使用剩余的208个案例测试训练后网络模型的准确性。这是通过利用这些案例的距离变量来设置输入向量，并在Matlab中使用“sim”命令来预测每个控球状态的测试结果。当输出值超过训练中确定的阈值时，预测控球状态为成功；否则，预计结果是不成功的。当检测每次进球时，都要进行准确率、敏感度和特异度统计。

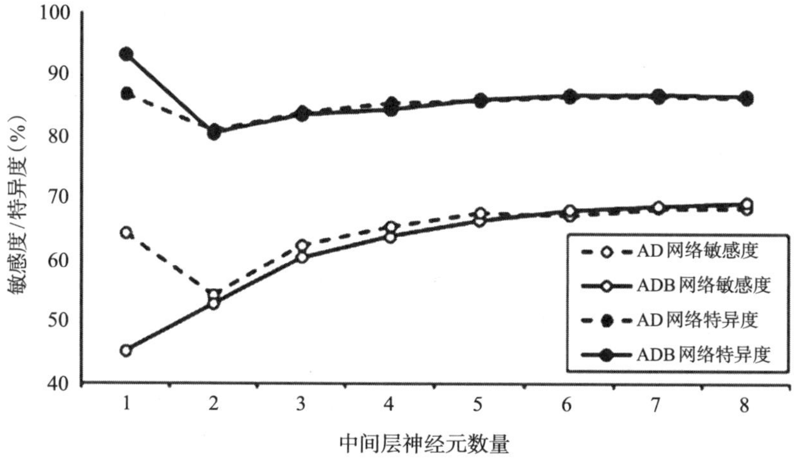

图6.4　交替前馈网络的特异性和敏感性

两种神经网络模型的精度水平非常相似，而当中间层有6个或更多神经元时，ADB网络的精度就会更高。当中间层包含7和8个神经元时，ADB网络会达到最高的精度水平。随着中间层神经元个数的增加，两种网络模型在准确率方面的波动性都会降低。从图6.4可以看出，无论中间层的神经元数量有多少，这两种网络模型的特异度都高于敏感度。当中间层包含8个神经元时，ADB网络的灵敏度最高，达到69.23%。当中间层只有一个神经元时，两种网络模型的灵敏度都达到最高。然而，这是以特异度相对较低为代价的。当中间层为6个或6个以上神经元，即敏感度较高时，ADB网络的敏感度和特异度得分要高于AD网络。

准确率、敏感度和特异度的平均值对于两种网络类型的广泛比较是有效的。然而,我们也对这两种网络类型之间的细微差别感兴趣,比如一个神经网络能正确识别控球状态而另一个却不能。我们开发了一个辅助系统来服务于这两个神经网络,每个神经网络由8个神经元组成的中间层实现,使用一组由208个样本组成的样本训练200次,剩余的用于准确率测试。在每次训练测试开始时,权重都是随机分配的,因此即使使用相同的训练数据,也可以生成不同的训练网络。在测试阶段,统计各网络模型正确预测出控球状态结果的数量。每当计数超过100(50%的迭代),网络模型就被认为正确预测了结果。每次控球都绘制了一个等时线,该等时线从进攻队的质心开始,中间是球的位置,另一端是防守队的质心。每个测试状态都被绘制在一个区分正确和错误预测结果的场地图上。

图6.5中的维恩图(Venn diagram)显示,实际上有58个控球状态为成功。其中37个(敏感度=63.8%)被AD网络正确预测,41个(敏感度=70.7%)被ADB网络正确预测。特别有趣的是,ADB网络所预测的假阴性案例和AD网络预测的5个假阴性案例被其他网络模型正确预测了。这些可以用场地图进行说明,在这些场地图中球队质心与球用等时线连接。

训练发现,虽然两种网络模型的预测精度会随着中间层所含神经元数量的增加而增加,但当中间层含有5个以上神经元时,增长率就会下

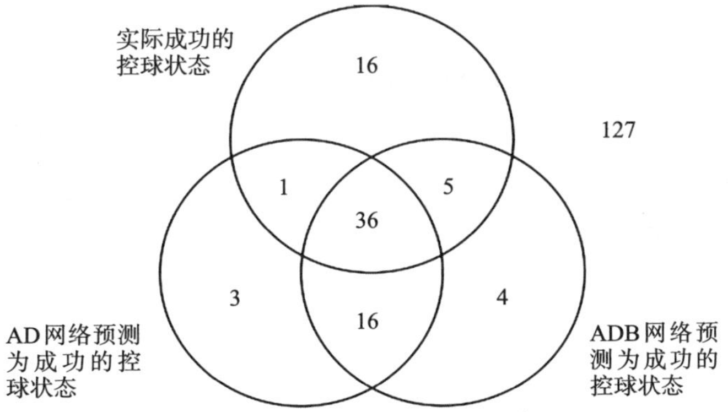

图6.5　AD网络和ADB网络预测的准确性

降。这两种网络模型在准确度水平上的相似性可以通过进攻和防守球员根据当前球的位置战略性地设置他们自己的位置来解释(Gréhaigne and Godbout, 2013)。因此,除了球员位置以外,ADB网络所使用的球位信息在预测控球结果时只能提供有限的附加信息。

在选择要使用的最佳神经网络结构时,重要的是要考虑假阳性和假阴性预测的贡献程度,而不是只看整体准确度水平。如果使用中间层大小为1到4个神经元的ADB网络进行分析,则有一个中间神经元的准确率最高(准确率79.0%,敏感度45.3%,特异度93.0%)。然而,我们可能会选择使用具有4个中间层神经元的ADB网络,因为相对于假阳性而言,假阴性预测相对严重(准确性78.4%,敏感性63.9%,特异性84.3%)。当然这没有固定的规则或公式,决定用哪个网络结构取决于应用领域。在未来,预测模型可能会使用一些类似于在统计能力分析中使用的“期望相对严重性”的测量方法(Murphy et al., 2009)。

这两种神经网络都有一个令人失望的方面,那就是它很大程度上倾向于根据进攻球队的X坐标来预测控球回合的结果。尽管不同结果的控球位置有明显的重叠,但所有被预测为成功的控球位置都位于对方半场。对控球回合明显机械分类的一个解释是所使用的预处理数据具有量化特质。神经网络被设计用于更复杂的模式化的数据(Lamb and Bartlett, 2013; Perl et al., 2013)。我们还应该考虑到控球回合的一帧快照提供的信息是非常有限的,控球回合的结果也取决于在这个瞬间之后的行为。对从球队半场开始的成功持球回合的精确识别能力是缺乏的,对此进一步解释是:运动表示的本质决定了这个现象。神经网络可以识别出在哪种情况下球队胜出的概率大,但事实上,有的时候球队会在没有胜算的时候胜出,而有的时候球队胜算很大但却没有胜出。

使用热图的感知器

感知器网络可用于识别图形模式,如字符识别(Hirwani and Gonnade, 2014)。运动员在运动场地上位置的识别与字符识别是一个不同的问题,因为与字符像素相比，运动员位置占用的分析区域要少得多，而且运动员看起来是一系列没有连接线的点。一个更加基本的问题是：尽管呈现字符的方式多种多样，但在运动比赛过程中，运动员在运动场地上可以观察到的模式却存在很大差异。英超联赛的球场标准尺寸是105×68米，如果我们使用1米×1米的单元格来表示比赛场地，则需要使用7 140个单元格，其中包含球员质心的单元格不超过22个。一个1米×1米的单元格的确可以包含更多的球员，但问题是绝大多数的单元格都是空的，这并不适合使用感知器网络进行分析。然而，有一些方法可以对数据进行预处理，进而使得感知器网络可以应用。

数据预处理的第一种方法是使用较少数量的较大单元格来表示运动区域。例如，我们可以将一个足球场分成140个7.5米×6.8米的小单元，这将增加一个单元格中出现多个球员的可能性，同时也将显著减少空单元的数量。在人工神经网络反向传播算法的案例中，用这一探索性运算方法处理数据，能够在控球回合结果预测方面带来进展。感知器使用140个输入节点来表示运动区域，这实质上是将140个单元格的二维结构重新排列为一个包含140个元素的输入向量。如果单元格中有一个或多个进攻方的场上球员，则每个输入神经元的值为1，否则为0。设计一个单一输出神经元，如果一次控球状态被预测为成功，则输出值为1，否则输出值为0。使用比赛中的208个控球状态训练感知器网络，并使用剩余的208个控球状态进行测试。总体准确性水平为68.3%，其中成功预测的56例中有29例预测正确（敏感度=51.8%），不成功预测的152例中有113例预测成功（特异度=71.2%），这些结果需要结合实际情况来看待。感知器只在控球开始的那一刻观察进攻方场上球员的大致位置。另外，我们也可以通过额外增加140个输入节点，将防守方的球员也加入网络，但除非我们有更多用于训练的控球状态，否则不推荐的执行这样的操作。在这个例子中，运动区域被分割成的140个单元格与使用的用于训练的控球状态数量相当。

对于感知器中的运动员位置数据进行预处理的另一种方法是使用

来自多个时间点的数据。例如，如果我们将研究对象限制在3秒或更长时间内的控球状态，并观察球员从控球开始到控球2.0秒后的位置。如果数据以10 Hz的频率进行记录，那么每个球员将会有21个位置。其他战术分析，可以设置更广泛的时间段而不是个别控球回合来应用这种方法。足球比赛中热图技术被用来显示球员覆盖的区域（Strudwick, 2016: 555）。热图技术使用大量的单元格（例如，7 140个1米 × 1米的单元格）来表示场地，并且大多数单元格包含非零值。每个输入值都在0到1之间，表示该单元格被球员占用的比赛时间的比例。把多场比赛的数据输入到神经网络中，可以确定球员的运动和多场比赛结果之间是否存在关联。

使用布尔命题的感知器模型

如前所述，感知器模型通常用于模式识别，如字符识别。虽然输入神经元的值为0或1，但介于两者之间的值可以用来表示数据中的“噪声”，这就增加了使用1和0来表示布尔命题真值的可能性。尽管许多人工智能方法使用模糊逻辑并识别不确定性，但逻辑编程已经通过PROLOG等编程语言应用于人工智能中（Clocksin and Mellish, 1984）。在这里，我们描述了一个探索性的练习，将足球战术队形的元素表示为能进入感知网络的一系列布尔命题。与之前一样，网络模型的目的是根据球员在开始控球时的位置来预测控球结果。考虑图6.6所示的球员阵型，我们不采用实际球队中球员的编号，而是假定4–4–2队形，即10号和11号球员代表两名前锋。同样，在数据记录过程中，*X*代表球员的纵向位置（从球场的一端到另一端），而*Y*代表相对于球场侧面的横向位置。

当我们将这些信息输入至感知器网络中时，可以对这些阵型做出许多正确或错误的描述，分别用1或0表示。下面是一个包含19个布尔命题的列表，这些布尔命题是在对英超联赛的416个控球状态进行预处理的过程中确定的，我们将其作为一个案例进行研究。这些命题与该队控

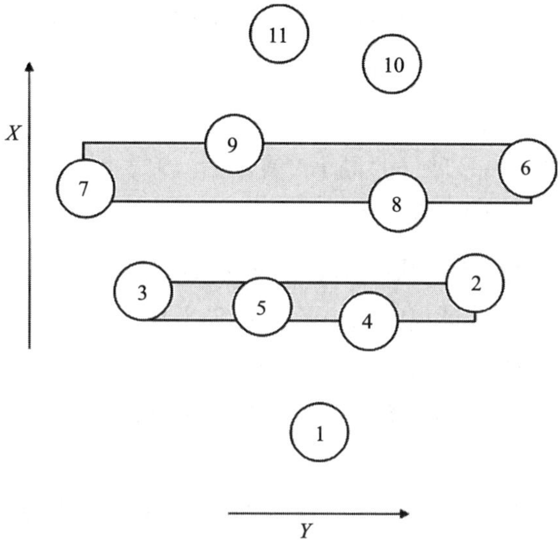

图6.6　一个足球队的队形阵型（灰色方框代表四个后卫和四个中场所占区域）

球的19名场上球员以及球的位置有关：

1. 2号球员领先于6号球员（2号球员的X值更大）。

2. 3号球员领先于7号球员（3号球员的X值更大）。

3. 2号球员在4号和5号球员的右边（2号球员的Y值更大）。

4. 3号球员在4号和5号球员的左边（3号球员的Y值更小）。

5. 2号球员在球的后面（2号球员的X值小于球的位置）。

6. 4号球员在球的后面（4号球员的X值小于球的位置）。

7. 5号球员在球的后面（5号球员的X值小于球的位置）。

8. 3号球员在球的后面（3号球员的X值小于球的位置）。

9. 6号球员在8号和9号球员的右边（6号球员的Y值更大）。

10. 7号球员在8号和9号球员的左边（7号球员的Y值更小）。

11. 4号球员至少领先8号和9号球员中的一个（4号球员的X值大于8号和9号球员X值中的最小值）。

12. 5号球员至少领先8号和9号球员中的一个（5号球员的X值大于8号和9号球员X值中的最小值）。

13. 后卫形成的矩形与中场在X方向形成的矩形重叠(2、3、4、5号球员的最大X值大于6、7、8、9号球员的最小X值)。

14. 后卫的横向宽度在中场的横向宽度之内(2、3、4和5号球员的最小Y值大于6、7、8、9号球员的最小Y值,2、3、4和5号球员的最大Y值小于6、7、8、9号球员的最大Y值)。

15. 中场的横向宽度在后卫横向宽度之内(6、7、8和9号球员的最小Y值大于2、3、4和5号球员的最小Y值,6、7、8、9号球员的最大Y值小于2、3、4和5号球员的最大Y值)。

16. 10号是最前面的球员(10号球员的X值比其他所有球员的X值都大)。

17. 11号是最前面的球员(11号球员的X值比其他所有球员的X值都大)。

18. 10号球员被四个横向坐标较大的球员包围(10号球员的Y值比2号和6号球员的大,比3号和7号球员的小)。

19. 11号球员被四个横向坐标较大的球员包围(11号球员的Y值比2号和6号球员的大,比3号和7号球员的小)。

有许多布尔命题涉及球、控球的球队、不控球的球队,以及上述二者或者三者的组合命题。

事实上,这些表达与比赛中的某个瞬间有关。当球队的阵型数据来自多个时间点时,我们就可以知道阵型是如何随时间变化的。布尔命题不需要相互排斥,并且在当前的例子中,不可能所有的命题都为真。例如,命题14可能是真命题,命题15可能是真命题,14和15可能都不是真命题,但14和15不可能同时是真命题。

这19个布尔命题被应用到案例中的416个控球状态中,其中208个控球状态用于训练感知网络以识别控球是否成功,其余208个控球状态用于测试训练网络的准确性。与前面描述的感知器一样,单一输出神经元被用来表示控球状态是否被预测成功。65次成功控球中,感知器正确预测了不到一半(65例中有29例的敏感度为44.6%),143例不成功控球中有114例被正确预测（特异度79.7%），总体准确率为68.8%（208例控球中，有143例的结果被成功预测）。

自组织映射

到目前为止所提到的神经网络模型使用的是有监督学习技术，通过这些技术可以提供训练案例，包括试图预测的变量。而自组织映射涉及的是无监督学习，通过识别相关案例的聚类并进行进一步的分析。自组织映射不仅创建和使用分类方法，还可以表示不同类别之间的拓扑关系。自组织映射被用于分析排球动作序列中的时间模式（Jäger et al., 2007）以及手球（Pfeiffer and Perl, 2006）和足球（Grunz et al., 2012）的模式。

自组织映射有一个输入神经元层和一个竞争层，输入层的神经元可以接收任何数值，而竞争层对于每个类都有一个神经元。因此，分析人员虽然不知道预测的类是什么样子，但需要明确指定需求确定的类的数量。竞争层中有一组权值对应于每个聚类类型，每一组权值包含与输入层中相同数量的值。这些权值是给定聚类中心成员的输入变量值。最初，权重是随机的，但当算法经过案例训练后，权重就会发生变化，以代表所识别的类。在考虑每种训练案例时，算法都会对竞争层的神经元进行比较，与“获胜”最接近的案例所对应的神经元及其权重都会被调整，以反映与之相关的最新案例集合。当设置了类的数量，而有些类别永远无法出现，它们最终可能会变成“死亡神经元”，这意味着我们最终得到的类可能会比设定数量要少。

举一个简单的例子来解释如何将自组织映射与时空数据一起使用。英超联赛的416个控球回合被用来训练自组织映射。并没有预先确定的战术类集合来训练网络进行识别，因此数据不需要被分割成训练数据集和测试数据集。在这个例子中，只考虑了防守球队的四名后卫。使用的四个变量是四名后卫的质心坐标X和Y，以及四个后卫的横、纵坐标的幅度。我们用4个输入神经元和一个由16个神经元组成的竞争层形成一个4×4的特征映射来初始化自组织特征映射图。一旦网络被训练好，我们就可以访问16个聚类中每个聚类的4个权重，从而确定它们的典型坐标、横、纵坐标的幅度。

表6.1显示了16个聚类的权重，以及属于每个聚类的控球状态和这些控球状态的结果。现在可以把聚类变量与其他变量（如球队和控球结果）进行交叉分析。两队之间的差异意味着他们采用不同的战术，或者在场地的不同区域上传球。在我们的例子中，团队和聚类之间并没有显著的关联（p=0.146）。更引人关注的问题是，是否有些聚类比其他聚类在比赛中会更成功。独立性卡方检验显示，控球回合和比赛结果之间存在显著相关性（p<0.001），聚类1和聚类2的成功率分别为82.4%和81.8%，而其他14种控球回合的成功率总是低于50%。将前两个聚类与其余聚类区分开来的主要变量是X坐标，因为前两个聚类的控球位置比其他控球位置都更接近对方的球门。

表6.1 通过训练自组织特性映射识别聚类

控球聚类	控球回合	权重				结果	
		质心坐标 X	质心坐标 Y	宽度	深度	失败	成功
1	51	39.8	0.7	14.3	4.1	9	42
2	22	33.0	–9.7	24.7	5.1	4	18
3	23	21.3	–14.6	27.9	6.8	19	4
4	30	10.0	–11.8	24.9	5.5	26	4
5	20	28.1	6.1	25.9	5.4	8	12
6	22	18.4	–4.5	35.2	9.0	12	10
7	13	6.7	–10.1	34.2	10.7	10	3
8	18	2.2	–5.8	26.4	12.2	17	1
9	45	15.3	9.8	28.6	6.0	36	9
10	17	13.3	2.9	38.9	11.3	11	6
11	25	1.8	–7.4	43.7	20.0	18	7

（续表）

控球聚类	控球回合	权　重				结　果	
		质心坐标 X	质心坐标 Y	宽度	深度	失败	成功
12	14	−10.1	−6.9	33.3	21.2	14	0
13	23	5.8	11.1	32.8	9.0	22	1
14	29	3.9	4.7	46.7	16.6	25	4
15	28	−11.3	−0.8	42.0	27.2	28	0
16	36	−25.6	−2.2	21.8	34.5	35	1
总计	416					294	122

总结

利用运动员追踪技术可以在体育比赛中收集到大量的时空数据。这些数据可以使用算法技术或人工智能进行分析。算法技术极具挑战性，因为它们要求分析人员以数学形式说明运动的各个方面，包括识别出给定战术的所有情况。这基本上是不可能的，所以分析师需要策略，通过算法对假阳性和假阴性预测结果进行识别和处理。人工神经网络可以通过有监督学习区分不同结果的控球状态，但也会有假阳性和假阴性的预测结果。进一步的问题是，虽然经过训练的人工神经网络中可以检查权重，但使用人工神经网络方法预测控球成功的机制并不像分析师编写算法区分不同战术的方式那样透明。无监督学习是一种替代方法，它能识别分析人员未考虑但可能成功的控球回合。

参考文献

Bangsbo, J. and Peitersen, B. (2002) *Defensive soccer tactics: How to stop players and teams from scoring*, Champaign, IL: Human Kinetics.

Bangsbo, J. and Peitersen, B. (2004) *Offensive soccer tactics: How to control possession and score more goals*, Champaign, IL: Human Kinetics.

Carling, C., Bloomfield, J., Nelson, L. and Reilly, T. (2008) 'The role of motion analysis in elite soccer: Contemporary performance measurement techniques and work rate data', *Sports Medicine*, 38: 839–862.

Clocksin, W.F. and Mellish, C.S. (1984) *Programming in prolog*, 2nd edn., Berlin, Germany: Springer-Verlag.

Daniel, J. (2003) *The complete guide to soccer systems and tactics*, Spring City, PA: Reedswain Publishing.

Fonseca, S., Milho, J., Travassos, B., Araújo, D. and Lopes, A. (2013) 'Measuring spatial interaction behaviour in team sports using superimposed Voronoi diagrams', *International Journal of Performance Analysis in Sport*, 13(1): 179–189.

Frencken, W., Lemminck, K., Delleman, N. and Visscher, C. (2011) 'Oscillations of centroid position and surface area of soccer teams in small-sided games', *European Journal of Sports Sciences*, 11: 215–223.

Gréhaigne, J.F., Bouthier, D. and David, B. (1997) 'Dynamic-system analysis of opponent relationships in collective actions in soccer', *Journal of Sports Sciences*, 15: 137–149.

Gréhaigne, J.-F. and Godbout, P. (2013) 'Collective variables for analysing performance in team sports', in T. McGarry, P.G. O'Donoghue and J. Sampaio (eds.), *Routledge handbook of sports performance analysis* (pp. 101–14), London: Routledge.

Grunz, A., Memmert, D. and Perl, J. (2012) 'Tactical pattern recognition in soccer games by means of special self-organizing maps', *Human Movement Science*, 31(2): 334–343.

Hirwani, A. and Gonnade, S. (2014) 'Character recognition using multilayer perceptron', *International Journal of Computer Science and Information Technologies*, 5(1): 558–661.

Jäger, J.M., Perl, J. and Schöllhorn, W.I. (2007) 'Analysis of players' configurations by means of artificial neural networks', *International Journal of Performance Analysis of Sport*, 3(7): 90–103.

Knudsen, N.S. and Andersen, T.B. (2015) 'Methodology to detect gaps in a soccer defence', *International Journal of Computer Science in Sport*, 14(2): 18–24.

Lamb, P. and Bartlett, R. (2013) 'Neural networks for analysing sports techniques', In T. McGarry, P.G. O'Donoghue and J. Sampaio (eds.), *Routledge handbook of sports performance analysis* (pp. 225–236), London: Routledge.

Lames, M. and Siegle, M. (2011) 'Positional data in game sports — Validation and practical impact', *8th International Symposium of Computer Science in Sport*, Shanghai, China.

Lemmink, K.A.P.M. and Frencken, W. (2011) 'Tactical match analysis in soccer: New perspectives?', *World Congress of Science and Football VII, Book of Abstracts* (p. 22), Nagoya, Japan.

Lopes, A., Fonseca, S., Leser, R. Baca, A. and Paulo, A. (2013) 'Using spatial metrics to characterize behaviour in small-sided games', In D. Peters and P.G. O'Donoghue (eds.), *Performance analysis in sport IX* (pp. 258–266), London: Routledge.

Memmert, D. and Perl, J. (2009) 'Game creativity analysis by means of neural networks', *Journal of Sports Sciences*, 27: 139–149.

Murphy, K.R., Myors, B. And Wolach, A. (2009) *Statistical power analysis: A simple and general model for traditional and modern hypothesis tests*, 3rd edn., New York, NY: Routledge.

O'Donoghue, P.G. (2011), 'Automatic recognition of balance and in soccer defences using player displacement data', *8th International Symposium of Computer Science in Sport*, Shanghai, China.

O'Donoghue, P.G. and Holmes, L. (2015) *Data analysis in sport*, London: Routledge.

O'Donoghue, P.G., Holmes, L. and Robinson, G. (2017) *Doing a research project in sport performance analysis*, London: Routledge.

Olsen, E. (1981) *Fotball taktikk*, Oslo, Norway: Norwegian School of Sport Sciences.

Passos, P. (2017) 'Team member interaction analysis', In P. Passos, D. Araújo and A. Volossovitch (eds.), *Performance analysis in team sports* (pp. 74–109), London: Routledge.

Perl, J., Tilp, M., Baca, A. and Memmert, D. (2013) 'Neural networks for analysing sports games', In T. McGarry, P.G. O'Donoghue and J. Sampaio (eds.), *Routledge handbook of sports performance analysis* (pp. 237–247), London: Routledge.

Pfeiffer, M. and Perl, J. (2006) 'Analysis of tactical structures in team handball by means of artificial neural networks', *International Journal of Computer Science in Sport*, 5(1): 4–14.

Strudwick, A. (2016) *Soccer science*, Champaign, IL: Human Kinetics.

Worthington, E. (1980) *Teaching soccer skills*, London: Henry Kimpton Publishers Ltd.

第七章 机器学习与运动

简介

本章介绍了应用人工智能(AI)的基本原理,特别介绍了难以应用统计模型的模式识别工作的基本原理。本章基于受伤数据分析,介绍了机器学习应用更广泛的应用领域。有监督和无监督的机器学习是不一样的,就如同不同的决策制定工作一样。人工智能方法包括关联规则、关系学习、基于图形的方法和语义网等。然后,本章描述了各种类型的神经网络和深度学习,确定了可使用的通用工具软件。在人工神经网络这节中最重要的是为神经网络分析做准备的数据降维工作,包括因子分析和主成分分析。

ChyronHego、Prozone等公司已经开发出了能够大规模收集球类运动数据的硬件和软件。无论是篮球场还是足球场,安装在运动场地周围复杂精密的光学跟踪硬件足以追踪运动项目中球员和球的速度参数。这为体育分析师提供了一个很好的机会,使得他们对自己球队的表现有充分的了解,这可以转化为对抗对手的竞争优势。因此,有必要采用自动化技术对事件进行编码(Jonsson et al., 2006),并分析收集到的体育比赛数据。本章将介绍统计学技术及其近亲机器学习技术在体育领域的应用。

将图像/视频数据预处理来研究人类活动(Cho et al., 2017; Raman and Maybank, 2015; Yi et al., 2017; Ziaeefard and Bergevin, 2015),甚至确定诸如导出有意义的光流场之类的中间步骤(Eweiwi et al., 2014; Gómez-Conde and Olivieri, 2015; Mehmood et al., 2009),都是困难的。从视频中提取的光流场,是由有序图像序列得到的运动估计。其他数据可能来自各种传感器(如加速度计、全球定位系统等),这些数据在预处理方面同样也有其特定的问题(Liu et al., 2015)。

在低水平传感数据和期望由此推测得到的高水平概念特征之间存在显著差距。目前对原始视频输入进行操作的分析系统通常采用不同的尺度进行分析以提取数据内在的概念和特征,这往往会导致计算资源的巨大开销(Sigari et al., 2016)。任何能够减少计算量或提供更高层次理解的表示方法都是非常有益的。例如,泽勒皮斯等(Tzelepis et al., 2016)投入了大量的精力来陈述什么构成了"事件",以及如何用生成的概念进行推理,并且他们回顾了这个概念在文本、视觉和音频领域中所采用的方法。

统计技术

聚类技术

统计学与其近亲——人工智能(AI)涵盖了许多相似的技术。例如,在这两个领域中都可以发现聚类技术。在统计学中可以发现聚类和因子分析(Everitt et al., 2011),而在人工智能中可以发现神经网络和其他方法。所有这些方法和技术都可以很好地应用于体育数据的分析中,包括从数据中提取因子(维度)、聚类和核。聚类分析可以明显地提供有价值的见解——我们在地理空间技术相关内容介绍中已经看到了"热点"的概念,它提供了有关数据集有价值的视觉信息。然而,我们注意到,用梯度开始的地方表示"热点"或"核"的轮廓是有争议的。纳夫等(Knauf, 2014; Knauf et al., 2016)使用基于核的方法对足球团队战术的轨迹进行了聚类，并将结果表示为一个时间/位置元组，然后用他们提出的方法表示、发现并比较了几组相关的轨迹。作者注意到了预处理这些轨迹数据的具体挑战：由于足球运动的连续性和球员个人的短期目标，这些轨迹数据是有噪声的，而且往往是非结构化的。

降维

无论是决策树还是其他类型的分类程序中，数据集的维数越多，创建一个好模型所需要的数据就越多，这就是所谓的维度诅咒。所以一个常见的步骤就是使用相关的技术来降低维度，同时保持尽可能多的差异。这适用于任何数据解析领域，并且我们发现对基于特征的动作识别也是如此。

可以采用多种方法实现降维，如主成分分析法（PCA）、因子分析法或多维标度法（MDS），可以实现将维度简化为二维（Coxon and Davies, 1982）。多维标度法是因子分析的一种替代方法，它带来了更多的好处，通过投影到两个维度进行可视化检查并确定有意义的坐标轴。无论采用因子分析、主成分分析（PCA）或多维标度法中的何种方法，注意到分阶段时的一个限制是很重要的：要降低维度后再进行聚类。通过分阶段进行，第一阶段的降维就可能不包含对第二阶段分类有用的特征。此外，像主成分分析这样的技术并没有考虑类别可分性的重要性，因此某些方法已经开始试图将预处理和机器学习阶段（Kong et al., 2011）融合到一个单一流程中，并对类别可分性进行降维优化。

运动损伤的生存分析

生存分析或失效时间分析，主要是在健康科学中发展起来的（Kleinbaum and Klein, 2012），用于模拟人群样本在某事件中“死亡”的时间周期，或者人群样本是否可以“生存”至研究阶段结束。研究一组曾遭受过脑震荡的橄榄球运动员时，生存分析可以告诉我们，与没有遭受脑震荡的运动员相比，脑震荡是否会导致运动员在未来更容易受伤。事实上，很大比例的职业橄榄球球员在连续赛季中遭受过多发性损伤，这种特殊的统计技术可以用来衡量这一点（Moore et al., 2017）。在常见的运动损伤中，脑震荡是损伤发生率最高的（Gardner et al., 2014; Holtzhausen et al., 2006）。

数据挖掘和机器学习

正如在前面其他章节中详细介绍的，数据挖掘领域关注的是在一组数据中发现模式、关联、聚类和相似性。大部分的数据挖掘技术来自AI模型，但也有部分来自统计学和数学。数据挖掘实际上是知识发现（Knowledge Discovery in Database, KDD）的最后一个阶段，在早期阶段涉及的技术主要有数据的预处理、清洗和转换等。无论挖掘到的数据集是什么，这些都需要付出巨大的努力。

数据越多，预处理阶段就越重要。当然，对于体育赛事的视频来说，数据量是巨大的，这是一个重大的挑战（Hosseini and Eftekhari-Moghadam, 2013）。预处理包括筛选掉不重要或冗余的数据，以视频为例，预处理则意味着删除数据帧。只有那些包含重要事件的视频片段［如橄榄球比赛中的抢球（rucks）、围挤争球（mauls）和扑搂（tackles）］被纳入特定的分析，才能够聚焦于突出的语义部分并实现更快的处理。其他分析可能需要提取不同的特征来检测特定事件。一种有趣的方法是使用视频序列中背景声音音量的提升（来自观众的欢呼声）来标记含有重要事件的帧，这些重要事件会在接下来的建模过程中进行使用（Kolekar et al., 2009）。

之前，我们研究了体育数据的地理空间和时空特性，而本节则研究基于机器学习和人工智能的建模技术。

数据挖掘系统的建模阶段能够生成模式或规则，但并非所有模式或规则都能发现有用的信息。事实上，很可能大多数模式都不是有用的。因此，明确说明什么样的模式才是真正有用的非常重要。韩和坎伯（Han and Kamber, 2011）定义了一种引人关注的模式，前提是满足以下条件：

1. 它易于被人理解。

2. 当显示不可见的数据时，它是有效的（在可接受的参数内）。

3. 它既有用又新颖。

一个引人关注的模式就代表一种新知识，然而，它需要一个相应领域的专家来该模式进行审查，进而决定它是否确实是新知识，是否对手头的任务有用，是否区别于许多已经产生的让人厌倦的模式（或规则，或网络等）。

在某些情况下，生成所有规则或模式将导致审查的数量令人望而却步，因此，可以通过改进措施来减少审查的数量。有许多有趣的度量方法，例如，基于支持度（有多少数据点受到影响）和置信度（真值的可能性）的概念，知识工程师为这些值设置可接受的阈值。此外，新知识可以定义为一些可能会出乎意料的东西，并导致概念修改或提供战略见解。因此，可能会利用一种主客观相结合的方法来生成所希望的最相关和最有用的模式集。例如，关联规则的数据挖掘利用兴趣度度量和其他约束条件来最大化派生规则的相关性。

菲亚德等（Fayyad et al., 1996）定义了数据挖掘的以下类别：

1. 分类：输出类是已知的（称为“有监督的”），任务是确定是否存在从输入特性到这些类的映射。例如，神经网络、决策树和朴素贝叶斯方法都属于这一类。

2. 聚类分析：在这种情况下，没有已知的输出类；相反，重点在于确定是否可以根据某种相似的形式将某些数据分组或聚集在一起。由于缺乏输出类而被称为“无监督的”。神经网络也属于这一类，比如自组织映射（Kohonen 网络），以及统计学中著名的许多形式的聚类。

3. 序列分析：这些数据是有时间标识的，提供了一系列随时间变化的事件或值。韩和坎伯（Han and Kamber, 2011）详细阐述了用于描述时间序列数据的重要类别：长时间的运动、周期性运动的变化、季节运动的变化以及没有模式或者看似随机的运动。使用这种类别的数据挖掘，应该可以做出各种时间预测。

4. 关联：关联规则为两个或多个特征之间的链接建立模型。例如，“*if player_speed>20 and player_skills>15 then scoregoals*”。每个规则都与置信度和支持度（前面定义的）相关联。

基于规则的方法

回顾前一章，麦昆等（McQueen et al., 2014）基于位置数据的低阶特征制定了高阶规则：

持球掩护自动识别 假如[有一个球员正在运球（即持球球员） 同时10英尺内有一个进攻球员（即掩护队员） 同时掩护队员不在三秒区内或附近（“附近”的定义见附图） 同时掩护队员离篮筐的距离不超过持球者2英尺 同时防守球员距离持球人<=12英尺（即后卫） 同时篮球不在三秒区内] for>=13连续帧 同时每一帧里持球球员都不变 那么，识别为动作

模糊规则也是存在的（Dubois and Prade, 1996），它们是一种基于“if-then”结构规则的变体，因为它们包含了语言变量。他们的灵感来自人类大脑管理不确定性的能力，没有离散值，只有由语言变量所定义的集合中的成员。例如，慢，中，快（见图7.1）。

利姆等（Lim et al., 2015）回顾了面向模糊集的人体运动分析方法。类似的，胡塞尼和埃夫特哈里·莫哈达姆（Hosseini and Eftekhari-Moghadam, 2013）采用模糊规则方法检测事件和标记足球视频数据。其系统输入的是11个视觉特征和几个音频特征。这些都被认为是合理而有效的，且足以涵盖足球比赛中发生的大多数语义事件。视觉特征包括ASR"基于人脸区域定位的jersey块检测"，SBCP"使用霍夫变换的角点处直杆检测"和PGA"颜色直方图计算"。然后这些特征被用来推导如下的模糊规则：

来自低级视觉特征的规则 (1)如果ASR为"High"，则事件为"Offside" (2)如果ASR为"Low"，且SBCP为"High"，则事件为"Corner" (3)如果ASR为"Low"，SBCP为"Low"，且PGA是"High"，则事件为"Goal-A" (4)如果ASR为"Low"，SBCP为"Low"，PGA为"Low"，PGB为"High"，则事件为"Goal-B"

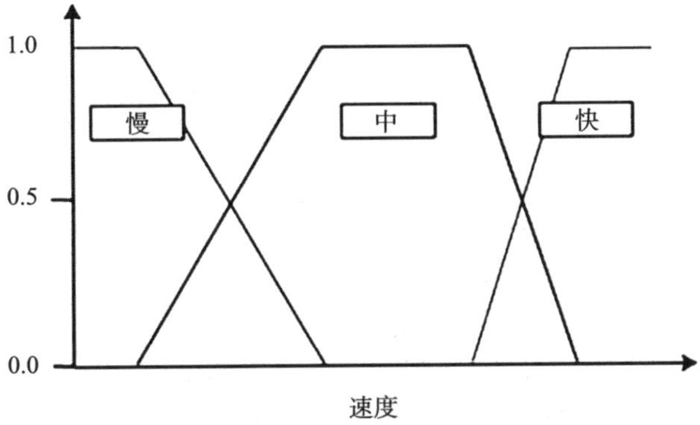

图7.1　球员速度的模糊隶属关系

出于对神经网络和支持向量机(SVMs)透明性的需求，宋和哈格拉斯(Song and Hagras, 2016, 2017)也利用基于模糊逻辑的系统来检测足球比赛长视频序列中的视频事件活动。一个重要的特征是测量两个时间序列之间的相似性，这两个时间序列可能在速度上有所差异。

关联规则

我们前面定义了关联规则，它又可以可称为链接分析、亲和力分析或具有支持度和置信度特征的联系。维贾亚库马尔和内敦哲支（Vijayakumar and Nedunchezhian, 2012）记录了视频索引、摘要、分类和语义事件检测规则的发现。

维海因和查拉（Verhein and Chawla, 2006）定义了与时空数据相关的关联规则。这些时空关联规则，或称STARs，描述了实体如何随时间在区域之间移动。该技术将空间划分为区域，然后用算法搜索感兴趣的区域，并将大量数据输出定义为（sink）、大量数据输入定义为（source）或大量数据输入和输出定义为（throghfare）。有关“有趣的”模式或规则的定义，参见图7.2。

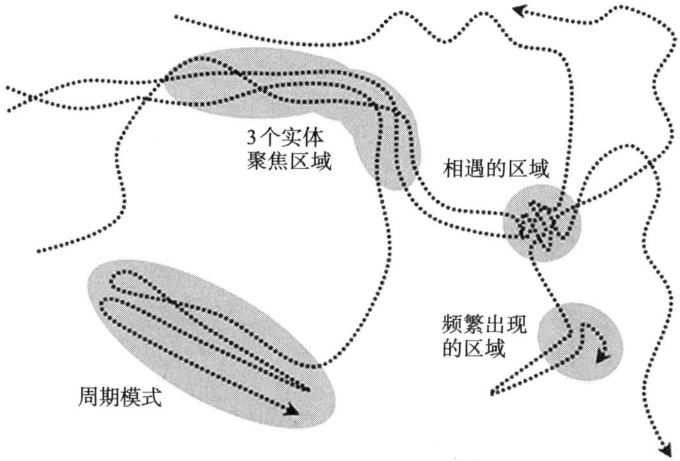

图7.2　图解四个实体在20个时间步长内移动的轨迹

决策树分类规则

决策树是一种对特定属性使用重复决策的分类技术，并根据测试评估生成决策树的分支。于是，渐渐地就建立起来一个树状结构。分支末端是叶节点，叶节点是分支过程中满足所有决策的数据的实际分类。建立模型后，可以对其进行修剪，使其更加一般化。但无论如何，决策树都可以通过重复的测试/决策来推送数据，直到最终到达一个结束节点，然后实现分类。

加泰尔等（Catal et al., 2015）将基于加速度传感器的动作识别决策树作为其分类器之一。该研究利用机器学习，从加速度传感器的原始数据中识别人类进行的身体活动，如坐着、走路和慢跑等。除了决策树，他们还使用神经网络和统计技术（如逻辑回归）。

归纳逻辑程序设计

归纳逻辑程序设计（ILP）是一个众所周知的用关系型数据表示和推理的框架。该编程的一个显著好处是，可以将复杂领域的知识编码为常量、变量和谓词（事实或子句，表示变量之间的关系），并且可以使用各种推理方法来学习新知识。归纳逻辑程序设计可以用一系列正面例子和负面例子来呈现，将其纳入一个模型来对它们进行相应的分类。使用归纳逻辑程序设计表示丰富的关系形式的一个例子是描述得分的机会（Van Haaren et al., n.d.; Van Haaren et al., 2015）。例如，变量是运动员pi以及谓词是Pass（pi, pj）。

同样，一场完整的比赛被分割成一系列的感兴趣的事件，然后这些感兴趣的事件又被分成许多阶段。比如我们考虑从界外球或任意球开始，到犯规或球出界时结束的过程。当球队成功投中时就是正面例子，而其他一切情况都被认为是负面例子。例如，shot（Phase）表示是否在某个阶段（Phase）尝试投掷。谓词包括pass（Phase, Player1, Player2, Zone1, Zone2），又如，在某个阶段中，区域1中的球员1将球传给区域2中的球员2。cross（Phase, Player1, Player2, Zone1, Zone2）和set_piece（Phase, Player1, Player2, Zone1, Zone2）也具有相似的含义。

基于图形的方法

基于图形的方法是以实体及实体间关系，或者节点和边以及彼此间的关系为基础的。实体可能是运动员的位置，事件或其他事物，且实体是通过它们之间的关系来关联的。

撇开体育视频分析中的事件检测，朱等（Zhu et al., 2009）关注的是使用基于图形的方法进行战术分析。在多目标轨迹的基础上，通过分析球和球员之间的相互作用，构造出一个加权图（图中每一条边都被赋了一个值），从加权图中，计算出总的轨迹。

传球模式也被研究过，例如根据球的运动构建占有率地图来分析策略（Lucey et al., 2013）。团队活动数据也可以表示为一个瞬时的网络（Kostakis et al., 2017）。事实上，这是一个带有时间标记的边缘序列，能够捕捉球员之间的互动。网络中的节点表示状态，边表示节点之间的转换。有一小组节点操作可以使这些节点之间的转换更容易。接下来的问题是识别不同的团队运动，并将其映射到不同的细分领域。

朱等（Zhu et al., 2013）使用"特征图串"建立了多目标交互模型。这些元素使用基于图的光谱技术和动态规划方案来处理完整的字符串。

文本数据与自然语言处理

自然语言处理（NLP）是一个计算机科学、人工智能和计算语言学的交叉领域，它关注的是计算机和人类或所谓的"自然"语言之间的相互作用。

与高度依赖音频/视觉特征的最先进的体育视频分析方法不同，蒙托利乌等（Montoliu et al., 2015b）和许等（Xu et al., 2008）的方法是将网络直播或作者主题模型（author-topic）文本纳入体育视频分析中。

蒙托利乌等（Montoliu et al., 2015a）采用的方法是基于模式识别和机器学习的技术。所采用的策略以词袋（Bag-of-Words）技术为基础、以足球短视频剪辑为特征。这些方法解释了团队表现的同时，也训练了自动识别团队活动的高级分类器。该方法还定义了特定的足球动作，如控球、快速进攻和定位进攻。

神经网络和深度学习

神经网络是以人类大脑细胞的生物网络为模型，由多层节点组成。每个节点都有能力接收输入信号并传递输出信号。每次输入都有一个权重因子，它决定了输入对输出的影响程度。

监督学习的一个例子是，将循环神经网络应用于篮球运动轨迹分析（Shah and Romijnders, 2016），对一次三分投篮能否命中进行预测。这些模型能够在没有任何物理学知识的情况下学习篮球的运动轨迹。

在无监督学习中，系统只接收输入信息，而对期望输出结果没有任何指导。系统根据它在无监督学习中所接触到的信息来学习模式分类。无监督网络有许多类型，包括自组织映射（SOMs，或Kohonen网络）、Grossberg网络、instar、outstar、双向关联映射和Hopfield网络。例如，在两项研究中，反复自组织映射（Sun et al., 2016）和分层自组织映射（Ding et al., 2016）被应用于人类活动预测。

伊吉纳和克里希纳·莫汉（Ijjina and Krishna Mohan, 2016）将深度神经网络应用于人类动作识别。他们开发了一种混合深度神经网络模型，并将其称为齐次卷积神经网络（CNN）。通过区分输入特征和改变初始权重，建立了神经网络所使用的一组分类器。

参考文献

Catal, C., Tufekci, S., Pirmit, E. and Kocabag, G. (2015) 'On the use of ensemble of classifiers for accelerometer-based activity recognition', *Applied Soft Computing Journal*, 37: 1018–1022. https://doi.org/10.1016/j.asoc.2015.01.025.

Cho, N.G., Park, S.H., Park, J.S., Park, U. and Lee, S.W. (2017) 'Compositional interaction descriptor for human interaction recognition', *Neurocomputing*, 267: 169–181. https://doi.org/10.1016/j.neucom.2017.06.009.

Coxon, A.P.M. and Davies, P.M. (1982) *The user's guide to multidimensional scaling: With special reference to the MDS(X) library of computer programs*, London and Exeter, NH: Heinemann Educational Books. file://catalog.hathitrust.org/Record/000769244.

Ding, W., Liu, K., Cheng, F. and Zhang, J. (2016) 'Learning hierarchical spatio-temporal pattern for human activity prediction', *Journal of Visual Communication and Image Representation*, 35: 103–111. https://doi.org/10.1016/j.jvcir.2015.12.006.

Dubois, D. and Prade, H. (1996) 'What are fuzzy rules and how to use them', *Fuzzy Sets and Systems*, 84(2): 169–185. https://doi.org/10.1016/0165-0114(96)00066-8.

Everitt, B.S., Landau, S., Leese, M. and Stahl, D. (2011) 'Cluster analysis', *Quality and Quantity*, 14. https://doi.org/10.1007/BF00154794.

Eweiwi, A., Cheema, M.S. and Bauckhage, C. (2014) 'Learning spatial interest regions from videos to inform action recognition in still images', *CEUR Workshop Proceedings*, 1226: 137–147. https://doi.org/10.1016/j.patrec.2014.07.017.

Fayyad, U., Piatetsky-Shapiro, G. and Smyth, P. (1996) 'From data mining to knowledge discovery in databases', *AI Magazine*, 17(3): 37. https://doi.org/10.1609/aimag.v17i3.1230.

Gardner, A.J., Iverson, G.L., Williams, W.H., Baker, S. and Stanwell, P. (2014) 'A systematic review and meta-analysis of concussion in rugby union', *Sports Medicine (Auckland, N.Z.)*, 44(12): 1717–1731. https://doi.org/10.1007/s40279-014-0233-3.

Gómez-Conde, I. and Olivieri, D.N. (2015) 'A KPCA spatio-temporal differential geometric trajectory cloud classifier for recognizing human actions in a CBVR system', *Expert Systems with Applications*, 42(13): 5472–5490. https://doi.org/10.1016/j.eswa.2015.03.010.

Gudmundsson, J., Laube, P. and Wolle, T. (2008) 'Movement patterns in spatio-temporal data', In S. Shekhar and H. Xiong (eds.), *Encyclopedia of GIS* (pp. 726–732), Berlin: Springer. https://www.springerlink.com/content/h01539/#section=145928&page=1.

Han, J. and Kamber, M. (2011) *Data mining: Concepts and techniques*, Vol. 12, Elsevier. https://doi.org/10.1007/978-3-642-19721-5.

Holtzhausen, L.J., Schwellnus, M.P., Jakoet, I. and Pretorius, A.L. (2006) 'The incidence and nature of injuries in South African rugby players in the Rugby Super

12 competition', *South African Medical Journal = Suid-Afrikaanse Tydskrif Vir Geneeskunde*, 96(12): 1260-1265.

Hosseini, M.S. and Eftekhari-Moghadam, A.M. (2013) 'Fuzzy rule-based reasoning approach for event detection and annotation of broadcast soccer video', *Applied Soft Computing Journal*, 13(2): 846–866. https://doi.org/10.1016/j.asoc.2012.10.007.

Ijjina, E.P. and Krishna Mohan, C. (2016) 'Hybrid deep neural network model for human action recognition', *Applied Soft Computing Journal*, 46: 936–952. https://doi.org/10.1016/j.asoc.2015.08.025.

Jonsson, G.K., Anguera, M.T., Blanco-Villaseñor, Á., Luis Losada, J., Hernández-Mendo, A., Ardá, T., … Castellano, J. (2006) 'Hidden patterns of play interaction in soccer using SOF-CODER', *Behavior Research Methods*, 38(3): 372–381. https://doi.org/10.3758/BF03192790.

Kleinbaum, D.G. and Klein, M. (2012) *Survival analysis*, New York, NY: Springer.

Knauf, K. (2014) 'Spatio-temporal convolution kernels for clustering trajectories', *2014 KDD Workshop on Large-Scale Sports Analytics, New York, NY, USA*, 25 August 2014.

Knauf, K., Memmert, D. and Brefeld, U. (2016) 'Spatio-temporal convolution kernels', *Machine Learning*, 102(2): 247–273. https://doi.org/10.1007/s10994-015-5520-1.

Kolekar, M.H., Sengupta, S. and Seetharaman, G. (2009) 'Semantic concept mining based on hierarchical event detection for soccer video indexing', *Journal of Multimedia*, 4(5): 298–312.

Kong, Y., Zhang, X., Hu, W. and Jia, Y. (2011) 'Adaptive learning codebook for action recognition', *Pattern Recognition Letters*, 32(8): 1178–1186. https://doi.org/10.1016/j.patrec.2011.03.006.

Kostakis, O., Tatti, N. and Gionis, A. (2017) 'Discovering recurring activity in temporal networks', *Data Mining and Knowledge Discovery*, 31. New York, NY: Springer. https://doi.org/10.1007/s10618-017-0515-0.

Lim, C.H., Vats, E. and Chan, C.S. (2015) 'Fuzzy human motion analysis: A review', *Pattern Recognition*, 48(5): 1773–1796. https://doi.org/10.1016/j.patcog.2014.11.016.

Liu, L., Peng, Y., Liu, M. and Huang, Z. (2015) 'Sensor-based human activity recognition system with a multilayered model using time series shapelets', *Knowledge-*

Based Systems, 90: 138–152. https://doi.org/10.1016/j.knosys.2015.09.024.

Lucey, P., Oliver, D., Carr, P., Roth, J. and Matthews, I. (2013) 'Assessing team strategy using spatiotemporal data', *KDD*, 1366. https://doi.org/10.1145/2487575.2488191.

McQueen, A., Wiens, J. and Guttag, J. (2014). 'Automatically recognizing on-ball screens', *2014 MIT Sloan Sports Analytics Conference, Boston, MA, USA*, 28 February–01 March 2014.

Mehmood, K., Mrak, M., Calic, J. and Kondoz, A. (2009) 'Object tracking in surveillance videos using compressed domain features from scalable bit-streams', *Signal Processing: Image Communication*, 24(10): 814–824. https://doi.org/10.1016/j.image.2009.06.006.

Montoliu, R., Martin-Félez, R., Torres-Sospedra, J. and Martinez-Usé, A. (2015a) 'Team activity recognition in Association Football using a Bag-of-Words-based method', *Human Movement Science*, 41: 165–178. https://doi.org/10.1016/j.humov.2015.03.007.

Montoliu, R., Martín-Félez, R., Torres-Sospedra, J. and Rodríguez-Pérez, S. (2015b) 'ATM-based analysis and recognition of handball team activities', *Neurocomputing*, 150(Part A): 189–199. https://doi.org/10.1016/j.neucom.2014.09.053.

Moore, I.S., Mount, S., Mathema, P. and Ranson, C. (2017) 'Application of the subsequent injury categorisation model for longitudinal injury surveillance in elite rugby and cricket: Intersport comparisons and inter-rater reliability of coding', *British Journal of Sports Medicine*, Published Online First: 01 March 2017. https://doi.org/10.1136/bjsports-2016-097040.

Raman, N. and Maybank, S.J. (2015) 'Action classification using a discriminative multilevel HDP-HMM', *Neurocomputing*, 154: 149–161. https://doi.org/10.1016/j.neucom.2014.12.009.

Shah, R.C. and Romijnders, R. (2016) 'Applying deep learning to basketball trajectories', *KDD '16*, 4. https://doi.org/10.475/123.

Sigari, M.-H., Soltanian-Zadeh, H. and Pourreza, H.-R. (2016) 'A framework for dynamic restructuring of semantic video analysis systems based on learning attention control', *Image and Vision Computing*, 53: 20–34. https://doi.org/10.1016/j.imavis.2015.07.004.

Song, W. and Hagras, H. (2016) 'A big-bang big-crunch type-2 fuzzy logic based system for soccer video scene classification', *FUZZ-IEEE '16*, 2059–2066.

Song, W. and Hagras, H. (2017) 'A type-2 fuzzy logic system for event detection in soccer videos', *IEEE International Conference on Fuzzy Systems, Naples, Italy*, 9–12 July 2017. https://doi.org/10.1109/FUZZ-IEEE.2017.8015426.

Sun, Q., Liu, H., Liu, M. and Zhang, T. (2016) 'Human activity prediction by mapping grouplets to recurrent Self-Organizing Map', *Neurocomputing*, 177: 427–440. https://doi.org/10.1016/j.neucom.2015.11.061.

Tzelepis, C., Ma, Z., Mezaris, V., Ionescu, B., Kompatsiaris, I., Boato, G., … Yan, S. (2016) 'Event-based media processing and analysis: A survey of the literature', *Image and Vision Computing*, 53: 3–19. https://doi.org/10.1016/j.imavis.2016.05.005.

Van Haaren, J., Dzyuba, V., Hannosset, S. and Davis, J. (2015) 'Automatically discovering offensive patterns in soccer match data', *Lecture Notes in Computer Science (Including Subseries Lecture Notes in Artificial Intelligence and Lecture Notes in Bioinformatics)*, 9385: 286–297. https://doi.org/10.1007/978-3-319-24465-5_25.

Van Haaren, J., Hannosset, S. and Davis, J. (n.d.) 'Strategy discovery in professional soccer match data', *KDD-16 Workshop on Large-Scale Sports Analytics, San Francisco, California, USA*, 14 August 2016.

Verhein, F. and Chawla, S. (2006) 'Mining spatio-temporal association rules, sources, sinks, stationary regions and thoroughfares in object mobility databases', *Lecture Notes in Computer Science (Including Subseries Lecture Notes in Artificial Intelligence and Lecture Notes in Bioinformatics)*, 3882(574): 187–201. https://doi.org/10.1007/11733836_15.

Vijayakumar, V. and Nedunchezhian, R. (2012) 'Mining video association rules based on weighted temporal concepts', *International Journal of Computer Science Issues*, 9(4): 297–303. https://www.engineeringvillage.com/share/document.url?mid=cpx_17fa65e13b8c077a32M4d322061377553&database=cpx.

Xu, C., Wang, J., Lu, H. and Zhang, Y. (2008) 'A novel framework for semantic annotation and personalized retrieval of sports video'. *IEEE Transactions on Multimedia*, 10(3): 421–436. https://doi.org/10.1109/TMM.2008.917346.

Yi, Y., Cheng, Y. and Xu, C. (2017) 'Mining human movement evolution for complex action recognition', *Expert Systems with Applications*, 78: 259–272. https://doi.org/10.1016/j.eswa.2017.02.020.

Zhu, G., Xu, C., Huang, Q., Rui, Y., Jiang, S., Gao, W. and Yao, H. (2009) 'Event tactic analysis based on broadcast sports video', *IEEE Transactions on Multimedia*, 11(1): 49–67. https://doi.org/10.1109/TMM.2008.2008918.

Zhu, Y., Nayak, N., Gaur, U., Song, B. and Roy-Chowdhury, A. (2013) 'Modeling multi-object interactions using "string of feature graphs"', *Computer Vision and Image Understanding*, 117(10): 1313–1328. https://doi.org/10.1016/j.cviu.2012.08.009.

Ziaeefard, M. and Bergevin, R. (2015) 'Semantic human activity recognition: A literature review', *Pattern Recognition*, 48(8): 2329–2345. https://doi.org/10.1016/j.patcog.2015.03.006.

第八章　运动基因组学

简介

本章对遗传学进行了概述，并讨论了通过分析基因组数据识别标记和信号通路的过程，及其在体育运动中的潜在价值。识别对运动表现至关重要的、与生物学过程相关的基因组标记对体育科学的决策具有重要作用，例如与新陈代谢和肌肉发育相关的基因组标记。本章还针对两个人的样本基因组数据分析进行了实验。

基因组学概述

每个人都携带着影响我们身体和行为特征的遗传信息。例如，基因可能决定眼睛的颜色、肌肉力量或我们对治疗的反应方式。这些遗传信息存储在大约30亿个位点中，每个位点包含两个性状。英语由26个字母组成，而大自然仅用A、C、T和G四个特征就可以编码所有的遗传信息。A、C、T、G分别为腺嘌呤核苷酸（nucleotides Adenine, A）、胞嘧啶核苷酸（Cytosine Adenine, C）、鸟嘌呤核苷酸（Guanine Adenine, G）

和胸腺嘧啶核苷酸(Thymine Adenine, T)。它们是由碳、氮、氢和氧元素组成的有机分子。这30亿个位置组成了23条染色体。每个人有两对23条染色体(共46条染色体)。基因组中的一个特定位点可以通过染色体序号和染色体内的位点来进行表征。基因组中编码遗传信息的区域称为基因。

表 8.1 遗传自父母的基因组和碱基

基因组的位点	1 2 3 4 5 6 7	大约30亿个位点
遗传自母亲的碱基	T A G A C A T	
遗传自父亲的碱基	G A T A C A T	

在人类基因组的30亿个位点中,都能找到一组A、C、T和G中的两个字符组合。这些字符被称为碱基。每个位置只有两个碱基,一个是从母亲继承的,另一个是从父亲继承的。这两个碱基的集合称为基因型。表8.1显示了从父母那里继承碱基的个体的基因组示例。这个基因组也可以表示为"(T/G),(A/A),(G/T),(A/A),(C/C),(A/A),(T/T)……第30亿个位点"。

对于该个体,位点1的基因型为"T/G";"T"是从母亲那里遗传来的,那么"G"肯定是从父亲那里遗传来的。同样,位点2的基因型是"A/A","A"是遗传自母亲和父亲。

一般来说,一个人的基因组与另一个人的基因组有99.5%的相似性,也就是说,所有人类都携带着几乎相同的基因信息。在基因组中剩余的约0.5%的区域,个体携带有不同的基因型。这种差异被称为单核苷酸多态性(SNPs),正因为如此,没有两个人是完全相同的。

下面是两个个体基因组的例子。这两个基因组在位点1和位点6不同。在基因组的位点1,第一个个体具有基因型T/T(T来自母亲,T来自父亲),第二个个体具有基因型T/G(T来自母亲,G来自父亲)。在位点6,第一个个体具有基因型C/C(C来自母亲,C来自父亲),第二个个体具有基因型C/T（C来自母亲，T来自父亲）。因此，如果将个体1的基因组作为参考基因组，个体2的基因组将在位点1和位点6具有单核苷酸多态性。

个体 1	（**T/T**），（A/G），（G/A），（A/T），（C/T），（**C/C**），（T/A）... 30亿位点
个体 2	（**T/G**），（A/G），（G/A），（A/T），（C/T），（**C/T**），（T/A）... 30亿位点

显型（Phenotype）是基因组学中另一个常用的术语，意思是个体的物理特征。例如，在运动员中常见的一些显型是：身材更高大、四肢纤细、能够在高速运动情况下有力收缩的强壮肌肉以及一个有效的心血管系统。显型和基因型之间有很强的关联。基因型的差异可能导致表现型的差异。请注意，本书中所指的所有基因组位置都基于智人第38版基因组，也称为GRCh38（www.ncbi.nlm.nih.gov/assembly/GCF\u000001405.37，访问于2017年11月28日）。

基因组学在体育运动中的应用

先天与后天的争论由来已久，后天培养无疑对体育运动的成功起着重要作用（Baker and Farrow, 2015）。然而，本章的重点是如何在体育中利用自身的天赋。如前一节所述，基因型的差异可能导致显型的改变。针对与体育运动中具有重要意义表现相关型的基因型或基因组标记进行识别具有重要意义。这样的基因组标记可以用于体育运动中的选材，开发个性化的训练和营养方案，以及针对伤病的个性化治疗。Athlome项目联盟（Pitsiladis et al., 2016）发起了一项寻找和验证运动表现基因组标记的重大国际倡议。

许多基因组位点或基因类别与是否擅长运动的显型有关。吉列尔梅等（Guilherme et al., 2014）以及古斯和罗斯（Guth and Roth, 2013）对遗传学在体育运动中应用的发展进行了综述。例如，已经证明ACTN3基因影响肌肉性能，FTO基因影响身体和四肢纤细体质，ACE和PPARGC1A基因影响心血管性能。德尔（Del et al., 2017, 2017b, 2016）的研究发现，11号染色体66560624处有“T”的个体在竞技运动中更有可能出现肌肉损伤，在马拉松比赛中更容易损伤骨骼肌，在运动期间更有可能出现非急性脚踝扭伤。

布雷等（Bray et al., 2009）进行的一项调查发现，214个基因与体能和健康体适能的显型相关。阿赫梅托夫等（Ahmetov et al., 2015）最近的一项调查发现，120个基因组标记与精英运动员的成绩相关。

ACTN3基因是一个众所周知的运动基因，位于11号染色体66546395号到66563329号位置。它产生肌肉蛋白 α-肌动蛋白-3（alpha-actinin-3），帮助肌肉在高速运动时有力地收缩。在该基因的66560624号发现了三种基因型，即C/C、C/T和T/C。研究表明，在这个位置具有C/C基因型的个体将有更好的肌肉表现，并且倾向于成为短跑运动员；而在这个位置具有T/T基因型的个体将可能出现肌肉功能受损，并且很可能出现在耐力型运动员身上（Gineviciene et al., 2016; Yang et al., 2003）。

另一个突出的运动基因是ACE基因，它以心血管功能和适应身体疲劳方面优异表现而闻名。它位于17号染色体上63 477 061至63 498 380的位点，产生血管紧张素I转换酶。在该基因的634 885 29位点，可能存在ALU重复元素“ATACAGTCACTTTTTTTTTTTTTTGAGACGGAGTCTCGCT CTGTCGCC”的插入或缺失。研究表明，拥有重复元素的个体将具有更强的力量和爆发力，并更擅长田径项目。

运动基因的其他例子包括与体形和四肢纤细体质相关的FTO基因（Heffernan et al., 2017）和与有氧能力相关的PPARGC1A基因（Eynon et al., 2010）。其中一些运动基因标记非常突出，以至于许多私人公司将其商业化，提供运动基因检测（Rivard, 2013），价格仅为80美元。表8.2列出了一组知名的运动基因，表8.3提供了一些提供运动基因检测的商业公司。

表 8.2　运动基因列表（按商业用途观察排序）

基　因	全　称	单核苷酸多态性位点	等位基因	耐力等位基因	参考文献	功　能	位　置
ACTN3	人辅肌动蛋白 α 3	rs1815739	C, T	C/C：肌肉表现更佳 T/T：肌肉受损	杨 et al. (2003); Gineviciene et al. (2016)	调节肌肉功能；稳定快缩型肌纤维中的肌肉收缩组织	11号染色体，66560624
ACE	血管紧张素I转化酶（二肽基肽酶A）	rs1799752	ALU重复序列的插入/缺失	I/I, I/D	Gineviciene et al. (2016)	调节心血管功能和对身体疲劳的适应能力	17号染色体，63488529
PPARGC1A	过氧化物酶体增殖物激活受体 γ 共激活因子1α	rs8192678	A, C	A	艾农 et al. (2010); Gineviciene et al. (2016)	有氧能力；调节脂肪酸氧化、葡萄糖利用和肌纤维的形成	4号染色体，23814039
PPARA	过氧化物酶体增殖物激活受体 α	rs4253778	G, C	G/C	艾农 et al. (2010)	调节肝脏、心脏和骨骼肌脂质代谢，血糖稳态，心肌肥厚	22号染色体，46234737
FTO	肥胖基因	rs9939609	A, T	T/T and T/A	赫弗南 et al. (2017)	更大的体重和更多的四肢肌肉	16号染色体，53786615
NFIA-AS2	核因子IA反义RNA2	rs1572312	C, A	C	艾哈迈托维 et at. (2015)	最大耗氧量	1号染色体，60952057
TSHR	促甲状腺激素受体	rs7144481	T, C	C	艾哈迈托维 et at. (2015)	参与甲状腺功能和体内激素平衡	14号染色体，81144598
RBFOX1	结合RNA的Fox1基因	rs7191721	G, A	G	艾哈迈托维 et at. (2015)	耗氧率，有氧能力	16号染色体，7575790

表 8.3 提供运动基因检测的商业公司名单

公司名称及所在地	检测名称	2018年4月的价格	检测基因	网址（all links accessed 28/11/17）
MylnnerGo Ltd，英国	运动基因检测	99英镑	ACTN3	www.myinnergo.co.uk/products/sport-test
Asper Biogene Estonia，欧洲	竞技表现检测	80欧元	ACE, ACTN3	www.asperbio.com/sports-gene-test/asper-wellness/athletic-performance-test
Genomic Express加利福尼亚，美国	遗传特性—竞技表现检测	99美元	ACTN3	https://www.genomicexpress.com/genetic-tests/inherited-traits/athletic-performance
Anabolic Genes，法国	素质测试，训练与营养分析	134美元	ACE, ACTN3 and many others	https://anabolicgenes.com/en/entrainement.html
Dr Lai Pathlabs，印度	运动基因检测	未知	ACTN3	www.lalpathlabs.com/pathology-test/actn3-sports-gene-genotyping
23andme based in USA, offers test in UK	健康测试	149英镑	ACTN3 and others	www.23andme.com/en-gb/gen101/variation/speed/
Athletigen Technologies，加拿大	肌肉素质和其他检测	79.99美元	未知	https://athletigen.com

分析运动基因组数据的步骤

我们用一个例子来说明寻找单核苷酸多态性（SNPs）的一般步骤。假设一个有机体的参考基因组是“TAG A CAT”。这个过程的第一步是从个体中提取脱氧核糖核酸（DNA），并使用测序仪器获得原始测序数据。两个人的10个测序数据示例如下。

个体1的测序数据

序列	1	TAGA
序列	2	ACAT
序列	3	AGAC
序列	4	ACAT
序列	5	TAGA
序列	6	ACAT
序列	7	AGAC
序列	8	AGAC
序列	9	TAGA
序列	10	AGAC

个体2的测序数据

序列	1	GAGA
序列	2	ACAT
序列	3	AGAC
序列	4	ACAT
序列	5	GAGA
序列	6	ACAT
序列	7	AGAC
序列	8	AGAC
序列	9	GAGA
序列	10	AGAC

第一个步骤是将这些测序数据与参考基因组（即“TAG A CAT”）对齐。图8.1和8.2分别显示了个体1和个体2的这些测序数据的对齐情况。

在图8.1中，在第一个位置共有三个测序数据，均为T，因此位置1处为T。在第二个位置有七个测序数据，所有测序数据都为A，因此位置2处的为A。某个位置的测序数据越多，则确定该位置基因组的可能性越高。同样，第3至第7位分别是G、A、C、A和T。我们认为位置4处的测序最能保

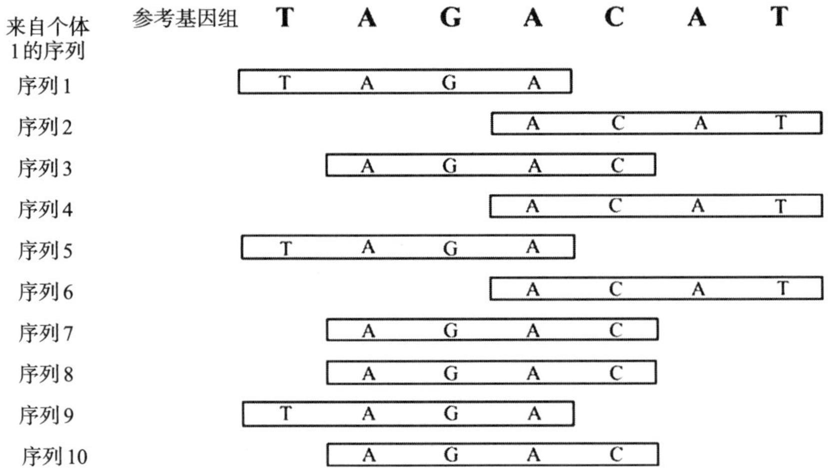

图8.1 个体1的映射

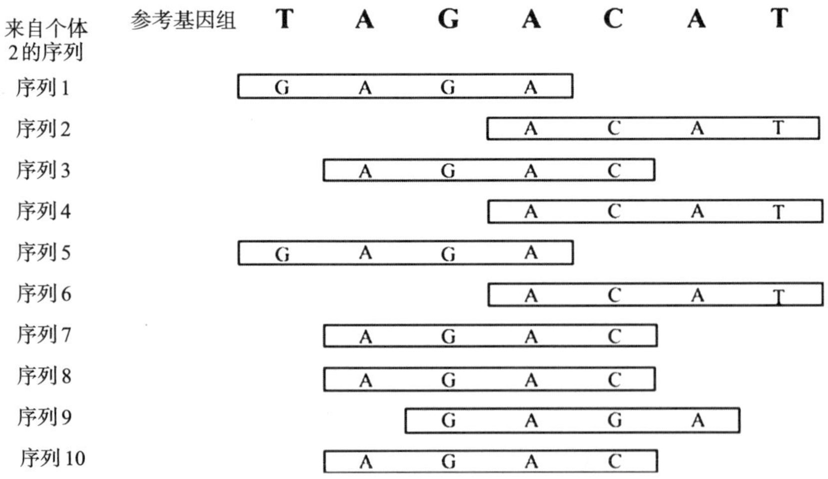

图8.2 个体2的映射

证正确性，因为这个位置进行了最多测序次——10次。因此，根据这些读数，个体1的基因组是“TAG A CAT”，与参考基因组完全相同；因此，个体1没有突变。

图8.2显示了个体2的映射。在这个图中的第1位，只有两个测序数据并且都有G，所以位置1处为G。在第2位，有七个测序数据都有A，所以第2位是A。同样，在第3位到第7位处分别为G、A、C、A和T。我们对位4处的测序最为确定，因为它由最大测序次数10来确定。位5的独特之处在于，在这个位点的一个测序数据为G，其余七个数据为C。然而，在这个位点的大多数测序数据为C，这使它成为公认的测序数据。

根据这些序列数据，个体2的基因组是“GAG A CAT”，这与参考基因组不同。参考基因组中的位点1为T，而个体2具有G。这使得位点1成为个体1和个体2之间差异（如良好的肌肉表现）的主要表现。

质量控制

在前面的例子中，个体2中位于基因组的第一位是G。但还有另一种可能性，如果测序仪器发生错误，在第一个位置测定两个G是不正确的，那么该怎么办？我们只对真正的突变感兴趣，而不是由于测序过程中的错误而产生的假阳性。这就到了另一个重要步骤：质量控制。测序仪器产生FastQ文件，包含每次测试的结果以及对应的质量得分。这个质量值，称为Phred值，表示了正确识别碱基的可信度。Phred值通常在2到40之间，值越高表示测试可信度越高。Phred值为30意味着错误判定碱基的概率为1/1 000；换句话说，测序仪器99.9%确信碱基被正确识别。Phred值为10，表示有1/10的概率出现错误；换句话说，测序仪器正确识别碱基的准确率只有90%。通常，我们只对Phred值为30或30以上的测试序列进行分析。一般Phred值按照以10为底出错概率的对数乘以－10来计算。

第一步是检查初始测序序列的质量，这可以使用FastQC完成

（Andrews, 2010）。图8.3显示了FastQ文件中所有测序序列的质量。这个FastQ文件包含了由Jayal等（Jayal et al., 2017）生成并发布的细菌基因组数据。图中的x轴表示基本位置，y轴表示质量得分。由于FastQ文件有成全上万的测序数据，因此，该图取每个碱基位点上所有测序序列质量得分的平均值，并以箱线图的形式显示它们。所以，在给定的例子中，前160个碱基都有非常高的质量，平均得分超过30分，但在接近最后的位点，质量下降到不到20分。安德鲁斯（Andrews, 2010）详细解释了FastQC生成的图形。

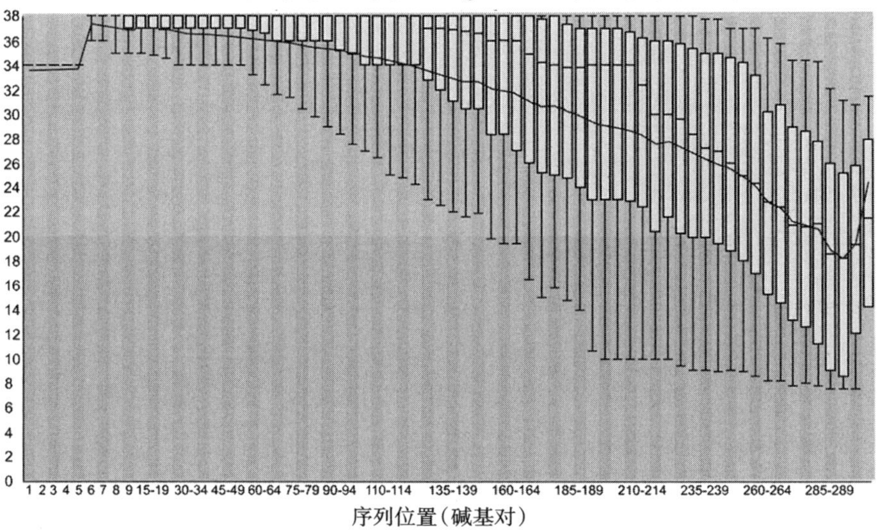

图8.3　每个碱基序列初始测序质量

在这个例子中，为了确保只有高质量的碱基被用于分析，我们可以将测序序列削减到160个碱基。当然，我们将因此失去许多碱基，但可以确定的是，分析结果只包含高质量的碱基测序短结果。其他质量控制措施包括删除小于一定比例的测序序列或平均质量值小于一定阈值的测序序列。在删减措施（和其他质量控制措施）以及为分析保留的测序序列数量之间有一个权衡。另外只进行少量测序序列的分析可能不会有很多分析成果；因此，我们必须在质量控制措施和保留用于分析的测序序列之间取得平衡。可以使用Trim-momatic（Bolger et al., 2014）和Cutadapt（Martin, 2011）等软件进行测序序列的删减和其他质量处理。质量控制措施后的曲线图如图8.4所示。现在假定测序序列长度为160个碱基，所有碱基的质量分数都超过30，这意味着我们有99.9%的把握能够正确识别碱基。

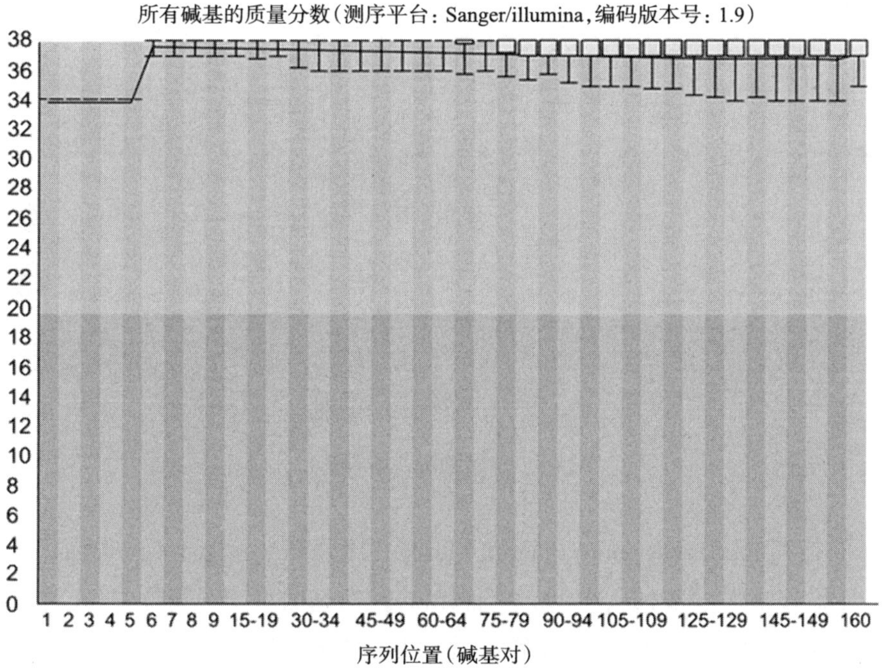

图8.4　后期质量控制阶段每个碱基序列初始测序质量

将读数映射到参考基因组并可视化

在前面步骤对基因组数据进行质量处理后，读取的数据将被配对或映射到参考基因组。有许多软件程序可用于基因配对，但Bowtie2（Langmead and Salzberg, 2012）和BWA-Mem（Li and Durbin, 2009）仍然是两个最主流的选择。坦卡斯瓦米等（Thankaswamy et al., 2017）和帕宾格等（Pabinger et al., 2014年）对各种配对软件进行了评估。

然后可以使用IGV软件将配对后的测序序列可视化（Thorvaldsdóttir et al., 2013）。图8.5显示了配对测序序列的示例。图的顶部一行显示了基本位点。从图8.5中可以看出，所有位于400位点的读数都有碱基“A”，但在401位点，一些测序序列有“A”，而另一些有“T”。

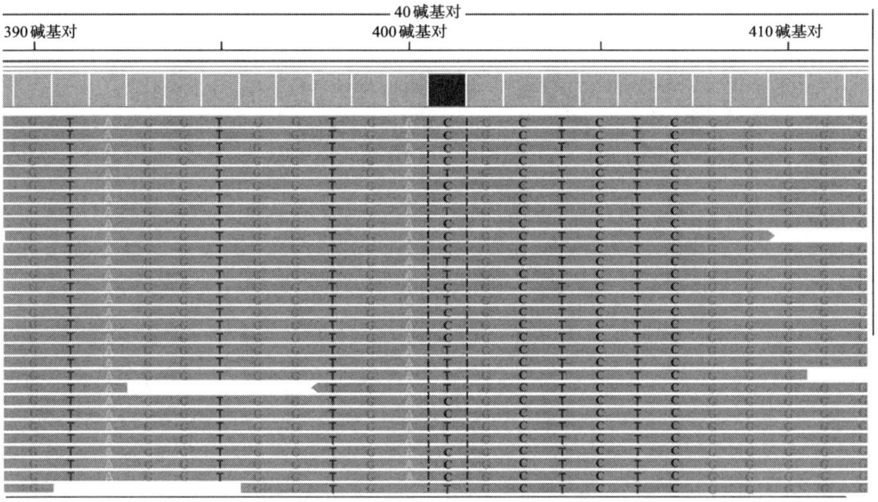

图8.5 序列的对齐和可视化

通过Freebayes（Garrison and Marth, 2012）和Varscan（Koboldt et al., 2012）等软件，可以提取出参考基因组与配对基因组的不同位置，也称为单核苷酸多态性。大多数检测到的单核苷酸多态性实际上是假阳性的，真正的目的是找到少数真正阳性的。这超出了本章的讨论范围，但通常它涉及硬过滤（如删除由较少的读取支持的单核苷酸多态性）和在多个样本中运行分析。

全基因组关联研究

在确定了预期的标志基因后，我们应该对更广泛的人群进行测试，以确定这些标志基因与运动成绩之间的真正联系，这是很重要的。这类研究被称为全基因组关联研究(genome-wide association studies),利用来自大群体的基因组序列,来发现基因组变异是否与运动成绩或其他性状有关。本研究包括两组:由运动员组成的实验组,由没有任何竞技运动经验的个人组成的对照组。计算实验组与对照组的差异比和统计学显著性p值。p小于5×10^{-8}通常被认为是全基因组关联研究中真正关联的阈值。比值比为1意味着变异与运动成绩之间没有关联。比值比大于1意味着变异增加了倾向于更好运动表现的可能性,而比值比小于1则意味着变异减少了这种可能性。

表 8.4　基因组研究案例

基因型数	案　例			
	C/C	C/T	T/T	总计
运动组	49	52	13	114
对照组	344	475	128	947
总计	393	527	141	1 061
等位基因数				
	C	T		
运动组	49+49+52	52+13+13		
对照组	344+344+475	475+128+128		
等位基因数				
	C	T		
运动组	150	78	228	
对照组	1 163	731	1 894	
总计	1 313	809	2 122	2 122

表8.4显示了从一项关于从俄罗斯的欧洲白种人研究(Gineviciene et al., 2016)中收集的数据子集。该子集由1 061名个体组成,其中114名

为体育运动员，947名为对照组。在这项研究中，对照组是没有任何竞技体育运动经历的健康个体。对所有参与者的基因组序列进行分析，以发现ACTN3基因（11号染色体66 560 624位）的变异。运动员基因组中，C/C基因49个，C/T基因52个，T/T基因52个；对照组中，C/C基因344个，C/T基因475个，T/T基因128个。

1. 运动员中C等位基因出现的概率=150/1 163=0.129
2. 运动员中T等位基因出现的概率=78/731=0.107
3. C等位基因与T等位基因的差异比=0.129/0.107=1.206

在体育和田径领域有许多全基因组研究，表8.5简要介绍了其中的六项研究。研究S1到S5发现了运动成功和基因变异之间的联系，如ACTN3、ACE、FTO和PPARGC1A。然而，最大规模的研究S6（有4 250名参与者）并没有发现任何问题。

基因组变异与擅长运动之间的统计学显著关联。因此，有必要进行进一步的研究，在更广泛的人群中证实基因组标记和运动成绩之间的联系。

路径分析

要了解这些有前景的标记基因的影响，我们需要了解它们可能与其他遗传信息相互作用的方式，以及这些方式如何导致细胞行为的改变。这个过程被称为路径分析，这个过程有助于理解我们感兴趣的区域。基因所涉及的途径可以从生物途径数据库中检索，如WikiPathways（Slenter et al., 2017）和Consensus-PathDB（Herwig et al., 2016; Kamburov et al., 2012）。

使用WikiPathways生物途径数据库生成的图8.6（Slenter et al., 2017）显示了人类横纹肌收缩的途径。如图所示，ACTN3基因与DES、VIM和TTN等其他基因相互作用。由于ACTN3与运动成绩有着广泛的联系，与ACTN3相互作用最密切的基因将成为人们进一步研究的候选基因。

表 8.5 全基因组关联研究

研究题目	运动项目	参与者总数	运动员数量	对照组数量	基因名称	结论	参考文献
Fat mass and obesity associated (FTO) gene influences skeletal muscle phenotypes in nonresistance trained males and elite rugby playing position	英式橄榄球	1 089	530	559	FTO	等位基因T(包括基因类型T/T和A/T)与精英运动员的成功有关	赫弗南 et al. (2017)
ACTN3 genotype is associated with human elite athletic performance	多种项目(柔道，自行车，游泳)	865	429	436	ACTN3	等位基因C与更佳的肌肉表现有关，也可能与短跑能力有关	杨 et al. (2003)
Association analysis of ACE, ACTN3 and PPARGC1A gene polymorphisms in two cohorts of European strength and power athletes	举重，投掷类项目	1 363	161	1 202	ACTN3, ACE, PPARGC1A	PPARGC1A和ACE与更好的田径表现有关，而ACTN3则无关	Gineviciene et al. (2016)
Do PPARGC1A and PPARalpha polymorphisms influence sprint or endurance phenotypes?	耐力项目	395	155	240	PPARGC1A and PPARA	PPARGC1A与更优的田径运动表现有关	艾农 et al. (2010)
Genome-wide association study identifies three novel genetic markers associated with elite endurance	田径	641	449	192	Gene NFIA–AS2, TSHR, RBFOX1	NFIA–AS2, TSHR和RBFOX1均与田径表现有关	艾哈迈托维 et al. (2015)
No evidence of common DNA variant profile specific to world class endurance athletes	耐力项目	4 280	1 520	2 760	Many genes including ACTN3 and PPARGC1A	未发现与精英耐力运动表现存在统计上显著关联的基因	兰基宁 et al. (2016)

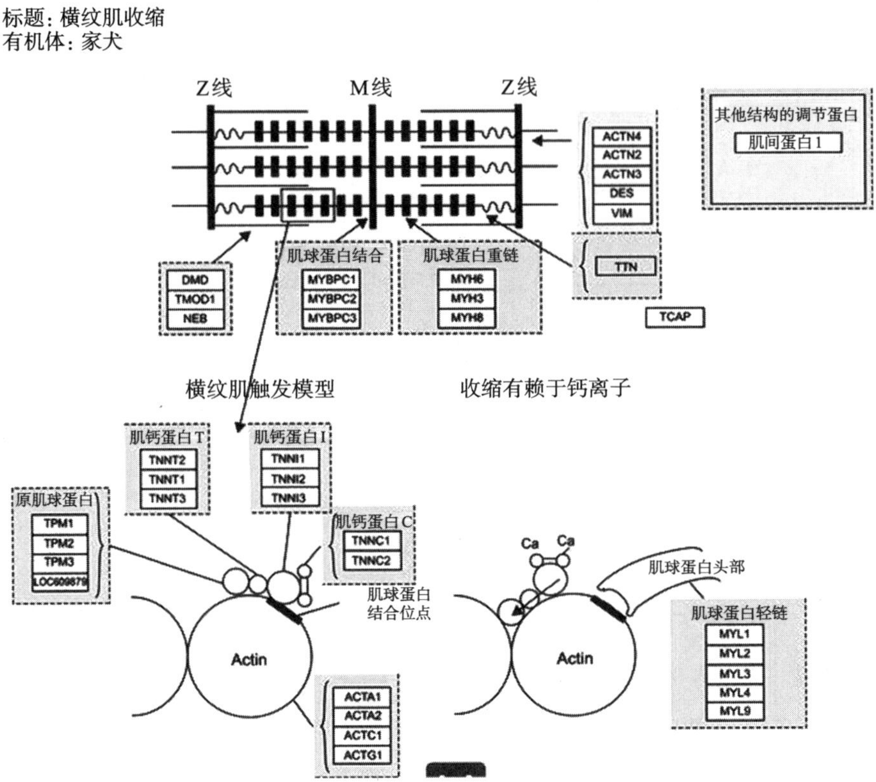

图8.6　ACTN3基因的通路

伦理问题

如前一节所述，要全面了解运动遗传学，仍需进行大规模的研究。尽管在体育领域中使用遗传学非常有前途，但是必须适当考虑一下相关的伦理问题。瓦利等（Varley et al., 2018）对英国运动员和支持人员进行了一项调查，以调查基因检测在运动中的使用。他们的研究发现，对于使用遗传学来鉴定体育人才，人们意见不一。然而，参与者愿意利用遗传学进行个性化训练，减少受伤风险。

分析两个个体基因组的实践活动(代码加数据)

在这次实验中,我们将分析两个个体的人工生成的基因组数据,以找到每个个体携带的运动基因ACTN3的版本。人工基因组数据是专门为本章使用下一代测序数据读取模拟器软件wgsim生成的(Li, 2011)。分析表明,个体1更有可能成为耐力运动员,而个体2更倾向于成为短跑运动员。

之前的章节指出,ACTN3是一个突出的运动基因。研究表明,在11号染色体66560624位置有"C"的个体倾向于短跑运动员,而在同一位置有"T"的个体倾向于耐力运动员(Gineviciene et al., 2016; Yang et al., 2003)。

下载基因组文件

a) 从下面的链接下载两个FastQ文件,其中包含对个体1和2的测序序列。这些文件每个3.6 MB。

https://github.com/ambi1999/sportsgenomics

individual1_reads.fq

individual2_reads.fq

下面是来自个体1的FastQ文件的第一个测序序列。注意,第一行以@开头并包含序列标识符,第二行包含原始序列,第三行包含加号,第四行是第2行中每个碱基的Phred 质量分数。每个测序序列1和2的FastQ文件都有70个碱基。

```
@11_12109_12680_1:0:0_2:0:0_0/1
ATGCCCTCGAGGCAGCTGGTCTCTGTGAGCTCTACACATT
CCCTAGGGTGATCCTTGAGGTCGCGTAT
```

```
+2222222222222222222222222222222222222222222222222222222
22222222222222222
```

b）从下面的链接下载chromose 11 fasta文件，并将其保存至“Chr11Genome”目录下，命名为chr11.fa。此文件大约为137.8 MB。

http://www.ncbi.nlm.nih.gov/nuccore/NC_000011.10?report=fasta&from=begin&to=end

软件安装

请安装以下软件并将其添加到PATH环境变量中。软件和安装说明可从以下网站获得。

1. FastQC: http://www.bioinformatics.babraham.ac.uk/projects/fastqc/
2. Bowtie2: http://bowtie-bio.sourceforge.net/bowtie2/index.shtml
3. Samtools: https://www.htslib.org/
4. Varscan: http://varscan.sourceforge.net/
5. Freebayes: https://github.com/ekg/freebayes
6. IGV: http://software.broadinstitute.org/software/igv/

个体1的分析

第一步：生成人类基因组11号染色体的索引文件

修改目录为“Chr11Genome”，执行以下命令生成索引文件。

bowtie2–build chr11.fa chr11

第二步：将测序序列映射到参考基因组

a）使用以下命令生成sam文件：:bowtie2 -x../Chr11Genome/chr11 -U individual_1_reads.fq -S individual_1_aligned.sam

b）使用以下命令将sam文件转换为bam文件：

samtools view -b -S -o individual_1_aligned.bam individual_1_aligned.sam

c）使用以下命令对bam文件进行排序：

samtools sort individual_1_aligned.bam -o individual_1_aligned.sorted.bam

d）使用以下命令生成bam文件的索引：

samtools index individual_1_aligned.sorted.bam

e）查看bam文件：

samtools view individual_1_aligned.sorted.bam

f）使用IGV查看文件individual_1_aligned.sorted.bam.

第三步：变异发现

a）生成mpileup文件：

samtools mpileup -f../Chr11Genome/chr11 individual_1_aligned.sorted.bam > individual_1_.mpileup

b）路径设置为"Varscan jar文件"：

pathVarscan="/home/standalone/genomics/softwares/Varscan/"

c）使用Varscan生成变量。所有的变量都应该至少有40个测序序列，并且至少有20个测序序列支持该变量：

java -jar $pathVarscan/VarScan.v2.4.0.jar mpileup2cns individual_1_.mpileup-min-coverage 40-min-reads2 20-output-vcf 1-variants > individual_1_variants_varscan.vcf

d）使用Freebayes生成变量：

freebayes -f../Chr11Genome/chr11.fa individual_1_aligned.sorted.bam > individual_1_variants_freebayes.vcf

e）在电子表格软件（如LibreOffice或Microsoft Excel）中打开变量文件。图8.7显示了这个变体文件。从底部开始的第四项显示"chr11 66,560,624c T"，这意味着1号个体在11号染色体的666 560 624位点有一个C（而不是T）。

f）打开individual_1_aligned.sorted。并选择GRCh38作为参考基因组。选择位置66 560 624并观察测序序列。图8.8显示了这些配对的测序序列。注意，这个数字（中间序列）上的66 560 624位对大多数测序序列都有T，这就确认了这个个体66 560 624位的是T而不是C。

	A	B	C	D	E	F	G	H	I	J	
22	##FORMAT⇨reads2plus)">										
23	##FORMAT⇨reads2minus)">										
24	#CHROM	POS	ID	REF	ALT	QUAL	FILTER	INFO	FORMAT	Sample1	
25	chr11	66546530	.	T	G	.	PASS	ADP=74	WT=0	HET=0	H
26	chr11	66547316	.	C	T	.	PASS	ADP=72	WT=0	HET=1	H
27	chr11	66547892	.	C	G	.	PASS	ADP=62	WT=0	HET=1	H
28	chr11	66548238	.	C	T	.	PASS	ADP=67	WT=0	HET=0	H
29	chr11	66548853	.	C	A	.	PASS	ADP=51	WT=0	HET=0	H
30	chr11	66550424	.	G	C	.	PASS	ADP=58	WT=0	HET=1	H
31	chr11	66550998	.	C	A	.	PASS	ADP=72	WT=0	HET=1	H
32	chr11	66552628	.	A	T	.	PASS	ADP=62	WT=0	HET=1	H
33	chr11	66554886	.	A	C	.	PASS	ADP=71	WT=0	HET=1	H
34	chr11	66556190	.	A	C	.	PASS	ADP=64	WT=0	HET=0	H
35	chr11	66557917	.	CA	C	.	PASS	ADP=75	WT=0	HET=1	H
36	chr11	66560279	.	G	C	.	PASS	ADP=77	WT=0	HET=1	H
37	**chr11**	**66560624**	**.**	**C**	**T**	.	PASS	ADP=62	WT=0	HET=0	H
38	chr11	66560728	.	G	C	.	PASS	ADP=71	WT=0	HET=1	H
39	chr11	66561712	.	G	A	.	PASS	ADP=67	WT=0	HET=0	H
40	chr11	66562932	.	T	A	.	PASS	ADP=88	WT=0	HET=1	H
41											

图8.7　个体1基因组中存在的变异

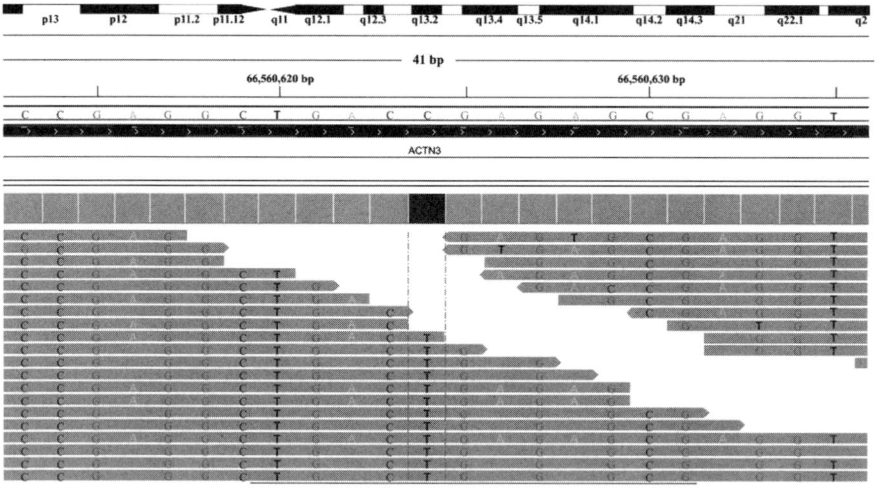

图8.8　个体1的配对读数

分析个体2

对individual_2_reads.fq重复步骤1到3。在IGV软件中打开individual_2_aligned.sorted.bam。图8.9显示了个体2的对齐测序序列。请注意，图中66 560 624位点（中间序列）大部分测序序列都是C，这证实了该个体具有ACTN3基因“C”的变型。

综上所述，个体1具有“T”型ACTN3基因，个体2具有“C”型ACTN3基因。因此，我们可以推断，1号个体的肌肉性能会受损，很可能成为一名耐力运动员，而2号个体的肌肉表现会更好，更有可能成为一名短跑运动员。

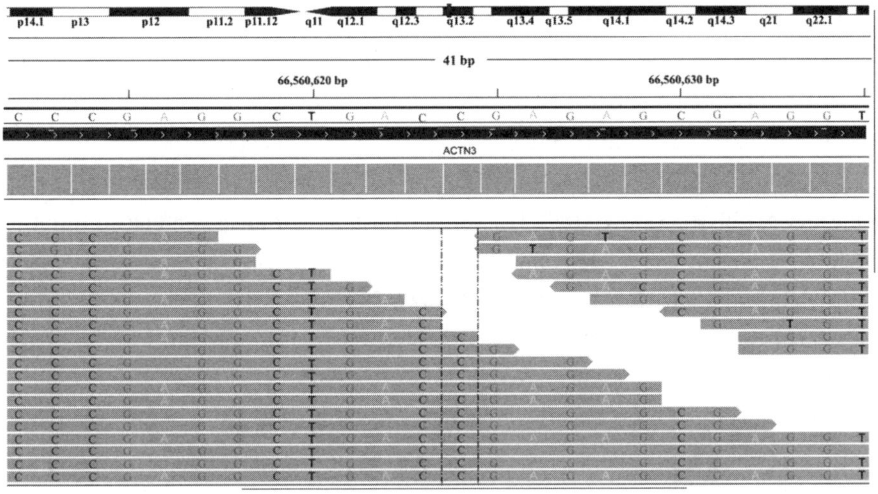

图8.9 个体2的配对读数

参考文献

Ahmetov, I.I., Kulemin, N.A., Popov, D.V., Naumov, V.A., Akimov, E.B., Bravy, Y.R., ... Larin, A.K. (2015) ‘Genome-wide association study identifies three novel genetic markers associated with elite endurance performance’, *Biology of Sport*, 32(1): 3.

Andrews, S. (2010) ‘FastQC: A quality control tool for high throughput sequence data’. https://www.bioinformatics.babraham.ac.uk/projects/fastqc.

Baker, J. and Farrow, D. (2015) *Routledge handbook of sport expertise*, London: Routledge.

Bolger, A.M., Lohse, M. and Usadel, B. (2014) ‘Trimmomatic: A flexible trimmer for Illumina sequence data’, *Bioinformatics*, 30(15): 2114–2120.

Bray, M.S., Hagberg, J.M., Perusse, L., Rankinen, T., Roth, S.M., Wolfarth, B. and Bouchard, C. (2009) 'The human gene map for performance and health-related fitness phenotypes: The 2006–2007 update', *Medicine & Science in Sports & Exercise*, 41(1): 34–72.

Del Coso, J., Valero, M., Salinero, J.J., Lara, B., Díaz, G., Gallo-Salazar, C., ... Cacabelos, R. (2017) 'ACTN3 genotype influences exercise-induced muscle damage during a marathon competition', *European Journal of Applied Physiology*, 117(3): 409–416.

Del Coso, J., Valero, M., Salinero, J.J., Lara, B., Gallo-Salazar, C. and Areces, F. (2017b) 'Optimum polygenic profile to resist exertional rhabdomyolysis during a marathon', *PLoS ONE*, 12(3). https://doi.org/10.1371/journal.pone.0172965.

Eynon, N., Meckel, Y., Sagiv, M., Yamin, C., Amir, R., Goldhammer, E., ... Oliveira, J. (2010) 'Do PPARGC1A and PPARα polymorphisms influence sprint or endurance phenotypes?', *Scandinavian Journal of Medicine & Science in Sports*, 20(1). https://doi.org/10.1111/j.1600-0838.2009.00930.x.

Garrison, E. and Marth, G. (2012) 'Haplotype-based variant detection from short-read sequencing', arXiv preprint arXiv: 1207.3907.

Gineviciene, V., Jakaitiene, A., Aksenov, M.O., Aksenova, A.V., Astratenkova, A.D.I., Egorova, E.S., ... Utkus, A. (2016) 'Association analysis of ACE, ACTN3 and PPARGC1A gene polymorphisms in two cohorts of European strength and power athletes', *Biology of Sport*, 33(3): 199.

Guilherme, J.P.L.F., Tritto, A.C.C., NORTH, K.N., Lancha Junior, A.H. and Artioli, G.G. (2014) 'Genetics and sport performance: Current challenges and directions to the future', *Revista Brasileira de Educação Física e Esporte*, 28(1): 177–193.

Guth, L.M. and Roth, S.M. (2013) 'Genetic influence on athletic performance', *Current Opinion in Paediatrics*, *25* (6): 653.

Heffernan, S.M., Stebbings, G.K., Kilduff, L.P., Erskine, R.M., Day, S.H., Morse, C.I., ... Raleigh, S.M. (2017) 'Fat Mass and Obesity Associated (FTO) gene influences skeletal muscle phenotypes in non-resistance trained males and elite rugby playing position', *BMC Genetics*, 18(1): 4.

Herwig, R., Hardt, C., Lienhard, M. and Kamburov, A. (2016) 'Analyzing and interpreting genome data at the network level with ConsensusPathDB', *Nature Protocols*, 11(10): 1889–1907.

Jayal, A., Johns, B.E., Purdy, K.J., and Maddocks, S.E. (2017). Draft genome sequence of Pseudomonas aeruginosa ATCC 9027, originally isolated from an outer ear infection. Genome Announc 5: e01397–17.

Kamburov, A., Stelzl, U., Lehrach, H. and Herwig, R. (2012) 'The ConsensusPathDB interaction database: 2013 update', *Nucleic Acids Research*, 41(D1): D793–D800.

Koboldt, D.C., Zhang, Q., Larson, D.E., Shen, D., McLellan, M.D., Lin, L., ... Wilson, R.K. (2012) 'VarScan 2: Somatic mutation and copy number alteration discovery in cancer by exome sequencing', *Genome Research*, 22(3): 568–576.

Langmead, B. and Salzberg, S.L. (2012) 'Fast gapped-read alignment with Bowtie 2', *Nature Methods*, 9(4): 357–359.

Li, H. (2011) 'wgsim-read simulator for next generation sequencing', *Github Repository*. https://github.com/lh3/wgsim.

Li, H. and Durbin, R. (2009) 'Fast and accurate short read alignment with Burrows — Wheeler transform', *Bioinformatics*, 25(14): 1754–1760.

Martin, M. (2011) 'Cutadapt removes adapter sequences from high-throughput sequencing reads', *EMBnet. Journal*, 17(1): 10.

Pabinger, S., Dander, A., Fischer, M., Snajder, R., Sperk, M., Efremova, M., ... Trajanoski, Z. (2014) 'A survey of tools for variant analysis of next-generation genome sequencing data', *Briefings in Bioinformatics*, 15(2): 256–278.

Pitsiladis, Y.P., Tanaka, M., Eynon, N., Bouchard, C., North, K.N., Williams, A.G., ... Ashley, E.A. (2016) 'Athlome Project Consortium: A concerted effort to discover genomic and other "omic" markers of athletic performance', *Physiological Genomics*, 48(3): 183–190.

Qi, B., Liu, J.Q. and Liu, G.L. (2016) 'Genetic association between ACTN3 polymorphism and risk of non-acute ankle sprain', *Genetics and Molecular Research: GMR*, 15(4).

Rankinen, T., Fuku, N., Wolfarth, B., Wang, G., Sarzynski, M.A., Alexeev, D.G., ... Filipenko, M.L. (2016) 'No evidence of a common DNA variant profile specific to world class endurance athletes', *PLoS ONE*, 11(1): e0147330.

Rivard, L. (2013) 'Case study in genetic testing for sports ability' [Web log post]. https://www.nature.com/scitable/forums/genetics-generation/case-study-in-genetic-testing-for-sports-107403644, accessed 30th November, 2017.

Slenter, D.N., Kutmon, M., Hanspers, K., Riutta, A., Windsor, J., Nunes, N., ...

Ehrhart, F. (2017) 'WikiPathways: A multifaceted pathway database bridging metabolomics to other omics research', *Nucleic Acids Research*, 46(D1): D661–D667.

Thankaswamy-Kosalai, S., Sen, P. and Nookaew, I. (2017) 'Evaluation and assessment of read-mapping by multiple next-generation sequencing aligners based on genome-wide characteristics', *Genomics*, 109(3–4): 186–191.

Thorvaldsdóttir, H., Robinson, J.T. and Mesirov, J.P. (2013) 'Integrative Genomics Viewer (IGV): High-performance genomics data visualization and exploration', *Briefings in Bioinformatics*, 14(2): 178–192.

Varley, I., Patel, S., Williams, A.G. and Hennis, P.J. (2018) 'The current use, and opinions of elite athletes and support staff in relation to genetic testing in elite sport within the UK', *Biology of Sport*, 35: 13–19.

Yang, N., MacArthur, D.G., Gulbin, J.P., Hahn, A.G., Beggs, A.H., Easteal, S. and North, K. (2003) 'ACTN3 genotype is associated with human elite athletic performance', *The American Journal of Human Genetics*, 73(3): 627–631.

第九章　社交网络分析

简介

社交网络分析使用网络图（network graphs）来表示社会结构、成员及其相互关系。网络分析中使用的基础图使社交网络可以形式化表示，使用节点（Node）表示网络的成员，使用边（Edge）表示网络的相互关系。社交网络可以使用与网络结构相关的变量进行定量分析，也可以通过检查图网络进行定性分析。本章首先简要介绍了社交网络分析的传统应用，然后讨论了图网络在体育运动中的应用和体育运动表现的分析。

社交网络分析

网络分析可用于分析人与人之间的相互联系、人际关系、交流沟通或其他很重要的方面。最近网络分析被应用于紧急服务（Houghton et al., 2006）、海上搜救（Baber et al., 2013）和心脏外科团队（Barth et al., 2015）、恐怖主义影响（Bader and Schuster, 2015）和洗钱侦查（Dre ewski et al., 2015）等领域。通过分析社交网络，可以识别子群体和派系，并支持对人气、权力和影响力及市场关系的研究（Miller, 2016: 230–231）。

互联网的兴起，尤其是电子邮件通信和社交媒体的兴起，提供了大量有关人们的通信、行动和金融交易的数据（Miller, 2016: 230）。这促进了对互联网和社交媒体的网络分析研究（Luo and Zhong, 2015）。这些应用领域中的网络图可能会非常庞大，因此一些允许以交互方式对网络图进行分析的软件就应运而生。Gephi软件（https://gephi.org/, accessed 22/8/17）支持网络图形的实时可视化，具有以下特点：

1. 图形算法以提高可读性。

2. 节点的交互式分组。

3. 网络的层次结构，允许组被折叠和扩展。

4. 突出的交互显示。

5. 能够对网络应用过滤查询，以识别和存储子网络。

6. 计算网络的中心度、贴近度、直径和聚类度。其中一些指标的含义将在本章后面讨论。

另一个软件是Social Networks Visualizer（SocNetV）（Kalamaras, 2014），它允许创建、编辑和分析图网络（http://socnetv.org/, accessed 9/9/17）。该软件提供了内聚性、密度、连通性、中心性和聚类等指标体系，群组识别算法，以及包括网络的三维表示和叠加在地理地图上图网络的可视化选项。在地理地图中叠加图网络的方法，在空中交通分析等领域有重要作用（Kirk, 2012: 157）。

测量

帕索斯（Passos, 2017）描述了用于量化网络属性的指标，包括中心度、网络密度、网络强度和聚类系数。中心度量化了团队成员平均参与行动的程度。数值较大的中心度表示网络可能是集中的，有几个关键球员比其他球员更多地参与传球。而较小的值则反映了更分散的结构，表明传球在整个团队中的分布更均匀。帕索斯（Passos, 2017）调查的研究倾向于表明，场上表现与团队比赛中的集中度呈负相关。

网络密度是一个度量指标，表示通过传球关系相互连接的球员数量。在足球这样的体育运动中，我们可能会有一场比赛，球队中的每一对球员都在传球。在这种情况下，我们可以调整指标，以查看球员进行三次或更多次传球的比例。网络密度与场上表现之间存在正相关关系（Grund, 2012）。网络强度表示传球成功率，用球队的控球时间除以传球频率来计算。

聚类系数用来表示成员之间紧密联系的子群体单元。大的聚类系数通常与中心度值相关，中心度值高于分散网络，但低于集中网络。这是由于簇内的子网络较分散，但簇间的连通性较低。

球员转会分析

米勒（Miller, 2016: 230–232）描述了如何使用网络分析来研究职业棒球大联盟球员的交易。我们将在职业足球中使用一个类似的球员转会的例子。这里主要考虑英格兰足球冠军联赛，它是英国足球联赛的第二梯队，共包含24支球队。2017—2018赛季第一个转会窗口结束前（2017年8月31日）的转会数据来自公开网站（http://www.transfermarkt.co.uk/championship/transfers/wettbewerb/GB, accessed 9/9/17）。这些数据包括转会球员信息、球员离开的俱乐部、球员加入的俱乐部、球员的年龄、国籍和球员的位置、球员是转会还是租借，以及球员的转会费。我们研究的内容不包括转会前或转会后的自由球员、退役球员、还未确定转会俱乐部的球员，以及从同一家俱乐部的低层次梯队升至高层次梯队的球员。经过以上删选，我们保留了英格兰足球冠军联赛球队之间的582次转会。

足球转会市场是具有国际属性的，每个赛季都有数以千计的职业球员会进行转会。网络分析在研究国家内部和国家之间的转会和贷款流动方面扮演着重要作用。考虑到每个赛季的转会量，我们可能有必要将世界足坛按照级别划分。国际足联（FIFA, Fédération Internationale de Football Association）位于最高级别，各大洲的足协位于下一级，然后是各国足协，最底层是把包括参与联赛和非联赛的俱乐部。如图9.1所示，这表明球员可以在同一联赛的俱乐部之间转会，也可以在同一或不同国家的不同联赛的俱乐部之间转会。有些人可能会觉得，基于球队价值的分级制度可能会更好，因为世界顶级俱乐部的球队经常这样做（Miller，2016: 8）。

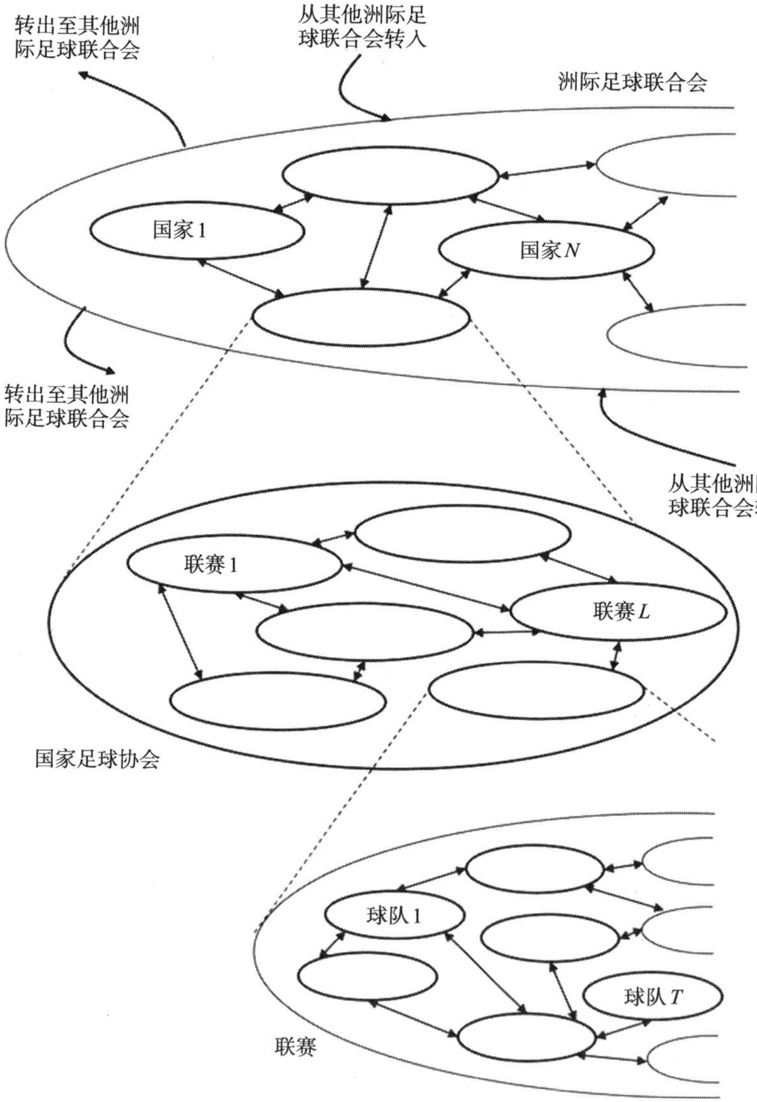

图9.1　足球联合会和协会层级网络

考虑到这里提出的代表各大洲国家和联赛中的球队的结构，我们可以从多个层面来考察转会。例如，图9.2显示了英冠内部球员的转会，且突出了卡迪夫城（Cardiff City）的转会情况；这是一个辐射网络或弦图的例子（Kirk, 2012: 148−149）。不同的线条宽度代表了从一家俱乐部转会至另一家俱乐部的球员数量；例如，2017年夏季两个俱乐部之间转会球员最多的是三名球员从布伦特福德转会到伯明翰市。另一种显示方式中线宽所代表的是球员价值或支付的转会费用，而不仅仅是球员的数量。通过对这些数据的交互分析，我们可以将重点放在特定位置角色的兴趣、转会收益以及转会行为。鉴于数据包括球员年龄和国籍，以图形形式查看数据时可以使用多种准则组合。

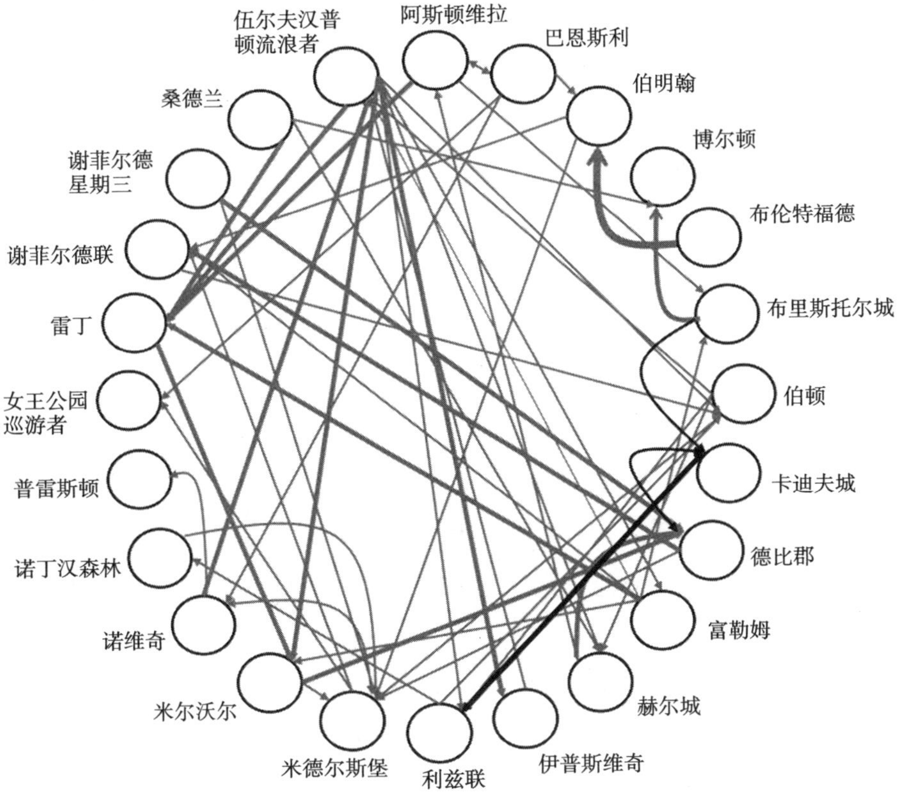

图9.2　英格兰足球冠军联赛转会

图9.3总结了英冠联赛与其他联赛和国家之间的转会情况。这些数据可以与英超联赛的相同数据进行比较，以对比转会球员的来源和转会球员的去向。另一个可以进行的对比是联赛中各个球队的转会情况与联赛的整体转会模式。图9.2和9.3也可以用来对比不同赛季的转会活动，并监测球员转会的趋势。相应的，可以将成功晋级英超联赛球队的转会情况与联赛中其他球队的转会情况进行比较，这可以区分升超球队、进入附加赛的球队和降级到英冠联赛的球队。

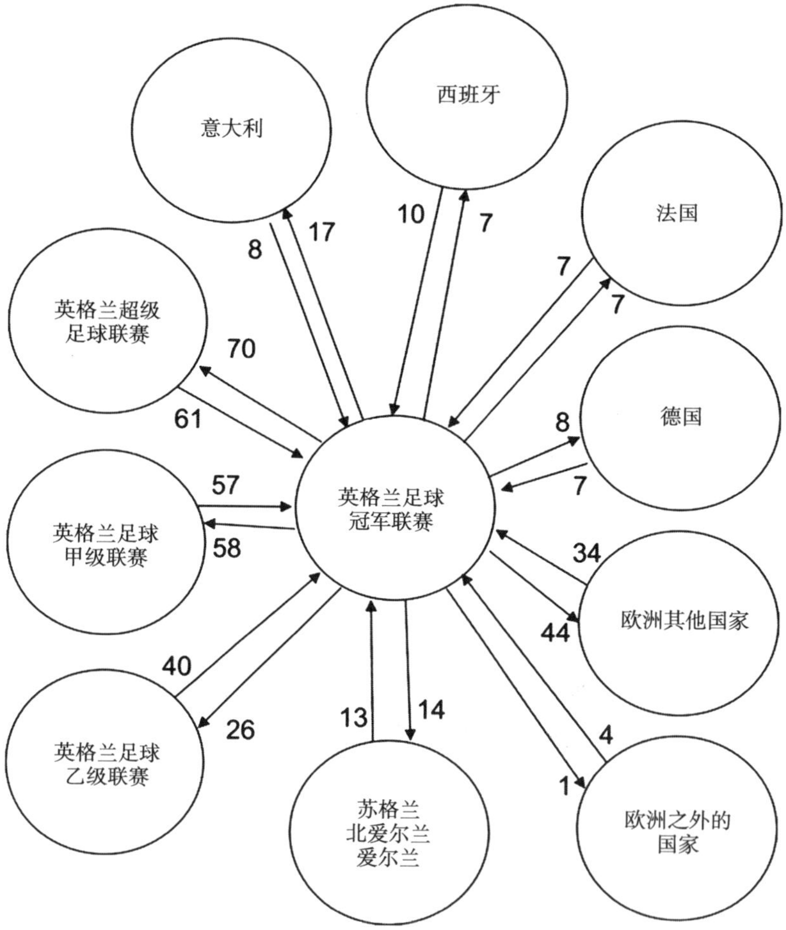

图9.3　英冠联赛与其他联赛和国家之间的转会情况

研究团队比赛中的传球模式

网络分析已被用于体育运动表现分析，特别是分析球员之间的传球模式（Clemente et al., 2014; Gama et al., 2014; Grund, 2012; Yamamoto and Yokoyama, 2011）。这在得分率低的运动项目中特别有用，如足球、冰球和曲棍球。在这些项目中，得分和创造得分机会本身并不能反映球员整体表现的质量（Passos, 2017）。当用网络分析来表示球队内部的传球时，图网络的节点表示球员，边表示球员之间的传球。传统的传球性能分析包括计算不同球员在球场不同区域传球的频率和成功率的百分比。网络分析的使用超越了传统的分析，因为在其中加入了接球球员，这样就可以分析成对球员之间的传球关系。

克莱门特等（Clemente et al., 2014）使用网络分析来确定2014年世界杯成功和失败球队的传球网络特征。研究发现，在比赛中获胜球队的传球网络更加密集，传球网络内的联系更多，聚集系数也更大。对2014年世界杯足球表现的进一步研究包括比较小组赛阶段被淘汰球队和进入淘汰赛阶段球队的传球模式（Clemente et al., 2015a），以及采用不同战术阵型球队之间的传球模式（Clemente et al., 2015b）。扩展的网络分析模型加入了额外的变量；例如，科塔等（Cotta et al., 2013）的研究增加了时间参数。

无挡板篮球（netball）传球模式

无挡板篮球是一项蓬勃发展的运动，但目前主要在英联邦国家发展。因此，有必要对无挡板篮球运动做一个简单的介绍。无挡板篮球每队上场7名球员，比赛场地为100英尺 × 50英尺，在场地的两端都有网。将球扔进对手的网中就可以得分，得分更多的球队将获得比赛胜利。每支球队的7名球员有特定的位置，并被限制在球场的特定区域内。

1. 守篮队员（goal keeper, GK）只能在后场区和对方投篮区。

2. 防篮队员（goal defence, GD）可以进入对方投篮区。

3. 后卫队员（wing defence, WD）可以在除了他们防守的投篮区的中场和后场区。

4. 中场队员（centre, C）可以进入投篮区和守篮区以外其他场区。

5. 边锋队员（wing attac, WA）在前场区和中场区，但不能进他们进攻的投篮区。

6. 攻篮队员（goal attack, GA）在前场区、中场区和投篮区。

7. 投篮队员（goal shooter, GS）在前场区和投篮区。

更进一步的限制是只能在投篮区内进行投篮，这意味着只有攻击手和射球手才可以投篮。无挡板篮球每场四节，每节15分钟。比赛开始从中圈开始发球，在进球后也是从中圈发球开始重新比赛。不论前一个进球是哪个队打进的，发球由两队的中锋轮流开始。球员不能带球跑动，没有神奇的迭戈·马拉多纳运球，因此无挡板篮球是一种真正的团队比赛，球员必须要传球。传球不能从前场区直接传给投篮区。这意味着后卫和射球手不能直接把球传给对方。

网络分析可以用来比较不同球队或同一球队在不同情况下的战术。图9.4和图9.5显示了两支国际无挡板篮球队A队和B队的传球模式（Butterworth and O’donoghue, 2016）。图9.4和图9.5的复杂性降低了，因为没有显示一对球员在给定方向上的传球次数少于2次的任何传球关系。图9.4显示A队严重依赖中场队员（C）将球传给投篮队员（GS）和攻篮队员（GA），后者是唯一被允许投篮的球员。中场队员也比其他任何人都更喜欢把球传给边锋队员，因为边锋队员也为攻篮队员和投篮队员提供传球路线。如果攻篮队员和投篮队员不进行投篮，中场队员也是他们最常选择的传球对象。图9.5显示B队的投篮队员很少传球给其他球员；他们的工作是接球、投篮和得分。B队的防守球员（守篮队员、防篮队员和后卫队员）的传球次数也低于A队。中场队员、边锋队员和攻篮队员的传球次数较多；特别是攻篮队员的利用率要远远高于A组中的攻篮队员。

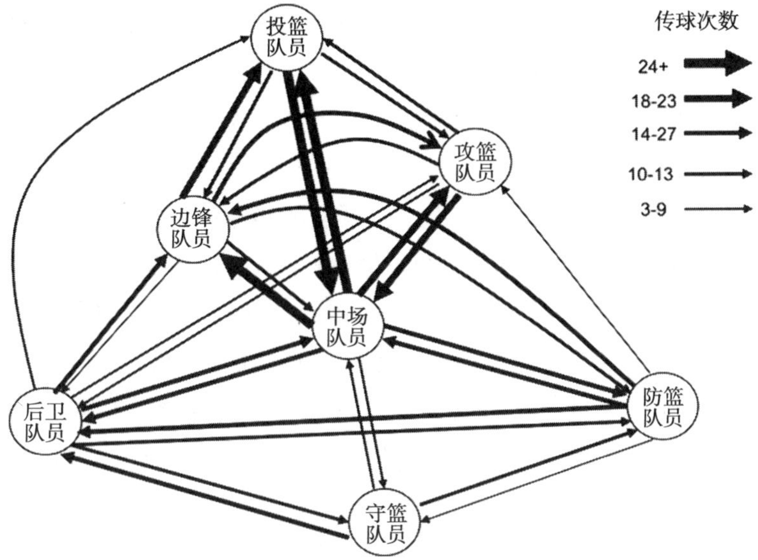

图9.4　A队两名球员的传球

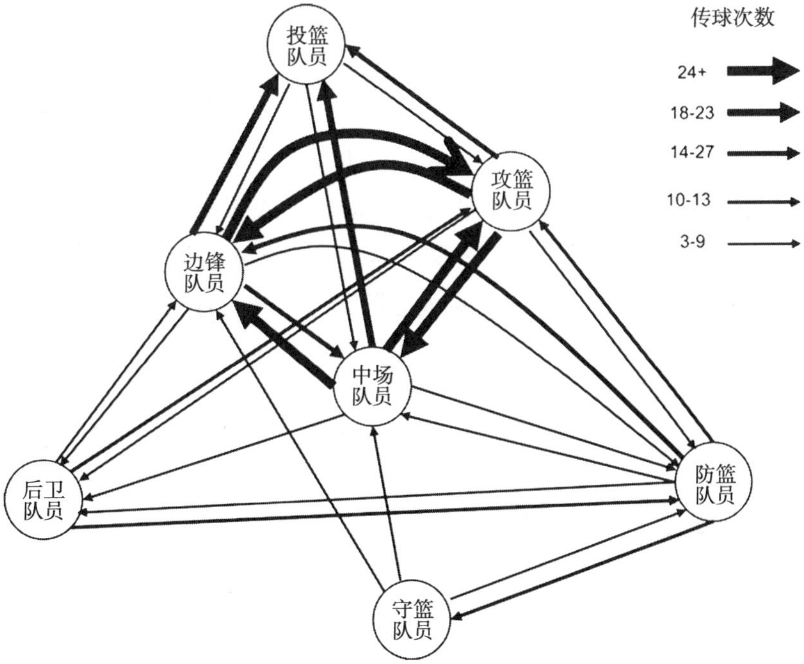

图9.5　B队两名球员的传球

图9.4和图9.5给我们提出了一些问题。第一个问题是，尽管我们隐藏了球员之间不到三次传球的情况，但这些图网络仍然相当复杂。图9.4和图9.5所示的复杂性可以通过软件的交互式分析来进一步管理，以关注特定的传球者或接球者。例如，我们可能希望把重点放在对攻篮队员和投篮队员的传球上。如果我们也记录了这些球员每次接球时的位置，我们就可以把他们在投篮区里接球的情况单独进行考虑，这种情况被称为喂球（feed）。第二个问题是，每次传球的原始数据只可能识别成功传递的接收者。如果我们需要图网络来显示特定球员之间的成功传递水平，那么对于接收者的不成功传球事件也需要记录在案。分析人员并不总是能够有效或可靠地做到这一点，这也是此类数据可能无法记录的原因之一。如果区分出了成功和不成功的传球，那么对图网络的边缘进行着色或注释以表示成功传球的百分比。第三个问题是，图9.4和图9.5没有包括有关传球的重要信息，如来球的位置、方向、距离和轨迹。交互式地应用过滤查询可以聚焦于球员和感兴趣的传球类型，或如赛季等其他条件。从整体比赛表现的网络图看不到球员在特定时刻的相互交流情况。因此，另一种方法是在比赛的不同时段显示不同的传球网络（Clemente et al., 2013; Yamamoto and Yokoyama, 2011）。第四个问题是关于图形的形状。在许多应用领域，可以通过调整图网络的拓扑结构来提高可读性。在像足球这样的团队比赛中，团队的队形可能会很好理解，因此重新组织图表以减少线条交叉，实际上可能会降低指定比赛中专业观众的对图表的清晰理解。

网络之间的推理比较

与足球和橄榄球比赛相比，参加无挡板篮球比赛的球员人数较少，卡方检验可以比较不同运动表现之间的传球频率。考虑表9.1所示的传球频率。当我们考虑一对球员之间的两个方向，并认识到在守篮队员和投篮队员之间的任何一个方向的传球都是不允许的，那么共有40对球员可以互相传球。就像我们在图9.5和图9.6中所看到的那样，一些球员之间的传递并不频繁。传球次数最多的8组球员组合见表9.1，频率较低的球员组合在“其他”下设置分组。A队在与B队、C队、D队比赛时表现的差异无统计学意义（χ^2_{16}=23.2，p=0.107）。虽然这不是一个在统计意义上显著的相对效应，但它值得我们去考虑如何解释p值。p值表示A队在与B队、C队、D队比赛时三种表现之间的差异由抽样误差引起的概率是0.107。因此，有相当高的可能性，差异归结为实际的相对效应（p=0.893）。

表9.1　A队与对手（B、C、D队）的触球和传球互动

变量（传球次数）	A队的表现			对手表现		
	对阵B队	对阵C队	对阵D队	B队	C队	D队
中场队员→攻篮队员	28	22	34	55	48	55
中场队员→投篮队员	37	31	28	18	30	30
边锋 队员→攻篮队员	19	13	19	46	43	27
中场队员→边锋队员	34	16	27	34	26	25
攻篮队员→中场队员	21	8	17	35	23	34
攻篮队员→边锋队员	13	8	13	43	25	31
边锋队员→投篮队员	24	28	21	23	18	19
投篮队员→中场队员	30	19	12	9	19	9
其他	286	266	231	192	272	239

A队的表现与这三个对手的主要不同是：

1. 在对阵B队时，投篮队员将球回传给中场队员的次数要多得多。

2. 中场队员在对阵B队时会更多地把球传给边锋队员、攻篮队员和投篮队员。

3. 在对阵B队（其他队）时，有更多不同的球员组合。

4. 边锋队员的传球次数超过攻篮队员对中场队员的传球次数的两倍。

5. 对阵C队时，攻篮队员很少传球给中场队员或边锋队员。

6. 对阵D队时，从中场队员传到攻篮队员是比较固定的传球模式。

现在让我们检查一下表9.1最右边的三列，这三列显示了B、C和D队的表现存在显著差异（χ^2_{16}=36.7，p=0.002）。这种分析可以为分析球队传球表现之间的差异或者相似性提供决策依据。B队、C队和D队传球的主要相似之处在于，中场队员到攻篮队员的传球是三支球队中最常见的。与B队和C队的边锋队员—攻篮队员相比，攻篮队员—中场队员是D队第二频繁的传球路线。C队的传球种类最多，比其他两支球队更多地被归类为“其他”。这也涉及攻篮队员和中场队员之间以及攻篮队员和边锋队员之间的传球频率低于其他两支球队的情况。当我们比较三支球队时，B队的传球类型种类最少，最常见的8种传球类型中有6种的传球频率最高。

传递数据中的时态模式

排球运动中的网络分析，研究的是区域和项目类型的时态模式，而不是单个运动员的参与情况（Hurst et al., 2016）。用于语法的网络图（Miller, 2016: 217–222）也包含语义。比赛中运动表现的网络分析有助于我们理解团队凝聚力、团队成员与团队结构之间的复杂关系。网络分析的另一种新颖应用是比较不同时代网球双打组合的成功率（Breznik, 2015）。我们使用了一个有向图去呈现不同组合之间的匹配结果，根据组合之间的比赛频率去改变边的粗细，根据每个组合获胜的比例去调整箭头方向。

图9.4、图9.5和表9.1没有显示的是多次传球的时间顺序。观察图9.4，我们可以看到中场队员向投篮队员传球超过24次，投篮队员向中场

队员传球超过24次。我们可以推测中场队员向投篮队员传球，投篮队员可能会立即将球传回给中场队员，这样可能会在喂球时找到更好的投篮位置。然而，我们无法从图9.4中确定这是否真的发生了。当接到中场队员的一些传球时，投篮队员可能不在投篮区内。当投篮队员接到其他球员（后卫队员、边锋队员和攻篮队员）的传球后，投篮队员可能将球传给中场队员，我们无法从图9.4中看出上面的情况。我们希望检查在进球或失球之前的两次或更多的传球序列。帕索斯（Passos, 2017）描述了"个体流动强度（individual flow intensity）"，代表一个球员所参与的导致进球或得分机会的比例。我们不妨研究一下丢球前的传球顺序。每次控球的传球次数与此相关，由指标"球移动率"表示（Passos, 2017）。我们使用的例子是从中圈发球开始的传球序列，这在无挡板篮球中很重要（Pulling et al., 2016）。考虑图9.5，中场队员从中圈传球，必须由中场的球员接球。在中圈传球开始之前，不允许有其他球员进去投篮区以内。由于打球区域的限制，只有4名球员可以获得中圈传球（后卫队员、防篮队员、边锋队员和攻篮队员）。一旦这四个球员中的一个接到中圈传球，他们就可以把球传给其他六个球员中的任何一个。如果下一个接球的球员在中场区，他们也可以把球传给其他六个球员中的任何一个。这意味着当传球从中圈传球开始时，将会有三个接球人的144（$4 \times 6 \times 6$）个不同序列。我们需要研究来确定在无挡板篮球中是否有特定的序列占主导地位。在缺乏这类知识的情况下，下面的例子比较了A队和B队之间从中圈传球开始的两轮传球序列。我们还需要描写中圈传球或下一传可能无法传给队友的情况。图9.6显示了观察到的传递序列。节点代表比赛中的状态，也就是谁持有球。边线不仅代表传球，还代表状态转换。例如，从中场队员到边锋队员的中圈传球将把比赛从中场队员等待传递中圈传球的状态转移到边锋队员已经收到球并准备进行下一次传球的状态。在每个节点中，实现进球的回合数量和场上所有回合总数需要被表达为分数。如，当中场队员传球给边锋队员时，A队在18次这样的传球中得分10次，而B队在26次这样的传球中得分18次。

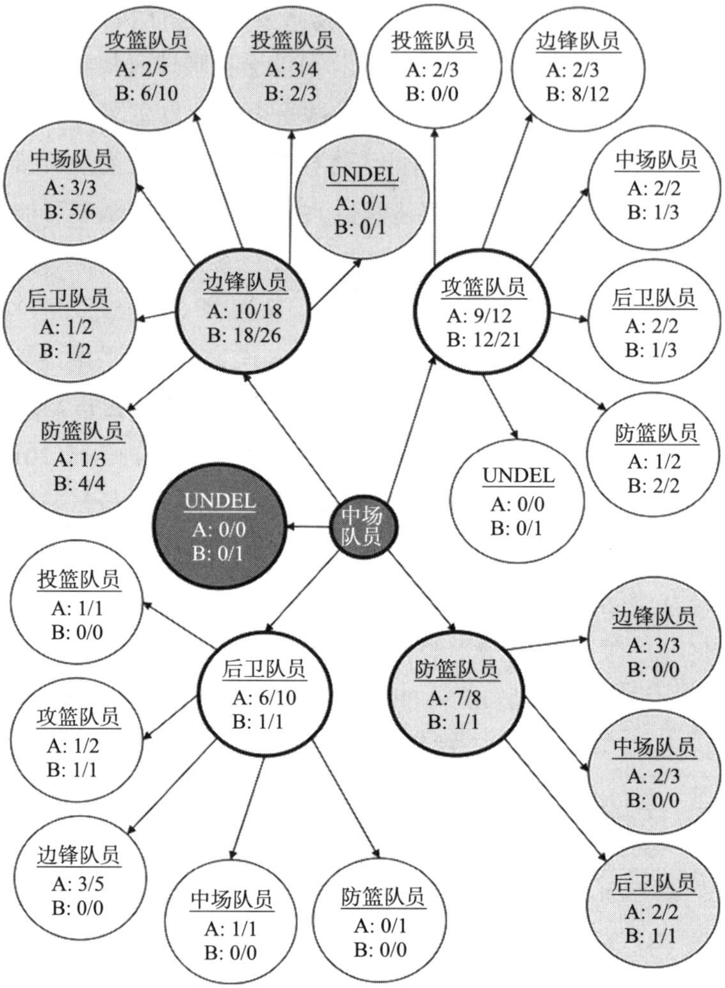

图9.6　两支国际队A和B的中场队员传球战术和效率（分数代表进球/总控球数；UNDEL表示中场球员传球未成功）

总的来说，每个队都有49次中圈传球，他们都从其中的32次中得分。然而，他们采用的传球模式和他们使用这些战术的相对成功率不同，如图9.6所示。A队准备把球从中场区重新回传给后卫队员和防篮队员，而B队只把球传给这两名球员各一次，A队应该考虑为什么他们不更多地向后传球；他们在18次中圈传球中有13次（72.2%）是向后传球，而在30次中圈传球中有19次（63.3%）是向前传球。A队的中圈传球战术种类繁多，没有一对传球的使用次数使用超过5次。B队的两对传球（中场队员传边锋队员到攻篮队员，中场队员传攻篮队员到边锋队员）占了他们49次中圈传球中的22次。通过66.7%的成功率（8/12）证明了这种战术安排对传球（中场队员到攻篮队员到边锋队员）是合理的，这比中圈传球到边锋队员然后再传给攻篮队员时60%（6/10）的成功率要高。

分析团队比赛传球序列的另一种方法是使用T模式（Borrie et al., 2002; Jonsson et al., 2010; Sarmento et al., 2013）。这包括对传球顺序的分析，以识别在运动表现中观察到的重复传球模式。这种方法很灵活，即使重复传球与其他事件交织在一起发生，也可以识别包含该比赛传球方式的顺序。

总结

网络分析被用来研究如组织和个人等网络成员之间的互动。该方法可以用于各种规模的网络，从非常大的网络（如社交媒体分析）到本地化的网络（如团队运动表现中的传球模式）。本章讨论了使用社交网络分析来调查职业足球运动员的转会，描述了反映体育比赛组织结构的层次结构如何管理网络复杂性。管理图网络复杂性的另一种方法是使用交互式软件，如Gephi和Social network Visualiser（SocNetV），可以灵活地为感兴趣的交互设置标准。

不同的线宽和颜色可以表明网络成员之间互动的数量和质量。除了图网络之外，还有中心性、密度、强度和聚类等网络指标，可以用来在网络之间进行比较。网络分析在运动表现分析中的主要应用是研究团队比赛中的传球模式。本章描述了如何使用推理统计来比较球队内部和球队之间的传球战术表现。网络图本身表示了一对球员相互传球。然而，传球的时间模式被这种表示所掩盖，需要通过对生成网络图的原始数据应用替代方法进行分析。

参考文献

Baber, C., Stanton, N.A., Atkinson, J., McMaster, R. and Houghton, R.J. (2013) 'Using social network analysis and agent-based modelling to explore information flow using common operational pictures for maritime search and rescue operations', *Ergonomics*, 56(6): 889–905.

Bader, B. and Schuster, T. (2015) 'Expatriate social networks in terrorism-endangered countries: An empirical analysis in Afghanistan, India, Pakistan, and Saudi Arabia', *Journal of International Management*, 21(1): 63–77.

Barth, S., Schraagen, J.M. and Schmettow, M. (2015) 'Network measures for char-acterising team adaptation processes', *Ergonomics*, 58(8): 1287–1302.

Borrie, A., Jonsson, G.K. and Magnusson, M.S. (2002) 'Temporal pattern analysis and its applicability in sport: An explanation and exemplar data', *Journal of Sports Sciences*, 20: 845–852.

Breznik, K. (2015) 'Revealing the best doubles teams and players in tennis history', *International Journal of Performance Analysis in Sport*, 15: 1213–1226.

Butterworth, A. and O'Donoghue, P.G. (2016) 'Network analysis of passes in international netball', *World Congress of Performance Analysis in Sport 11*, Alicante, November 2016.

Clemente, F.M., Couceiro, M.S., Martins, F.M.L. and Mendes, R.S. (2014) 'Using network metrics to investigate football team players' connections: A pilot study', *Motriz*, 20(3): 262–271.

Clemente, F.M., Couceiro, M.S., Martins, F.M.L., Mendes, R. and Figueiredo, A.J. (2013) 'Measuring collective behaviour in football teams: Inspecting the impact of each half of the match on ball possession', *International Journal of Performance Analysis in Sport*, 13(3): 678–689.

Clemente, F.M., Martins, F.M.L., Kalamaras, D., Wong, D.P., Mendes, R.S. (2015a) 'General network analysis of national soccer teams in FIFA World Cup 2014', *International Journal of Performance Analysis in Sport*, 15: 80–96.

Clemente, F.M., Martins, F.M.L., Wong, D.P., Kalamaras, D. and Mendes, R.S.

(2015b) 'Midfielder as the prominent participant in the building attack: A network analysis of national teams in FIFA World Cup 2014', *International Journal of Performance Analysis in Sport*, 15: 704–722.

Cotta, C., Mora, A.M., Merelo, J.J. and Merelo-Molina, C. (2013) 'A network analysis of the 2010 FIFA World Cup champion team play', *Journal of Systems Science and Complexity*, 26(1): 21–42.

Dreżewski, R., Sepielak, J. and Filipkowski, W. (2015) 'The application of social network analysis algorithms in a system supporting money laundering detection', *Information Sciences*, 295(20): 18–32.

Gama, J., Passos, P., Davids, K., Relvas, H., Ribeiro, J., Vaz, V. and Dias, G. (2014) 'Network analysis and intra-team activity in attacking phases of professional football', *International Journal of Performance Analysis in Sport*, 14: 692–708.

Grund, T.U. (2012) 'Network structure and team performance: The case of English Premier League soccer teams', *Social Networks*, 34(4): 682–690.

Houghton, R.J., Baber, C., McMaster, R., Stanton, N.A., Salmon, P., Stewart, R. and Walker, G. (2006) 'Command and control in emergency services operations: A social network analysis', *Ergonomics*, 49: 12–13.

Hurst, M., Loureiro, M., Valongo, B., Laporta, L., Nikolaidis, P.T. and Afonso, J. (2016) 'Systemic mapping of high-level women's volleyball using social network analysis: The case of serve (K0), side-out (KI), side-out transition (KII) and transition (KIII)', *International Journal of Performance Analysis in Sport*, 16: 696–710.

Jonsson, G.K., Anguera, M.T., Sánchez-Algarra, P., Olivera, C., Campanico, J., Castañer, M. and Chaverri, J. (2010) 'Application of T pattern detection and analysis in sports research', *Open Sports Sciences Journal*, 3: 95–104.

Kalamaras, D. (2014) 'Social Networks Visualizer (SocNetV): Social network analysis and visualization software', *Social Networks Visualizer*. http://socnetv.org/.

Kirk, A. (2012) *Data visualisation: A successful design process*, Birmingham, UK: Packt Publishing.

Luo, Q. and Zhong, D. (2015) 'Using social network analysis to explain communication characteristics of travel-related electronic word-of-mouth on social networking sites', *Tourism Management*, 46: 274–282.

Lusher, D., Robins, G. and Kremer, P. (2010) 'The application of social network analysis to team sports, *Measurement in Physical Education and Exercise Science*, 14: 211–224.

Miller, T.W. (2016) *Sport analytics and data science: Winning the game with methods and models*, Old Tappan, NJ: Pearson Education Ltd.

Passos, P. (2017) 'Team member interaction analysis', In P. Passos, A. Duarte and A. Volossovitch (eds.), *Performance analysis in team games* (pp. 74–109), London: Routledge.

Pulling, C., Eldridge, D. and Lomax, J. (2016) 'Centre passes in the UK Netball Super League', *International Journal of Performance Analysis in Sport*, 16: 389–400.

Sarmento, H., Barbosa, A., Anguera, M.T., Campaniço, J. and Leitão, J. (2013) 'Regular patterns of play in the counter-attacks of the FC Barcelona and Manchester United football teams', In D. Peters and P.G. O'Donoghue (eds.), *Performance analysis of sport IX* (pp. 57–64), London: Routledge.

Yamamoto, Y. and Yokoyama, K. (2011) 'Common and unique network dynamics in football games', *PLoS ONE*, 6(12), e29638.

第十章　知识发现和数据挖掘

简介

知识发现（KDD）和数据挖掘技术在本书前面的章节中提到过。本章区分了知识发现和数据挖掘，并描述了知识发现过程的各个阶段，以及它们是如何逐步将数据转化为知识的。本章提到了知识发现和数据挖掘广泛结合的多种学科。本章不提供数据挖掘中所使用具体分析技术的完整描述，这些分析技术在机器学习和可视化章节中有更详细的讨论。例如，在对网球比赛的数据进行分析时，可以更深入地讨论知识发现和数据挖掘技术应用到运动表现中的一些问题和挑战。

由于数据采集的效率和大量数据存储的能力不断提高，许多应用领域收集了海量的数据。在科学、商业和医学领域存储的数据为研究和决策提供了宝贵的信息资源。这需要利用知识发现和数据挖掘从数据资源中获得有价值的知识，而传统的数据库查询和事务处理系统无法完全做到这一点。

人工数据分析方法在计算机发明之前就已经存在并使用了几个世纪，如回归分析和贝叶斯定理。然而，数据分析过程（如因子分析）在过去可能需要数周的手工操作，而现在可以通过计算机上的统计分析高效完成。数据分析的进一步发展是使用数据库代替了使用单独的数据文件来存储和维护数据。从数据库检索到的数据仍然主要使用常规方法进行分析，这种分析在大多数应用领域仍然非常有用。然而，使用计算机和数据库这个事实本身并不意味着数据分析的过程应该被称为“数据挖掘”。我们需要将知识发现和数据挖掘与常规数据分析区分开来。过去25年，大多数公开的对数据挖掘的定义都与弗劳利等（Frawley et al., 1991）的描述一致：数据挖掘是一种意义重大的分析工具，它能够从指定领域的数据分析中提取出过去未知的潜在信息。

知识发现以数据挖掘为核心，是一个完整的知识发现过程。数据挖掘之前需要检索与任务相关的数据，进行数据清洗，为数据挖掘工具的处理做好准备。在数据挖掘之后，将提取出来的模型进行解释，最后通常使用可视化来呈现新知识。数据挖掘通常是由计算机通过分析工具筛选数据来发现模型而自动完成的。尽管一些模型可能是明显的、没有意义的或偶然的，但当更仔细地检查时，数据挖掘可以发现“宝藏”，如发现变量之间存在没有被明确认识或假设过的重要关系。我们将以网球运动表现数据为例来分析知识发现和传统数据库查询之间的差异。数据库查询通常是以目标为驱动，采用演绎的研究方法，使用详细信息来回答问题。而知识发现更多的是数据驱动，采用归纳的研究方法来发现新知识并生成假设。下面我们以一个包括锦标赛、阵容搭配、选手和排名细节的网球运动表现数据库为例，说明数据库查询的方式：

1. 列出赢得了比赛但得分比对手少的球员；列出输掉了比赛但得分比对手多的球员（辛普森悖论）；

2. 列出多次在红土比赛中进入过四分之一决赛但从未在草坪赛季中进入32强的球员。

另一方面，知识发现则试图回答以下问题：

3. 如果有的话，球员和运动表现什么样的特征可以将辛普森悖论比赛与其他比赛区别开来？

4. 如果有的话，与其他球员相比，那些多次在红土比赛中进入过四分之一决赛，但在草地比赛中从未在32强的选手中脱颖而出的球员都有那些特征？

这个领域的工作被称为知识工程，从事这类工作的人被称为知识工程师。与使用人类专业技术进行知识开发相比，知识发现更具优势，因为人类专业技术的知识开发过程是缓慢的、主观的而且成本较高（Fayyad, 1996）。知识发现是一种发现知识的替代方法，它使用了一系列包括统计、建模和机器学习技术的工具。当然，使用人类的专业技术也有很多好处，包括现有的知识、智力、常识和经验。知识发现方法生成的假设可以被领域专家考虑以进行进一步的探索和分析。

数据挖掘使用大量的低层次数据来产生紧凑、抽象和有用的信息模式（Fayyad, 1996）。数据挖掘的一般任务是分类、估计、预测和分析（Berry and Linoff, 2004）。知识发现和数据挖掘已经应用于许多特定的领域，例如临床医学、天文学、遥感数据分析、社会学、物理学和遗传学（Gullo, 2015）。数据挖掘在市场营销中被广泛引用的例子，是沃尔玛发现婴儿尿布和啤酒的销售之间存在联系（Saban, 2001）。这个认识使沃尔玛决定把啤酒放在商店里靠近婴儿尿布的地方，进而增加啤酒的销量。沃尔玛还使用数据挖掘技术来确定何时应该储存感冒和流感药物（Schumaker et al., 2010: 21）。此外，欺诈检测也是知识发现的应用领域之一（Schumaker et al., 2010: 21）。

知识发现和数据挖掘对体育行业变得越来越重要。体育企业的营销活动通过知识发现获得更大收益，包括门票销售监控、季票使用监控、追加销售（诱导现有客户升级产品或服务）、客户分析和定制服务（Chen and Lin, 2006）。知识发现的分析结论也可以用于打击体育博彩的欺诈（Schumaker et al., 2010: 59–61），不正常的投注模式表明可能存在欺诈（Audi and Thompson, 2007）。

知识发现和数据挖掘的应用领域

知识发现和数据挖掘结合了数据库技术、统计、可视化、数学和高性能算法(Frawley et al., 1991)。自从弗劳利等(Frawley et al., 1991)描述了数据挖掘以来,数据库技术得到了进一步的发展,现在利用数据仓库来管理数据。一些组织有多个数据源,甚至可能有多个数据库,数据仓库管理这些不同的数据资源,能起到简化检索的作用(Fried, 2017: 36)。数据库可以积累海量的数据,使数据越来越多地以非易失性的形式存储;也就是说,数据永远不会被删除或更改,它们只是被存储到数据库中。档案的历史版本可以保留完整的交易记录,但不能将客户资料用于交易,也不能更改用户资料的内容。数据库和数据仓库中可以存储各种不同类型的数据。数据库结合了原始的低层次数据值和数据库管理系统(DBMS)使用的元数据,以表示和管理数据结构。数据仓库主要包含元数据,允许它们管理给定的数据库集合。

通过对数据进行统计分析,确定群体或情景之间是否存在差异,或变量之间是否存在关联。不同的个体和群体可以通过方差分析、支持后特设程序支持事后比较程序、独立样本t检验、效应量测量和描述性统计数据(如均值和标准差)来比较数值变量。群体间的比较可以包括不同伤病史的运动员,不同水平的优秀运动员,或者来自不同市场部门的客户。群体间的比较也可以通过使用中位数、四分位数、范围和支持的非参数统计检验的顺序变量进行比较。独立卡方检验可以从名义变量的角度比较不同的组。对于同一组人群,我们可能有不同的数据样本。这些相关的样本可以是在不同时间或不同情况下采集得到的数据。当比较独立的人群时,可以使用相同的描述性统计。然而,推理过程是不同的,因为包括配对样本t检验和重复测量方差分析检验的检验方法是基于相关样本的。相关性和回归分析可以用来确定数值变量是否相关,卡方检验可以确定分类变量是否相关。预测模型在球员运动表现评估、伤病预测、选材和比赛策略评估中具有非常重要的作用(Haghighat et al., 2013)。运动表现的预测模型可以使用数据挖掘技术创建,并应用于当前的运动表现情况。对于待定的规定对手和环境因素,这能够达到预期的比赛结果。通过将实际的运动表现与预期的运动表现进行比较,可以更真实地评估实际的运动表现。

机器学习在第7章中有详细介绍。知识发现（Miller, 2016: 215）和其他分析过程中使用了机器学习，并以各种形式出现，包括变量和人工神经网络之间关系的非线性分析。机器学习技术可以使用监督学习。在监督学习中，以前包括相关结果指标的案例能够被检验，为感兴趣的变量构建预测模型。或者，无监督的学习技术可以应用于数据集，实现在不考虑以前案例中因变量的情况下识别集群。集群可能包含一些人，这些人的特征与存储在集群中的数据特征相似。这些集群可能是以前未知的市场部门或执行者集群，新创建的集群变量可以与任何其他分组变量一样使用，以发现与集群成员有关联的因素。

可视化使数据挖掘发现的新模式以有效的抽象方式呈现，而这种方式更容易让决策者理解（Zhu and Chen, 2005）。如果由于决策者无法理解这些新信息导致没有对其采取行动，那么仅仅通过数据挖掘来发现模式是不够的。数据挖掘的结果需要用更合理的方式呈现给特定的应用领域和受众。例如，在球探工具中可以使用特定的运动呈现方式（Schumaker et al., 2010: 56–58）。关于可视化的更多细节见第3章。

数学技术可用于数据挖掘之前的数据预处理、数据挖掘阶段或应用到对发现的模式进行后处理的阶段。例如，地理空间数据可以使用几何和三角学进行预处理，模式识别可以应用矩阵处理，图挖掘可以应用于社交网络分析。使用何种数学方法通常取决于应用知识发现方法的数据的性质，如工程数据和家谱数据可以使用多种不同的数学方法。

高性能算法在数据挖掘领域中非常重要（Frawley et al., 1991）。在一些知识发现应用中，更重要的是彻底挖掘数据并仔细解释出现的任何模式。虽然很耗时，但以这种方式产生的假设可能会给进一步的研究带来启发。在这种情况下使用高性能算法并不那么重要，因为决策者希望得到高质量的信息，而非为了节省时间降低生成数据的严谨性。相反，当决策者使用交互式可视化处理探索性模式时，高性能算法就显得很重要了。随着对数据的研究，实验分析可能会涉及改变参数设置和查询类型。参与这种分析的人员的时间可能会非常宝贵，同时把几个这样的人聚集在一起是很困难的。因此，当他们被要求讨论使用交互式可视化显示的信息时，系统需要非常高效，这样讨论才能够顺利进行。

网球比赛数据挖掘

本节使用对网球比赛的数据挖掘来说明知识发现过程的各个阶段。四大大满贯赛事的官方网站提供了大量的网球运动表现数据，可以利用这些数据来获得关于网球表现的知识。奥多诺休和霍姆斯（O’Donoghue and Holmes, 2015: 50–54）描述了“Slam Tracker”工具提供的点对点数据，也描述了从点记录中提取变量时文本预处理的必要性。通过对10场比赛的数据与从对应比赛视频独立观测得到的数据进行比较，证明了这些用于研究的数据是足够可靠的（Moss and O’Donoghue, 2015）。莫斯和奥多诺休（Moss and O’Donoghue, 2015）的动量研究就是一个很好的例子，发挥了数据挖掘方法的优势。莫斯和奥多诺休（Moss and O’Donoghue, 2015）从大满贯网球比赛的官方网站收集数据，并在将汇总数据加载到统计分析软件之前，将它们预处理成电子表格文件，然后使用统计分析软件包分析执行摘要数据。如果数据挖掘环境具有检索和处理相关网球比赛信息的适当基本结构，则可以保存多个由多个软件包处理的多个版本数据。数据库允许存储独立于个人研究目标的完整性能数据。图10.1中显示的数据模型不是一个完整的实体关系模型，而是在设计阶段早期使用的一个更抽象的模型。该数据库需要支持与分、局、盘、比赛模式相关的各种查询；赛事和球员个人的分析；球员聚类识别和更多有关一般网球比赛的简化方法。

图10.1中的方框是候选实体，方框间的连线表示所代表实体之间可能的关系。容器关系在这个例子中很常见，每一局比赛都会有得分产生，一盘比赛又分为多局比赛进行，整场比赛中有多盘比赛，而锦标赛又分为多场比赛进行。我们可以使用独立的关系来代表比赛中的胜负双方，或

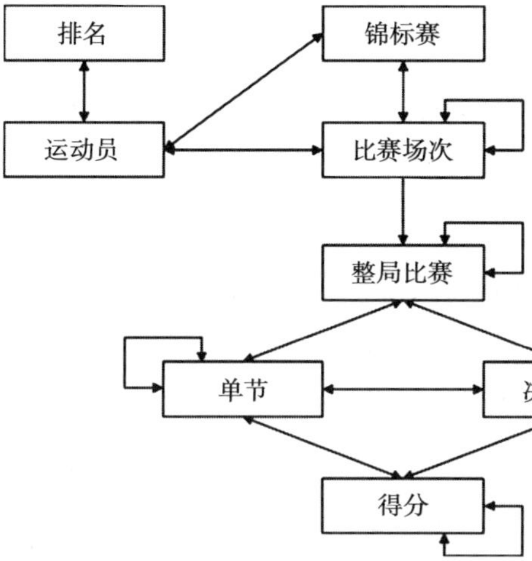

图 10.1　网球成绩数据模型

者我们可以使用一个简单的“参与”关系，将每场比赛与两名球员联系起来，并将每个球员与多场比赛联系起来。如果要表示双打比赛，我们可能需要额外的实体来表示所有双打比赛对阵双方之间的球员和比赛。同一类的实体实例之间可能存在时间关系。例如，我们可能希望显示连续的分、局、盘之间的关系。在抢七局和之前的比赛局之间也存在着时间关系。还有一种更有效的方法，是从数据库中检索任意给定比赛中的分、局或盘，然后根据这一分开始时的分数按时间进行排序。当我们感兴趣的是连续的两个、三个或更多的连续得分序列时，就可以避免得分各实例之间有大量复杂关系。

大部分数据将存储在得分实例中。得分的基本属性是：

1. 这一分开始时的分数（盘、局、具体分数）。
2. 发球球员。
3. 这一分是否还有二次发球。
4. 发球的速度。
5. 击球次数。
6. 得分的类型（直接发球得分，双误，网前得分，底线对拉）。

7. 赢得这一分的队员。

8. 这一分的结束形式。

关于得分可以包含的更多细节。事实上，我们可以直接记录每一次击球的数据，记录每一次击球时的击球点和球的落点位置，每一次抽球的类型，包括旋转和脚步。

常规局和抢七局都是由得分来判定输赢的，虽然每局的汇总信息可以被存储，但是我们不需要重复分析这些得分的细节。例如，我们可以在当局比赛开始时将得分存储在对应盘和局中，谁是发球球员，谁赢得了这一局（或抢七局），以及这一局（或抢七局）结束时的总分。同样，定局实例可以包括这局比赛开始时的比分、这局先发球的选手、谁赢了这一局以及这局比赛的比分。有多种比赛类型需要被区分。这可以通过在比赛中设置一个变量来实现，通过这个变量判定它是三盘还是五盘中最好的。再添加一个变量来说明最后一盘是否打抢七。除了传统的网球比赛，还有十局抢七、FAST4赛制。在既定锦标赛中某一场比赛的回合既可以是某场比赛和锦标赛之间关系的一部分，也可以作为某场比赛的一个数据。

比赛项目还分女子单打、男子单打、女子双打、男子双打和混合双打比赛。在写这一章的时候，约翰·麦肯罗（John McEnroe）推测塞雷娜·威廉姆斯（Serena Williams）会在男子巡回赛中排名第700名（Guardian, 2017）。也许塞雷娜·威廉姆斯和排名第700的男选手应该比一场！如果出现这种情况，数据库设计人员可能会认为这是一次性的比赛，不值得为其更新数据库模型。

比赛中要包括的重要信息是球场表面、比赛是在室内还是室外进行以及比赛的等级。我们需要仔细考虑运动员排名的展示方式。运动员排名会定期变化，某些查询和数据挖掘需要了解运动员在比赛时的排名情况。可能会有一些拥有排名的运动员没有参加过数据库中包含的任何比赛，但他们可能会参加在未来某个日期添加到数据库中的比赛。重要的是要尽可能完整地存储排名信息，使数据挖掘任务着眼于排名的趋势以及它们与比赛和比赛成功的关联。

知识发现过程的各个阶段

数据库和数据仓库的创建

图10.2显示了知识发现过程的主要阶段以及如何逐步从数据中获得知识。从技术上来讲，数据采集并不是知识发现过程的一个阶段，但从图10.2中可以看出，首先需要建立数据库（databases）、数据仓库（data

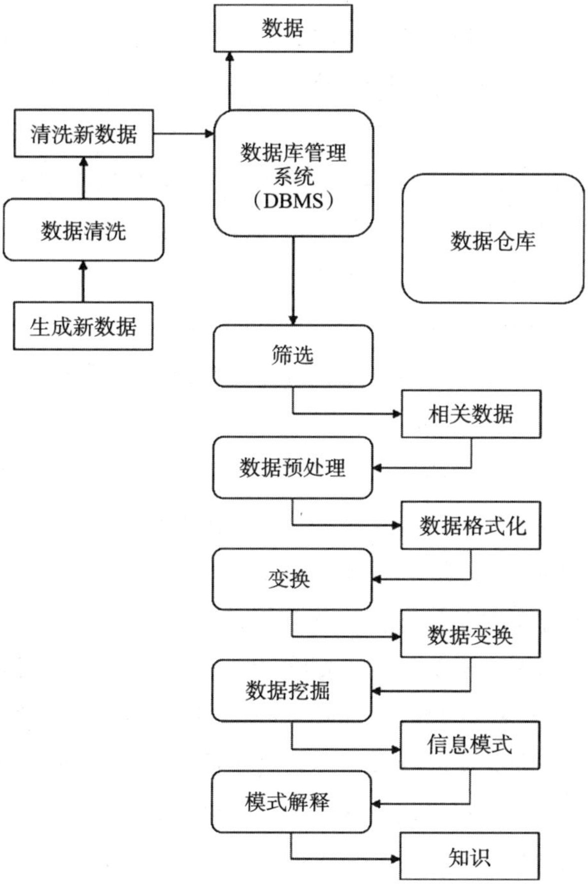

图10.2　知识发现过程各个阶段

warehousing)和知识发现环境,然后填充数据库并保持最新。建立一个知识发现/数据挖掘环境需要创建一个数据仓库。数据仓库可以使用现有的数据库或新创建的数据库。数据库设计需要了解应用领域的相关知识以及数据查询和数据挖掘任务的类型。数据库不仅用于数据的存储,还具有商业价值(Mathew, 2017: 56)。选择何种数据库管理系统(DBMS),取决于数据的性质、更新频率以及常用检索的查询类型。例如,数据库可以是关系型的(Codd, 1970)或面向对象的(Hughes, 1991)。

有关于数据模型的实体、属性和关系的决策,通常需要考虑时间和空间的权衡。例如,我们可以用关系(relationships)来表示一个网球运动员参加了某次赛事的一场比赛。运动员和他们所参加比赛之间的关系是冗余的,因为可以从参加给定赛事中比赛的运动员来确定这种关系。然而,如果我们不包含运动员和比赛之间的"参与"关系,那么针对要了解的参与比赛运动员的信息则需要两个步骤来确定这个数据库中的中间数据,而不是直接获得运动员信息。存储冗余数据的最大问题不是使用额外的存储空间,而是数据更新时可能存在不一致的风险。在网球数据分析的例子中不存在这样的问题,因为比赛和历史排名数据是非易变的。

可以将数据库设计为能更高效地处理知识发现进程中常见查询的类型。这可能涉及在新运动员、比赛、赛事和排名等数据添加到数据库时,存储和维护中间格式的数据。但是,数据库不能为每个可能的查询都存储对应的中间数据结构。因此,数据库结构趋向于尽可能的通用化,以便知识工程师理解它们并进行数据查询。

数据库设计不仅允许我们构建数据结构,还允许我们考虑数据的约束条件,以及如何运用这些约束来开发数据质量检查来确保数据的完整性和一致性,并且可以在向数据库添加新数据时应用这些检查。还有一些特定数据挖掘中的数据清理任务无法在数据采集时进行,相应的,它们需要在知识发现预处理阶段应用。数据采集流程存在于独立于知识发现流程运行的系统中。网球比赛数据被定期收集,并在主要网球赛事的网站上提供比赛统计数据;世界排名的数据由职业网球联合会(ATP)和国际女子职业网球协会(WTA)维护。由这些管理机构运营的数据仓库可以访问官方的赛事、比赛、球员和排名数据库。当独立研究机构在开发这样的知识发现环境时,他们需要有合法合规收集和存储官方网站提供的相关公开数据的方法。在官方锦标赛网站上呈现的数据需要以适合数据库输入的形式捕获,并且这些数据也需要进行检查以确保数据一致并满足数据库记录内和数据库记录之间所需的任何限制。

数据筛选

一旦有知识发现环境存在,知识发现活动就可以开始了。知识发现过程的第一个阶段是“数据筛选”。筛选阶段从知识工程师设定知识发现的目标开始。然后需要确定与知识发现目标相关的数据,这个过程受应用领域需要的知识和已经掌握的知识之间的差距限制,可以使用数据库查询从数据仓库中提取这些数据。数据挖掘阶段要包含的特征选择可以使用各种各样的方法来完成,如专家意见(Haghighat et al., 2013)。我们考虑一个知识发现任务的例子,探索网球运动员在局点(40–0,40–15,40–30和发球占先),挽救破发点(0–40,15–40,30–40和对方占先)以及其他比分时的行为特征。这类似于一个零假设:这些比分状况对我们将要考虑的任何变量都没有差异。然而,在知识发现方法中,我们并不限制确认或反驳这样的假设。比分和/或盘分可能会影响比赛的得分:有些球员可能会以相同的方式获得分数,而有些球员则会在特定的比分表现出相应的战术行为,运动员的运动表现也会受到比分的影响。运动员的排名、性别、国籍、是否参与双打、年龄、经验或其他一些因素会与比赛的比分结合在一起影响运动员的行为。此外,因变量可能会受到比分的影响。因此,包含在数据挖掘任务中的数据筛选并不是那么简单。

数据预处理

数据预处理通过去除“噪声”和填充丢失数据来完成数据的清洗(Gullo, 2015)。在预处理过程中,可以将选定的数据删除,使数据挖掘更加高效。例如，如果我们对发球局的局点、破发点和其他关键得分的差异感兴趣，我们就需要删除一些球员没有打出足够破发点的比赛数据。如果球员在一场比赛中只打出了4个破发点，而数据挖掘工具将探索对应破发点使用特定战术的百分比，那么数值将是0、25、50、75或100。这些由单次得分造成的总积分大幅变化，可能会对发现的知识产生不适当的影响，而我们通常不希望分析的结果受到个人表现的严重影响。在某些特定情况下可能会丢失一些变量，因此预处理还需要处理丢失的数据。例如，在大满贯网球比赛中，有关制胜分、非受迫性失误、网前得分和发球方向的变量只会在一些在如表演场的特定场地中进行的比赛中被记录下来。如果缺失的变量对于给定的知识发现任务是必需的，那么不包含这些变量的比赛记录应该被排除在外。另一种丢失数据的形式可能是比赛没有完成。我们可能会有一个完整的得分记录，而且不完整的比赛可能仍然比许多完成的比赛要长。在某些情况下，我们可以证明把比赛包括在内是合理的——例如，如果有足够的破发点，而比赛结果可能与知识发现任务无关。

数据转换

数据转换阶段将所选数据简化为适合数据挖掘工具的形式。在我们比较局点、破发点和其他关键得分的例子中，我们不需要任何抢七局中的比分。实际上，我们可能决定应用数据挖掘工具来分析整场比赛而不是单次得分。这涉及将单次得分数据转换成应用不同战术的得分类型的百分比。这避免了长时间的比赛对产生的知识产生不适当的影响。同样的，有些运动员可能比其他运动员参加更多的比赛，因此我们可能希望将单个运动员的多个表现汇总在一起。支持这种数据转换方式的论点是：它避免了一些打了更多比赛的球员对所发现的知识产生不适当的影响。有一种观点反对将球员的比赛记录汇总成一份个人记录，它认为进入比赛后期阶段的选手的表现更能代表这些比赛中得分球的真实水准。另一种反对将球员的比赛记录汇总在一起的观点认为，这人为地消除了球员在不同比分上所使用战术的易变性。

数据可以覆盖人口信息，使数据挖掘过程更有效。这通常是在市场研究知识发现任务中完成的。数据仓库可能为包含在知识发现任务中的不同特性使用单独的数据库，例如交易和客户人口统计数据。在本章网球的示例中，比赛数据和排名数据存储在不同的数据库中。这给我们的知识发现过程带来的问题是，尽管我们可以将球员的比赛汇总成一个记录，但我们需要使用他们的世界排名来代表运动员的素质。这在不同的比赛中有所不同，解决方案可以是应用世界排名的平均值或分了类的子范围来代表运动员素质。

数据挖掘

知识发现过程的核心数据挖掘任务应用的是转换后的数据。在这个阶段，数据挖掘工具从数据中提取用户感兴趣的知识。这些算法模式可能是由人工智能、机器学习或统计方法衍生出来的聚类、规则或关联，主要使用的人工智能工具是人工神经网络。使用之前的案例数据进行训练可以从数据模式中预测类别信息。在知识发现环境中，可以通过这种方式研究多个类别变量。当神经网络模型可以通过数据子集进行交叉验证时，训练后的神经网络可以用来预测缺失值。

决策树（Chen et al., 2004）是机器学习领域的分类技术，是一种在分类问题中使用的层次结构，允许在考虑不同变量时缩小潜在的类预测范围。决策树可以通过训练数据构建和细化。另外，数据挖掘中使用的其他分类方法有最近邻分析和支持向量机（SVM）。

统计方法允许使用描述性和推理程序对存储在数据库中的数据进行总结。这与机器学习和分类技术有重叠，因为一些统计程序根据数据值预测群组成员。支持这种分类的统计技术有聚类分析、逻辑回归和判别函数分析。回归分析也被应用于数据挖掘中来对更多连续变量进行建模（Schumaker et al., 2010: 18）。

异常检测寻找不经常出现的数据模式，这些数据模式与存储的大量数据的模式明显不同。例如，我们可能会发现不同的比分对运动表现的影响，以及与各种影响因素相关的运动员的聚类。当把发球局、接发球局和抢七局放在一起考虑时，我们可能会发现有的运动员有其独特的比分特点。规则通常以"如果X那么Y"的形式表示。关联规则链接数据项，还包括与这些链接有关的材料的支撑程度。例如，我们可能会发现一些球员在关键得分点（如破发点和局点）上只发球给对手的反手。在面对一发、二发、在平分时的发球和在占先时的发球时，发球技术的使用可能会有变化。

社交网络分析将人、团体和组织表示为图中的节点，图中的线表示人与人之间的沟通联系。检查通信的频率和性质，以确定个人被联系的可能性。在我们基于运动员的相对世界排名来研究运动员之间的比赛时，可能会发现有些运动员遇到特定对手后表现会不尽人意。社交网络分析在第9章中有更详细的介绍。

数据挖掘中还有协同过滤分析、购物篮分析和生存分析（Chen and Lin, 2006）、自动交互检测（Kotler, 2003: 54）、贝叶斯方法（Haghighat et al., 2013）、模糊系统（Haghighat et al., 2013）、基于规则的启发式算法（Schumaker et al., 2010: 19）和遗传算法（Schumaker et al., 2010: 19, 67）。

模式解释

专家对通过数据挖掘发现的模式进行解释，并在此过程中提取新知识。对挖掘出来的模式进行解释经常会用到可视化工具和其他后处理技术，以突出模式中可以被组织利用的特征。产生的新知识可以供决策者使用。关于比分效应的模式可以用来帮助运动员提高自己的表现或理解对手的倾向。当一名运动员在应对某些比分不如他人时，教练或运动心理学干预可能会起到作用，在比赛中帮助球员减少负面影响。数据挖掘还可以显示出某些对手有应对不同比分的具体战术。这些知识在准备与这些对手的比赛时很有用，比如可以帮助预测发球方向等。

总结

知识发现流程的难点是处理不同类型和来源的大量数据，它们从不同的应用程序系统中获取，数据流也可以并行地进入不同的系统。除了包含大量案例，数据库中还描绘了很多实体，这些实体需要用变量来表示，因此数据库中也会有很多多元变量。数据是动态变化的，可能有噪声、失真或丢失。海量变量的使用意味着会有许多变量组合，可以使用各种数据挖掘工具进行潜在的探索。事实上，在数据挖掘阶段，知识发现不仅可以探索变量的组合，还可以使用分析方法的组合。因此，不太可能有一个自动的知识发现系统来筛选方法和变量配对的所有可能组合。变量选择和模式解释阶段是必要的，因为这需要专业的知识。知识生成的时间框架对知识发现过程也是难点，它由知识发现任务的应用领域和目的决定。当数据被交互挖掘时，高性能的算法是必要的，这样才能确保模式被及时地呈现给决策者，所提供的模式需要以一种增强专家解释的方式呈现。在交互挖掘中尤其如此，因为决策可能是在更大的时间压力下进行的。因此，知识发现环境需要一种基础结构来允许多种技术通过计算机之间的接口有效沟通，这些计算机管理不同的数据库，而这些数据库控制着交互式数据挖掘工作。

数据挖掘的另一个难点是数据必须在法律和道德的范围内使用。数据提供者应了解这些数据将被如何使用。数据处理人员需要遵守数据保护法规，并防止违反此类法规的数据被过度和不必要使用。数据挖掘在许多领域也有社会影响，如在体育领域的人才培养案例中，知识发现过程产生的知识可能会被不恰当地用于比赛招募、赞助、选拔和取消选拔等方面的决策制定过程。由数据挖掘提供的知识包含了存在局限性的模式，就像其他科学一样，只是提供研究证据而不是提供最终结论。需要将数据挖掘过程提供的模式和解释这些模式所生成的知识与知识发现过程的内在限制一并考虑才会形成更合理的结论。

参考文献

Audi, T. and Thompson, A. (2007) 'Oddsmakers in Vegas play new sports role', The Wall Street Journal, A1.

Berry, M.J.A. and Linoff, G.S. (2004) Data mining techniques: For marketing, sales and customer relationship management, 2nd edn., Indianapolis, IN: Wiley Publishing, Inc.

Chen, S.-C., Shyu, M.-L., Chen, M. and Zhang, C. (2004) 'A decision tree-based multimodal data mining framework for soccer goal detection', IEEE International Conference on Multimedia and Expo, 2004, ICME'04 (Vol. 1, pp. 265–268).

Chen-Yueh Chen, C.-Y. and Lin, Y-H. (2006) 'Market research approach for sports data mining', The Sport Journal, 9(3): unpaginated.

Codd, E.F. (1970) 'A relational model for data of large shared data banks', Communications of the ACM, 13: 377–387.

Fayyad, U. (1996) Advances in knowledge discovery and data mining, Menlo Park, CA: AAAI Press.

Frawley, W.J., Piatetsky-Shapiro, G. and Matheus, C.J. (1991) 'Knowledge discovery in databases: An overview', In G. Piatetsky-Shapiro and W. Frawley (eds.), Knowledge discovery in databases, Cambridge, MA: AAAI/MIT Press.

Fried, G. (2017) 'The data ecosystem', In G. Fried and C. Mumcu (eds.), Sport analytics: A data-driven approach to sport business and management (pp. 33–46), London: Routledge.

Guardian (2017). https://www.theguardian.com/sport/video/2017/jun/27/john-mcenroeserena-williams-ranked-700th-mens-tour-tennis, accessed 11th July 2017.

Gullo, F. (2015) 'From patterns in data to knowledge discovery: What data mining can do', Proceedings of the 3rd International Conference Frontiers in Diagnostic Technologies, ICFDT3 2013 (pp. 18–22), Elsevier.

Haghighat, M., Rastegari, H. and Nourafza, N. (2013) 'A review of data mining techniques for result prediction in sports', ACSIJ Advances in Computer Science: An International Journal, 2(5): 7–12.

Hughes, J.G. (1991) Object-oriented databases, Hemel Hemstead, Hertfordshire, UK:

Prentice Hall International.

Kotler, P. (2003) Marketing management, 11th edn., Upper Saddle River, NJ: Pearson, Education Inc.

Mathew, R. (2017) 'Customer relationship management and fan engagement analytics', In C.K. Harrison and S. Bukstein (eds.), Sports business analytics: Using data to increase revenue and improve operational efficiency (pp. 53–68), London: Routledge.

Miller, T.W. (2016) Sports analytics and data science: Winning the game with methods and models, Old Tappan, NJ: Pearson.

Moss, B. and O'Donoghue, P.G. (2015) 'Momentum in US Open men's singles tennis', International Journal of Performance Analysis in Sport, 15(3): 884–896.

O'Donoghue, P.G. and Holmes, L.A. (2015) Data analysis in sport, London: Routledge.

Saban, K.A. (2001) 'The data mining process: At a critical crossroads in development', Journal of Database Marketing, 8(2): 157–167.

Schumaker, R., Solieman, O. and Chen, H. (2010) Sports data mining, New York, NY: Springer.

Zhu, B. and Chen, H. (2005) 'Information visualization', Annual Review of Information Science and Technology (ARIST), 39: 139–178.

第十一章　数据管理和基础结构

简介

随着技术的发展，产品呈现出将以前单独提供的功能和服务集成在一起的趋势。在早期的计算机时代，程序是在独立的环境中编写，并由大型计算机完成编译和执行。随着微型计算机的出现，集成化项目支持环境（IPSEs）集程序编辑、检查、调试、执行、帮助和版本控制支持于一体。近年来，集成开发环境（IDE）已经被用来代替集成化项目支持环境（Miller, 2016: 267）。

你只需要想想手机上的功能，就可以了解通信和多媒体技术是如何结合在一起为手机用户带来好处的。在手机和平板设备中集成的用于记录和传输数据的通用工具提供了硬件/固件平台，在许多应用领域中促进了特定集成系统的开发。用于设备间数据传输的常见视频编解码器和协议帮助应用程序开发人员搭建出在多个平台上运行的系统。例如，Sportscode（HUDL, Lincoln, NE）在无线网络上用可扩展标记语言（XML）在设备之间传输数据。这允许多个运营商使用iPad将各种数据输入到一个共同的时间轴中，该时间轴与录制在苹果Mac中央电脑上的视频相关联。这种级别的集成比早期的多媒体计算更加流畅和快捷。20世纪90年代中期开发的比赛分析视频集成系统(MAVIS)原型(O'Donoghue et al., 1996),用于开发该系统的计算机需要一个特殊的视频采集卡,这样比赛的视频就可以从录制视频的摄像机传输到计算机上。这是为满足特定应用需求而开发的通用多媒体集成的早期例子。事实上,用于开发 比赛分析视频集成系统的BorlandDelphi编程语言包含了一个基于多媒体应用开发的视频访问程序库。

本章在提供了整合多个数据流和分析功能的基本原理的同时,还讨论了在十项全能运动分析过程中出现的问题。接着,本章回顾了在运动表现分析系统和过程中不同数据类型的集成。最后,本章探讨了体育领域的高性能管理过程及其对多种数据类型的使用,分析了数据处理获得的信息应该如何与体育组织的战略目标充分结合。

数据管理基础结构的基本原理

让我们以第三章中讨论的面向十项全能运动的交互式可视化和决策制定为例。这些数据是由本书的一名作者奥多诺休(O'Donoghue)收集和分析的,他描述了由于缺乏基础结构遇到的一些问题。首先将数据输入到Microsoft Excel中,完成第三章描述的初始检查和数据清理过程。遇到的第一个要点是,根据不同的目的分析了五组数据:

1. 211场比赛,其中一些运动员的比赛不止一场。

2. 数据集中包含了100名十项全能运动员的每个人的最佳表现。

3. 同一比赛连续两场65对运动员的比赛成绩。表3.2显示了十个数据子集,分别说明了27至42名运动员在同一比赛中逐年提升自己比赛成绩的情况。

4. 范·德·普拉特森(Thomas Van der Plaetsen)的九场比赛表现的数据。

5. 参加各种田径锦标赛(金牌、银牌、铜牌、第5、第10、第15、第20)

的运动员在图3.3中所示的名次的数据。

第二个要点是：一些数据分析需要用到SPSS（SPSS, IBM, Armonk, NY），而不是Microsoft Excel（Microsoft, Redmond, WA）。Excel是一个很好的数据管理和数据预处理软件，但如果要进行多变量分析则需要应用SPSS软件。

第三个要点是：相同的数据集需要以两种不同的方式进行排列，这样它就可以用于生成箱线图（图3.2），并进行主成分分析（图3.4）和聚类分析（图3.5）。每场比赛需要用到10行数据作为分组变量来反映十项全能比赛成绩，这样才能绘制对应的箱线图。但是，这10个单项比赛成绩需要单独保存为一列，以便进行主成分分析和聚类分析。

第四个要点是：数据需要从Microsoft Excel导出至SPSS再导回至Microsoft Excel，以生成如图3.4所示的载荷图。数据被加载到SPSS中完成主成分分析并产生多个输出。其中一个输出是5个旋转主成分与10个十项全能比赛成绩之间的相关系数表，这个相关系数表生成了载荷图。这实际上形成了第六组数据，其中十项全能训练是一个分析单位，但我们感兴趣的是5个主成分与比赛成绩之间的相关系数。在SPSS中生成的数据被重新导入至Microsoft Excel中，以便将载荷图转换为散点图。如果上述过程是在SPSS中完成的，相关系数也需要从SPSS输出窗口的文件中提取，并重新放置在新的SPSS数据表中，来绘制SPSS图形。

该过程的目标设定阶段包括：运动成绩提高与初始成绩的相关性分析；相关关系的检验；根据运动员的能力建立适用于每个运动项目的方差模型；研究赛事组合形式以及如何通过项目改进来提高比赛成绩。而且，一般的对大量运动员进行分析得到的结果可与作为参考，实际分析中需要将对单个运动员分析的结果与之结合。体育数据管理的基础结构是进行任何体育运动分析的基础，但开发这个基础结构是困难的。如果你考虑一下自己擅长的运动和该运动所涉及的数据，无论从事的是板球、武术、团队运动还是其他，你应该意识到大多数运动都有特定于该项目的数据分析和呈现问题方法。因此，我们建议数据管理基础结构要专门针对特定的运动。希望这个十项全能的例子可以突出当没有数据管理基础结构来支持我们所期望进行的数据分析时的困难，开发这样的基础结构并不简单。

一个成功的体育组织能够将他们的数据用于许多目的，例如新泽西青年足球的案例研究（Mumcu, 2017），其中数据解析被应用于不同领域的调查，如足球流氓行为、球迷关系和球队行程。包含十项全能运动员和比赛表现信息的数据库是数据管理基础结构的核心。在法律和道德允许的范围，我们需要尽可能多地存储运动员及其运动表现的信息，以支持多种多样的分析形式。例如，第三章在研究各个运动项目改进的可行性时，没有考虑运动员的年龄。我们可能想知道某个特定年龄的运动员在参加大型锦标赛之前的两到三年时间里所能取得的进步，如果没有上述运动员年龄信息，这个研究就无法完成。另外，我们可以存储的关于十项全能运动员的另一组变量是他们在十项全能以外的田径比赛中的表现。十项全能项目与其他项目之间可能存在关联，十项全能运动员可以参加200米的比赛，虽然这个项目不包括在十项全能中，但可能与项目中的表现有关。

数据管理基础结构还需要快速有效地在数据库中添加和检索数据的功能。数据库查询语言需要能够提取不同的数据子集，而且最好使用灵活的交互界面来设置对应的标准。在十项全能示例中，我们希望访问前面列出的数据子集，并将它们存储为数据挖掘过程或更多应用目标设置活动中的中间数据结构。

一旦提取了所需的数据，就需要对数据进行结构化以支持对其进行分析。因此，数据管理基础结构需要数据分区、行列互换、数据排序等方法，而不需要在数据管理基础结构之外的软件中进行数据处理。

运动表现分析中数据流的整合

计算机体育分析系统

在运动表现分析中，随着技术的发展，对运动表现数据的整合程度也逐渐提高。在数字符号分析早期，用人工标记的形式分离比赛视频和其他定量信息，这些定量信息是通过使用顺序系统和计数图表记录的。行为事件的实时捕捉和分析系统（Capture and Analysis of Behavioural Events in Real-time, CABER）（Patrick and McKenna, 1986）是第一个将视频和定量比赛数据整合在一起的系统。当时的视频是用VHS录像带录制的，将一台计算机利用RS232接口与录像机连接，从而控制录像带的快进和倒带，显示感兴趣的视频序列。随着数据存储能力的提高，多媒体计算机允许视频数据存储在随机存储磁盘上，这使得视频序列的检索比使用串行存取磁带更有效率。比赛分析视频集成系统（Match Analysis Video Integrated System, MAVIS）是一种学术模型，它允许以灵活的方式显示符合教练输入标准的视频序列（O'Donoghue et al., 1996）。行为事件的实时捕捉和分析系统和比赛分析视频集成系统都需要输入赛事标准，这样数据库就可以检索到满足相关标准的比赛视频次数。如今，这种赛事数据库和比赛视频的融合是所有商业体育分析系统的基本功能，如Focus X2/X3（Elite sports analysis, Delgaty Bay, Scotland）、Dartfish（Dartfish, Fribourg, Switzerland）、Sportscode（HUDL, Lincoln, NE）和Nacsport（Nacsport, Gran Canaria, Spain）。这些商业产品较比赛分析视频集成系统方面取得了许多进步；最重要的是，它们是分析人员可以定义其体育赛事类型的通用系统，允许在视频分析期间将软件包用于任何可以被标记的体育赛事。在一个集中的系统内自动集成定量和非结构化形式的数据可以提高决策者使用信息的效率（Alamar, 2013: 41–43）。事实上，尽管目前教练在观察比赛时仍然依赖分析师来标记视频，但他们能够使用商业视频分析软件来核查比赛统计数据，确定需要关注的部分，预览相关视频序列，并制作出用于球队汇报的重点视频片段。在商业软件中进一步集成分析功能对比赛统计信息的核查有很大帮助。例如，Sportscode有一个输出窗口可以实时更新汇总统计数据，并使用颜色编码对输出进行解释。例如，交通灯颜色（绿色、黄色和红色）可以用来表示基于成功统计的运动表现质量（好、一般和差）。输出窗口可以无线传输到教练席的iPad或iPhone上，以支持实时决策。Nacsport提供自动总结数据的信息仪表板，并以直观的方式显示这些数据，帮助教练做出决策。

除了视频和结构化的比赛数据，一些软件包还允许将特殊位置输入到比赛场地的图像中。例如，Prozone公司（Prozone Sports Ltd, Leeds, UK）的MatchViewer系统允许记录足球项目中的位置。然后，可以为符合相应规则的比赛提供这些信息；例如，我们可能会对上半场比赛中某些球员的传球位置感兴趣。

指导支持环境

指导支持环境，如Team Performance Exchange（Team Performance Exchange, Best, Holland）和CoachLogic（www.coach-logic.com/, accessed 21/9/17），用于加强球员和教练之间的沟通。这些系统允许在有密码保护的互联网系统内上传和观看视频序列。视频可以通过视频分析软件进行标记，视频片段也可以通过手机应用程序观看。CoachLogic存储标记的视频，允许根据特定标准选择视频序列。讨论区允许教练和球员对补充和记录下来的重点比赛环节以及任务列表的使用进行评论。这是一种灵活的方法，允许以异步方式进行小组讨论，而不需要小组成员同时在讨论组中。这使得在训练课程中可以投入更多的时间在体能、技术和战术训练上，而很多关于比赛指导的讨论已经在讨论区完成。这是一种去中心化的方法，它整合了计算机化的比赛分析系统和基于网络的指导支持环境。有些人可能会认为这是一种集中的方法，因为来自计算机化比赛分析系统的数据流与指导支持环境中的其他指导数据集成在了一起。当视频分析软件和其基于web的支持环境是同一家厂商提供的时候，整合后的功能将更加强大和集中。例如，Dartfish软件可以与Dartfish TV一起使用，通过一个基于web的密码保护界面提供统计和相关的视频序列信息。这些集成的教练支持环境可以在整个赛季中使用，包括准备和比赛阶段。例如，尼巴里（Nibali, 2017）描述了新加坡体育学院为东南亚运动会准备的一个案例研究，其中一个视频生态系统集成了比赛表现视频的捕获、存储和分享。这使得运动员和教练可以使用“Dartfish”移动应用程序访问相关的视频序列。

运动表现分析和教练支持环境的整合还有待进一步发展。运动表现数据不再局限于由系统使用者观察和标记的比赛。运动表现分析现在使用自动收集的数据，如全球定位系统（GPS）数据、球和球员跟踪的数据，并有可能使用可穿戴设备进行生理监测（Miller, 2016: 170）、智能服装和光学跟踪设备（Nibali, 2017）来收集更多的数据。如前所述，目前可用的商业软件将比赛视频与更结构化的比赛信息数据库集成在一起。尽管如此，这两种类型的信息仍然是用定量统计来分别单独检验的，重点是对更复杂、更丰富的视频信息进行定性分析。进一步的整合可以是在视频序列中包含关键的定量结果，以强化显示特定序列的理由。视频和统计信息整合的另一个领域是多媒体配置文件的发展（Butterworth, 2018）。之前运动表现分析中的概况只包括以图形形式呈现的定量信息（James et al., 2005; O'Donoghue, 2005）。多媒体配置文件提供了有关运动员运动表现的定量信息，这些信息来源于显示多场比赛显示的典型运动表现。这使得好的或不太好的、一致的或不太一致的运动表现领域很容易被识别出来。多媒体配置文件的一个关键特性是能够显示与配置文件中每个指标的不同运动表现水平相关的视频序列的能力。多媒体配置文件还包括注释图像、音频信息、球场或球场地图和虚拟现实输出。虚拟现实可以交互使用，允许从某个球员的视角来观看比赛视频，而这样的视角无法从视频中获取（Wiemeyer and Mueller, 2015）。使用来自多次比赛的数据是一个发展趋势，因为比赛分析软件通常每次分析单独的一场比赛。比赛视频与定量匹配信息集成的未来发展方向是获取与视频内容相关的定量信息；从本质上讲，这与迄今为止使用这些数据的方式相反。在产品营销等其他应用领域，视频热点使观众能够获得视频中展示的产品的定量信息（http://www.videoclix.com, accessed17/9/17）。这种类型的方法有益于运动表现分析，通过对视频序列中显示的运动员或事件进行点击可以显示更多的细节。

综合体育解析系统

体育商业解析

到目前为止，本章已经讨论了在商业视频分析系统和指导支持环境中数据流和功能的集成。分析学将数据管理与分析、建模和可视化过程结合在一起，服务于更广泛的业务环境，这些业务环境中有更多的多样化的数据流和处理需求。主要体育商业分析教材（Alamar, 2013; Fried and Mumcu, 2017; Harrison and Bukstein, 2017: ix）讨论了在体育业务中整合数据流的好处。数据流的整合有助于简化业务流程，使体育组织团体具有竞争优势。体育组织坚持使用用于多个领域的数据；这些数据包括医疗报告、财务计划和比赛表现视频。通过提供“真相的一个版本”（Alamar, 2013: 7, 29），将一个体育组织的数据集中起来可以提高效率。一个集成的解析环境允许决策者在决策时以交互式和灵活的方式访问组织的任何数据。集成数据流在分离时比等效数据流的总和产生的作用更强大，因为集成促进了各种数据流之间的协同作用，而且决策者能在丰富的组织背景下考虑从组合数据流中获得的信息，从而提高决策质量。（Alamar, 2013: 38）。

在组织内部建立一个集成的解析方法是有挑战的。从习惯分离式的组织数据流分析环境转变为使用一个集成的分析环境，这个过程涉及很多变革，一些工作人员可能会感到威胁并抵制这种变革。因此，领导层对于促进集成解析环境的发展和应用至关重要（Alamar, 2013: 102）。开发集成解析环境的计划需要考虑组织员工在数据收集、分析和决策中的角色和责任。在营销应用中，集成解析环境需要为体育组织、供应商和客户提供多个数据视角（Miller, 2016: 80–81, 129）。解析系统还需要实施适当的安全机制，以防止未经授权访问数据和功能（Fried, 2017）。

高效的管理系统

高水平运动中的复杂数据需要精简到只剩与组织目标相关的关键指标。运动员或管理机构的目标可能是赢得比赛或提高成绩。高效的管理人员使用的分析系统不仅需要集成异构数据集，而且还需要与体育组织的战略计划和目标完全整合（如果管理人员使用的分析系统不是围绕这些目标设计的话）。将分析系统与组织目标相结合，可以确保存储和分析的数据以及产生的信息与组织目标有关，避免为了分析数据而分析数据。战略管理包括目标设定和监控与这些目标相关的指标。在集成分析环境中管理的数据流需要以反映数据业务功能的方式进行设计（Miller, 2016: 121）。一个组织的表现以非常抽象的形式表示，这里使用了核心性能指标和更详细的信息，这种表现形式有助于其与高效环境中的组织绩效保持一致。威尔特希尔（Wiltshire, 2013）讨论了高效管理者在规划、监控和评价时使用的各种数据类型。研究涉及的方面包括运动员生活方式、选材、技战术表现、体能、训练计划、心理评估（个人、团队和教练）、损伤监测、心脏检查、肌肉骨骼检查和反兴奋剂。米勒（Miller, 2016: 194）在数据类型中增加了球探报告和教练输入。

普适且无处不在的电脑计算提高了训练和比赛中可以记录的数据的数量和准确性。最近在运动表现分析领域应用的技术包括加速度计、应变计、力传感器和惯性传感器（Baca, 2015）。威尔特希尔（Wiltshire, 2013）指出了在高水平管理系统中使用跨学科多数据类型的几点优势：

1. 连贯一致地使用数据，避免了由于使用不同支持服务系统造成的数据管理方面的脱节。

2. 基于融合数据设定目标的能力。

3. 减少冗余。

4. 提升数据的安全性。

5. 根据不同数据集对组织目标的相对重要性，平衡使用它们。

6. 使用自动警报改进了对球员表现和受伤风险的监控。

在高水平管理系统中使用运动表现详细信息的原理与教练使用客观

运动成绩数据的原理类似(Franks and Miller, 1991):能够避免对运动员表现的评估中出现错误的、有偏的和不完整的情况。存储在高效管理系统中的数据需要合乎道德,并被公平和透明地使用。医疗数据的使用必须合法并符合医疗职业的道德标准。事实上,所有数据的存储和使用都需要遵守数据保护法。在人才的培育、表现评估和选拔方面,需要公平地使用这些表现数据。

在高效管理系统中使用的信息需要以一种增强理解、提高决策的准确性和速度的方式呈现。这需要一个有效的仪表板界面来提供一组简洁的最关键的信息,并具有视觉效果。因此,在集成体育分析环境的开发过程中,最常见的查询应该与仪表板界面相关联,该界面提供了所需信息的简洁而合理的完整视图。在界面设计中需要进一步考虑的是,需要为不同级别的用户提供数据视图,以支持他们查看的信息类型和所做的决策。

总结

随着计算机和通信技术的发展,各种技术的集成度也在不断提高。硬件功能的集成已经被软件系统所利用,这些软件系统已经从单个程序发展到在一致的环境中集成多个进程的系统。运动表现分析已经从手动标记分离比赛视频的记录系统发展到我们今天使用的将比赛视频与结构化事件数据集成在一起的计算机化视频分析系统。在运动表现分析中进一步集成了事件位置数据、心率数据和汇总分析仪表板,以及比赛项目数据和视频。教练支持环境整合了运动表现分析、反馈和论坛,加强了教练和运动员之间的交流。高水平管理系统将解析过程与体育组织的战略方向整合在一起。集成数据流的好处包括减少数据重复、简化分析流程和增强安全性。高水平管理人员在监控表现和做出决策时能够在上下文中使用多个数据资源。

参考文献

Alamar, B.C. (2013) Sports analytics: A guide for coaches, managers and other decision makers, New York, NY: Columbia University Press.

Baca (2015) 'Data acquisition and processing', In A. Baca (ed.), Computer science in sport: Research and practice (pp. 46–81), London: Routledge.

Butterworth, A. (2018) 'Multimedia performance profiling', Ph.D. Thesis, Cardiff, UK: Cardiff Metropolitan University, UK.

Franks, I.M. and Miller, G. (1991) 'Training coaches to observe and remember', Journal of Sports Sciences, 9: 285–297.

Fried, G. (2017) 'The data ecosystem', In G. Fried and C. Mumcu (eds.), Sport analytics: A data-driven approach to sport business and management (pp. 33–46), London: Routledge.

Fried, G. and Mumcu, C. (2017) Sport analytics: A data-driven approach to sport business and management, London: Routledge.

Harrison, C.K. and Bukstein, S. (2017) Sport business analytics: Using data to increase revenue and improve operational efficiency, Boca Raton, FL: CRC Press.

James, N., Mellalieu, S.D. and Jones, N.M.P. (2005) 'The development of position-specific performance indicators in professional rugby union', Journal of Sports Sciences, 23: 63–72.

Miller, T.W. (2016) Sports analytics and data science: Winning the game with methods and models, Old Tappan, NJ: Pearson Education Inc.

Mumcu, C. (2017) 'An introduction to analytics and data', In G. Fried and C. Mumcu (eds.), Sport analytics: A data-driven approach to sport business and management (pp. 17–32), London: Routledge.

Nibali, M. (2017) 'Analysing our way to better sport performance', In G. Fried and C. Mumcu (eds.), Sport analytics: A data-driven approach to sport business and management (pp. 49–75), London: Routledge.

O'Donoghue, P.G. (2005) 'Normative profiles of sports performance', International Journal of Performance Analysis of Sport, 5(1): 104–119.

O'Donoghue, P.G., Robinson, J. and Murphy, M.H. (1996) 'A database system to support immediate video feedback for coaching', Proceedings of the 14th Applied Informatics Conference (pp. 258–261), Innsbruck, Austria, February 1996.

Patrick, J.D. and McKenna, M.J. (1986) 'A generalised system for sports analysis', Australian Journal of Science and Medicine in Sport, September 1986:

19–23.

Wiemeyer, J. and Mueller, F. (2015) ‘Information and communication technology-enhanced learning and training’, In A. Baca (ed.), Computer science in sport: Research and practice (pp. 187–213), London: Routledge.

Wiltshire, H.D. (2013) ‘Sports performance analysis for high performance managers’, In T. McGarry, P.G. O’Donoghue and J. Sampaio (eds.), Routledge handbook of sports performance analysis (pp. 176–186), London: Routledge.

第十二章　体育分析在足球比赛中的应用

简介

在过去的20年里，由于现代运动表现分析软件的发展，团队项目中运动表现分析的使用率有了相当大的增长，也使得教练、俱乐部和组织更容易使用它们。数字视频和计算机技术的集成使得系统更易于使用，因此用户并不需要计算机科学或统计学学位也能使用运动表现分析系统（James, 2006）。获得授权和基于订阅的可自定义编码的运动表现分析软件，如Sportscode（http://www.hudl.com/elite/sportscode），Nacsport（http://www.nacsport.com/en/），Dartfish（http://www.dartfish.com）和LongoMatch开源项目（https://longomatch.com/en/open-source/）是高性价比或免费的平台，它们在教练员-运动员-体育科学关系中集成了运动表现分析（Drust, 2010; Lago, 2009），并已成为训练过程中不可或缺的一部分（Hughes and Franks, 2007）。

在此之前，团队比赛中技战术表现分析的传统方法仅仅是通过教练的观察。这些观察通常是定性的，因此可能不够客观和系统（例如战术的结构和整体性不容易观察到），还存在包含观察者的主观印象、分析过程慢、依赖教练的经验和专业知识等特点。相比之下，定量的比赛观察由于利用了收集数据的系统进行行为分类则会更加客观(Memmert et al., 2016)。从这些数据可以分析球员个人和球队的表现。

最近,随着有效和可靠的半自动计算机跟踪系统和全球定位系统(GPS)等技术的发展,基于事件数据的记录以及球员位置、速度、运动模式的监测(Bradley et al., 2007; Cummins et al., 2013; Valter et al., 2006),可以收集大量技战术和运动方面的表现数据。例如,在每秒25帧的情况下,使用x和y坐标对22名球员和球进行位置跟踪,整场比赛总共可以得到大约310万个位置(数据点)(Memmert et al., 2016)。运动表现分析公司如STATS(http://www.stats.com)、Opta(http://www.optasportspro.com)和ChyronHego(http://chyronhego.com)提供分析服务,在比赛期间和赛后代表俱乐部、联赛或管理机构对比赛进行编码和分析,而像Catapult(http://www.catapultsports.com/uk/)和STATsports(http://statsports.com)这样的采用全球定位系统(GPS)技术的公司则允许运动科学家监控运动员在训练和比赛期间的数据。

运动表现分析系统、服务和研究的实用性(尤其是在足球领域)意味着,只要有可能它会被集成到工作流程中,并且大多数职业足球俱乐部都聘请了运动表现分析人员和/或能够访问运动表现分析数据的工作人员。运动表现分析师通常负责赛前分析、现场反馈、赛后分析和反馈、球探分析和趋势数据分析(Wright et al., 2013)。然而,一篇批判性综述及其评论和一个系统综述(Carling et al., 2013; Mackenzie and Cushion, 2012; Sarmento et al., 2014)在表现分析中强调了研究和应用之间经常出现的脱节,这是由于缺乏背景(例如,对手的比赛风格、主场优势、当前得分线、裁判判罚)和特定情境信息(例如,动作发生的球场位置,传球或控球质量,球员决策质量和技术)的测量变量。这是因为研究范式经常采用一种实证主义的方法来确定这些变量(通常称为运动表现指标)和结果之间的因果关系。

相比之下,教练和比赛表现分析人员使用简单的技术和战术成绩指标频率计数,将比赛进行细分,以便对应用场景中的视频片段进行更具解释性（即定性）的分析，从而将其作为向球员反馈比赛过程的一部分（Wright et al., 2014）。例如，对46名优秀教练的调查显示，行为指标的选择受到其教练理念（91%）和“直觉”（43%）的影响，只有一些运动表现指标保持不变，而其他指标则在每场比赛中波动（Wright et al., 2012）。

本章首先回顾了以往足球比赛方面的历史研究，界定了战略、比赛风格和战术的概念，因此这些概念可以作为标准，开发出更灵敏和具有针对性的运动表现指标，估量比赛的各种表现。此外，本章还提供了一些用于衡量比赛风格和技战术的方法和例子，并以一个使用最近发布的STATS比赛风格的球队案例研究结尾。

足球表现指标

足球是一种具有侵略性的比赛，其主要目标是进球，而不是失球。此外，它还是一项射门比赛，要求参赛球队按规定将球直指目标，使球越过球门门柱间7.32米、横梁2.44米以下的球门线。因此，为了实现这个目标，进攻方协调行动并保持控球权，这样就可以直接侵入前方对手的空间（即得分区域），进而完成射门取得进球。而防守方则协调行动来减少被侵入空间，并试图夺回控球权。

表现指标是描述比赛表现的某些或所有方面的运动变量的选择或组合，并应与进球得分或比赛结果相关（Bartlett, 2002）。以前在足球比赛研究中，指标是根据表现质量（如每次控球的传球次数）和得分指标（例如得分）来分类的。表现指标，如进球、射门次数、传球或传球准确性等，都能用来评估团队和个人球员的表现。例如，研究人员试图找出与比赛获胜相关的关键表现指标，已有的赛事案例包括：世界杯（Franks, 2005; Liu et al., 2015; Ruiz-Ruiz et al., 2013; Scoulding et al., 2004）、欧洲杯（Yiannakos and Armatas, 2006）、欧洲冠军联赛（Almeida et al., 2014; Lago-Peñas et al., 2011）、英超（Adams et al., 2013; Bradley et al., 2013; Bush et al., 2015)、西甲(Castellano et al., 2013; Lago-Peñas and Dellal, 2010)和德甲(Hiller, 2014; Vogelbein et al., 2014; Yue et al., 2014)。足球的表现分析研究主要集中在通过关键表现指标对比赛结果进行预测这一领域,其中关键表现指标包括进球、射门、得分前的控球和传球模式等(Franks, 2005; Jones et al., 2004; Taylor et al., 2005)。

里普和本杰明(Reep and Benjamin, 1968)的一项开创性研究表明,大约80%的进球来自三次或更少的传球,且每10次射门就会有一个进球。此后,关于更多还是更少的传球次数能更有效进球的问题一直存在争议,文献报道的结果褒贬不一。最近的研究表明,更多的进球来自较少的传球次数;然而,一旦数据被归一化,却显示更多的传球次数更有效率(Franks, 2005; Tenga et al., 2010b)。除了传球次数,更长的控球时间通常与成功的团队配合有关;然而,国际球队和英超联赛球队在传球时间长短上存在差异(Carling et al., 2007; Jones et al., 2004; Tenga and Sigmundstad, 2011)。此外,据报道,更多的进球出现在比赛的下半场,中场和前锋得分比任何其他位置都要多(Acar et al., 2009; Barreira et al., 2013; Grant et al., 1998; Partridge et al., 1993; Taylor et al., 2005; Yiannakos and Armatas, 2006)。进球得分和与得分相关的变量很容易测量,一定程度上能够确定比赛表现的效率。然而,与其他侵略性游戏相比,足球比赛进球命中率较低;因此,需要考虑和分析更多的行为模式和事件数据。

射门是用来分析进攻表现的,包括射门时所在的球场位置、射门结果(即进球、射门在门框范围内、射门不在门框范围内、守门员扑救)和射门频率等表现指标(Bate, 1988; Collet, 2013; Corbellini et al., 2013; Chervenjakov, 1988; Ensum et al., 2005; Garganta et al., 1997; Hughes and Franks, 2005; Hughes et al., 1988; Lago-Ballesteros and Lago-Peñas, 2010; Lago-Peñas et al., 2011; Pollard et al., 2004)。研究发现,在离球门较近的位置以及在中间位置射门更有可能进球。由于攻入靠近球门中心位置的重要性,研究人员、分析人员和教练员将注意力集中在进入进攻三区和罚球区,以及可能影响进球机会的因素上。鲁兹等(Ruiz-Ruiz et al., 2013)

对2006年德国世界杯比赛中获胜、平局和输球的球队进行了分析，发现获胜的球队进入禁区的次数更多，进入禁区的数量与进球的可能性之间存在一定的相关性。类似的，滕加等（Tenga et al., 2010c）基于挪威联赛2004赛季平均每场比赛进3个球和280次控球的数据，报告了1%的得分概率；因此，他们研究了像得分机会这样更宽泛的测量指标与进入得分区之间的关系。得分区控球被定义为进入得分区时球队具有高度控制能力（即在指定的空间和时间进攻球队执行预期动作）。此外，他们还研究了控球类型和防守稳定性，并报告了在不平衡的防守下反击比严密的防守更有效（Tenga et al., 2010a, 2010b; Tenga et al., 2010c）。此外，在离对方球门更近的地方夺球增加了进球机会和得分机会，这可能是由于靠近球门和防守不平衡造成的（Garganta et al., 1997; Hughes and Churchill, 2005; Wright et al., 2011）。

值得注意的是，滕加等（Tenga et al., 2010c）针对公开比赛中的1 688次球队控球进行了分析，其中80次（4.7%）获得得分机会，167次（9.9%）获得占领罚球区，而剩余的1 441次（85.4%）有其他结果（即没有占领罚球区，或在防守区、中场或进攻三区中失去了控球权）。这是一个很大的比例，它将有助于更好地定义、描述和理解在这些控球回合或比赛阶段发生了什么。先前的研究人员关注的是比赛中的控球率及其与成功表现的关系（Bell-Walker et al., 2006; Breen et al., 2006; Duarte et al., 2013; Hughes and Franks, 2005; Jones et al., 2004; Lago-Ballesteros and Lago-Peñas, 2010; Lago-Peñas et al., 2011; Oberstone, 2009; Williams, 2003），球队保持控球的球场区域（Ridgewell, 2011; Tenga and Sigmunstad, 2011），并将控球保持在对手球门附近作为进攻成功的标志（Bartlett et al., 2012）。相反，拥有比对手更多的控球权并不总是能带来得分机会和进球（Bate, 1988; Wright et al., 2011）。此外，与其他表现指标一样，控球权也受到环境因素的影响，如比赛地点（即主场或客场），比赛状态（即胜、平或输）和对手的水平（Lago-Peñas, 2009; Lago-Peñas and Dellal, 2010; Lago-Penas and Lago-Ballesteros, 2011; Taylor et al., 2008），一旦这些因素被考虑在内，控球率就成了一个比较糟糕的预测指标（Collet, 2013）。

由于对表现指标处理方式多样，以及语境和背景变量难以包括在内，试图通过表现指标对比赛成绩进行预测将产生让人迷惑的结果。在研究过程中：（1）研究人员依赖线性因果关系的经典方法进行研究，据此关于模型结果的解释或成功的假设前提都是基于原始的因果关系进行的；（2）研究人员局限于使用基于可用的表现分析指标，而不是尝试使用对比赛表现进行有着更深层次理解的指标；（3）研究人员对预测模型所需的大型数据集的可用性感到困惑，其中预测变量的数量与观察/比赛的数量呈指数关系；（4）研究人员发现一旦数据集在多个赛季有重叠，那么信息将有可能开始失去相关性（Carling et al., 2013; Mackenzie and Cushion, 2012）。因此，分析师们采用了一种简化的方法，就是用比赛表现指标将视频分割成比赛中的关键时刻，以便向教练和球员提供反馈。技术及其设备的发展导致更多的数据产生；然而，为了将研究人员和实践者（即分析师和教练）联系起来，我们需要提高我们对战略、战术、比赛风格和比赛中攻防转换的理解，以制定更具体、更灵敏地研究指标和度量方法。

足球策略、比赛风格和战术

像足球这样的团体项目需要两个对立球队的球员直接对抗以实现进球的目标；因此，球员和球队的行动会受到对手干扰、队友配合以及特定条件下的球员技术的影响，拥有巨大的自由度和可变性（Garganta, 2009）。格雷艾尼等（Gréhaigne et al., 1995, 1997）认为，比赛所处的时空、掌握的信息和组织方式为侵略性团体项目的三大挑战，侵略性团体比赛项目中可以通过适当的战略和战术进行争夺。因此，比赛的战术表现取决于比赛过程中个人或团队在空间和时间上的行动质量（Memmert et al., 2016）。此外，战术模型可以为教练、球员、分析人员和研究人员在进攻和防守过程中识别常规或随机的比赛特征，提供球员和团队效能的信息，并为训练提供基准。

战略和战术是影响比赛结果的重要因素，是足球比赛中成功表现的基础（Carling et al., 2007; Yiannakos and Armatas, 2006）。战略被定义为在比赛前决定的计划、比赛原则或行动指南，并告知球员和球队在比赛期间将如何配合（Hewitt, 2016）。例如，进攻策略可能包括将球员移动到场地内可以接球或得分的位置，在球门方向上使队友和防守球员靠近以利用空间，或者增加球队占有区域的宽度和深度，在关键区域创造空间和/或球员数量优势（即不平衡防守）。相比之下，防守策略可能涉及通过限制传球选择和传球时间，以及/或增加防守区域的球员密度和结构（即防守形状），立即延迟对方的进攻。

此外，战略被定义为球队实现进攻和防守目标的一般行为，会受到比赛风格的影响。比赛风格通常基于教练的理念。以前的文献和足球界已经定义了进攻和防守的比赛风格。进攻型的打法包括直接进攻、控球或周密布局、反击、全攻和传中，而防守型的打法包括高位压迫和低位压迫（Bangsbo and Peitersen, 2000; Garganta et al., 1997; Pollard et al., 1988; Wright et al., 2011）。球队的战略和具体的比赛风格决定了附属组织（如防守四后卫）的特征、每个球员位置的角色和责任，战术可以由教练组商议形成一致意见后提供。

战术，或战术决策，被定义为特定的攻击和防御的自发行动，作为一种应对当下或未来预期状况的执行策略，战术执行的过程受对手行为的影响。此外，战术可能会基于球队和球员的状态、球员发生伤病/换人、对手的水平、当前的比赛状态（如胜、平或输）和/或比赛地点（如主场或客场）等因素而改变。战术决定了团队计划如何管理空间和时间，以及个人（即有球或无球状态下，一对一的进攻和防守）和团队（即后场、中场、前场的合作以实现目标）的行动（Fradua et al., 2013; Garganta, 2009）。在比赛过程中，战术的改变往往是为了获得优势，这是受到背景和环境因素及两队之间和球队内部相互作用的影响（Rein and Memmert, 2016）。赛前战略和战术的制订是很重要的，因此，球队、附属组织以及个体球员在赛前以及比赛中会被及时告知战术决策。

此外，在比赛中两支球队的比赛状态将互相影响。动力系统理论被用来描述两队之间的相互作用，以及扰动如何改变进攻和防守的节奏（Gréhaigne et al., 1997; McGarry et al., 2002）。例如，进攻阶段的比赛可能会影响对手在防守阶段使用的战术，这取决于在控球转换过程中每队球员在场上的位置。然而，为了描述在这些阶段中所使用的比赛风格和战术，我们需要一个划分比赛的框架。休伊特（Hewitt, 2016）指出，比赛可以分为以下几个阶段：确定进攻、从进攻过渡到防守、确定防守、从防守过渡到进攻和定位球战术（图 12.1）。对其进一步简化可将比赛分为三个阶段：（1）确定进攻和防御战略执行阶段；（2）战术过渡阶段；（3）固定战术阶段。教练、球员和分析师都很熟悉这三个阶段的术语，他们用这些术语来描述足球中的战略、风格和战术。在研究人员和从业人员之间建立一种共同的语言是至关重要的，这样我们就可以提出更合适的问题来了解队员表现，更好地确定指标来测量表现的各个方面。

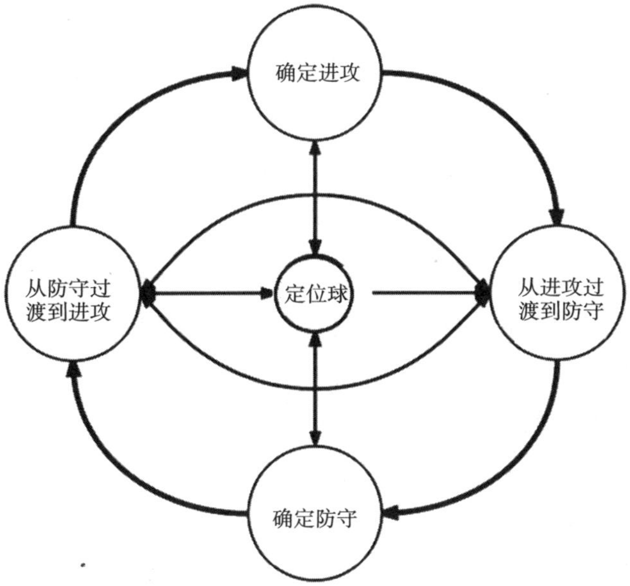

图 12.1　比赛时刻（Hewitt, 2016）

衡量比赛风格和战术

对比赛风格和战术的分析通常使用标记法来对事件或行动进行分类，并产生频率计数和平均统计数据（Bartlett, 2002）。之前的研究针对像传球变量和控球这样的攻击表现指标（Collet, 2013; Franks, 2005; Lago-Peñas and Dellal, 2010; Liu et al., 2015）和像夺球位置和夺球时间这样的防守表现指标（Bell-Walker et al., 2006; Vogelbein et al., 2014）通常是孤立进行研究，并使用它们来推断进攻和防守的比赛风格和战术。例如，直接进攻战术包括四次或更少的短传配合，反击包括一次长传或者通过最多两次传球迅速将球传递过中场，而控球打法则需要大量的连续传球，包括精心策划的5次或更多的短传，这些短传在中场进行得比较慢（Olsen and Larsen, 1997; Franks, 2005; Tenga et al., 2010b）。此外，其他风格如反击、全攻全守、传中、高位压迫和低位压迫在文献中虽有描述，但是它们的定义往往不明确，很少能提供有关表现指标的信息。最近，研究人员使用多个表现指标来创建行为指数，采用多元统计方法和时空分析来确定比赛风格和战术。

坎普（Kempe et al., 2014）开发了比赛控制指数（IGC）和进攻行为指数（IOB），这些指数结合了进攻行动的多个变量来评估战术行为，而不仅仅是依赖如控球率和传球次数这样的一个或两个变量来评估。比赛控制指数是通过使用几个传球和传球成功参数（每次传球的动作、传球方向、目标球员的传球、传球成功率和前进方向传球成功率）来计算的，以提供相关比赛控制权的信息，特别是连续进攻行为执行的精确程度。通过将比赛控制指数与测量进攻动作持续时间和距离以及整体比赛速度（即每次进攻的平均传球次数、比赛速度、平均进攻时间、得球、每次攻击的距离和相对控球率）联合计算进攻行为指数，可以实现对一支球队的打法进行评估并区分直接打法和控球打法。进攻行为指数区分了直接攻击和控球两种打法，并展示出不同球队使用进攻战术方法的细微区别。例如，德国（7.35）和西班牙（16.13）的进攻行为指数表明他们在不同程度上使用控球风格，而洪都拉斯（−8.45）和意大利（2.19）使用直接攻击的策略。

此外,最成功的球队(即2009—2010年和2010—2011年德甲四强和2010年世界杯四分之一决赛的球队)更倾向于控球风格,并有更高的比赛控制指数得分。这主要是源于更多的控球次数、准确的传球以及提升的比赛速度。此外,这些指标在区分战术行为方面是敏感的,因此可以综合起来评估整个比赛的表现。

表 12.1　2006—2007 年赛季球队风格

球　队	进攻风格								防守风格			
	1	2	3	4	5	6	7	8	1	2	3	4
1. 马德里竞技		•	•			•	•			•		•
2. 巴塞罗那		••		••		••	•			•		•
3. 皇家贝蒂斯	•			•	••••		••		•		•	
4. 毕尔巴鄂	•			••		••		••	•			••
5. 塞尔塔		•		•	•		•			••	•	
6. 拉科鲁尼亚	•			•	•			•	•			•
7. 西班牙人	•			•••		•		••		••		••
8. 马洛卡	•			••	•		•		••			•
9. 奥萨苏纳		•			•			•	•			••••
10. 皇家马德里		•		•		•	••			•	•	
11. 皇家社会		•	•			•		•	••			••
12. 塞尔维亚	•			•		•		•	•		•	
13. 瓦伦西亚		•		•	•		•		•			••
14. 萨拉戈萨		•		•••	•		•		•		••	
15. 阿森纳		••	•			•	•			•	•	
16. 阿斯顿维拉	•		•			•		•		•••	••	
17. 博尔顿	••		•			•	•			••		••
18. 切尔西		•	••			•	•		•		•	
19. 埃弗顿	••			•		•	•			••	••	
20. 利物浦		•	•••			•	•		•		•	

（续表）

球　队	进攻风格								防守风格			
	1	2	3	4	5	6	7	8	1	2	3	4
21. 曼城	●●		●●			●	●		●		●●	
22. 曼联		●	●			●		●	●		●	
23. 朴次茅斯	●			●		●	●			●	●	
24. 托特纳姆		●		●	●			●●●		●	●	
25. 西汉姆		●	●●		●			●		●●		●
26. 维冈	●●		●		●●		●●			●●		●

备注：点的数量表示球队对比赛风格的利用程度，点数越多表示利用率越高。
●表示分值在0到 ±1之间，●●表示分值在 ±1到 ±2之间，●●●表示分值在 ±2到 ±3之间，●●●●表示分值在 ±3到 ±4之间。

表 12.2　2010—2011 年赛季球队风格

球　队	进攻风格								防守风格			
	1	2	3	4	5	6	7	8	1	2	3	4
27. 马德里竞技	●			●	●			●		●		●
28. 巴塞罗那		●●●●	●		●●			●		●●		●●
29. 毕尔巴鄂	●		●●			●		●		●		●
30. 赫塔菲		●		●	●			●	●●		●●	
31. 莱万特	●			●	●●●			●●●	●		●●	
32. 奥萨苏纳	●●		●●			●		●	●			●
33. 皇家马德里		●	●			●●	●●		●		●	
34. 皇家社会	●		●●		●		●		●			●●
35. 瓦伦西亚		●	●●		●			●●	●●		●	
36. 比利亚雷尔		●●	●		●		●		●		●	
37. 萨拉戈萨	●			●		●●●	●		●●		●	

备注：点的数量表示球队对比赛风格的利用程度，点数越多表示利用率越高。
●表示分值在0到 ±1之间，●●表示分值在 ±1到 ±2之间，●●●表示分值在 ±2到 ±3之间，●●●●表示分值在 ±3到 ±4之间。

费尔南德斯-纳瓦罗等(Fernandez-Navarro et al., 2016)利用主成分分析(PCA)对19个表现指标进行探索性因素分析,进而定义不同的比赛风格,并识别相关的表现指标。因子分析是一种识别变量类型的统计方法,可以使大量数据降维为若干因子。此外,对于每个因子,找出因子载荷最大的表现指标(因子载荷即表现指标与因子之间的相关系数)。提取的6个因子的方差总量占了累计方差的88%,并定义了12种比赛风格,分为8种进攻风格(即直传与控球、传中与无传中、宽控与窄控球、快攻与慢攻)和4种防守风格(即边路和中路压迫、低位与高位压迫)。利用这些因子,可以确定一个特定的球队依赖于一种或几种风格的组合并形成一个比赛风格概况(表12.1)。例如,在2006—2007年赛季,埃弗顿使用的是直接传球,无传中,窄控球,快攻,低空、中路压迫的打法,而巴萨有控球,无传中,窄控球,快攻,高空、中路压迫的打法。因此,在回顾相关的表现指标时,埃弗顿有更高的向前传球比例、更低的侧向传球和控球比例,并在更接近自己球门的地方夺回球。巴塞罗那的表现指标得分则相反;此外,在2010—2011年赛季,他们的比赛风格也发生了变化,采用了不同的风格(如传中、宽进和慢进),并加强了对以往风格的使用,如控球和高空、中路压迫这些变化是新教练和新球员导致的。因此,当其他因素改变时,察觉局势变化的能力可以影响战术,从而为对手干扰或破坏其比赛风格做好准备。

由于足球项目中球员和球的位置的跟踪数据的可用性,时空方法如泰森多边形(Voronoi)和质心分析(见第六章详情)被用来分析战术行为并在进攻、防守、转换和进球等关键时刻形成战术见解(Fonseca et al., 2013; Frencken et al., 2011)。质心分析可以提供团队质心位置和占领面积的特征。质心位置是球队场上球员在整个队伍中平均位置,而占领面积是该队场上球员所覆盖的总空间。跟踪质心位置可以提供球队作为一个整体如何在球场上移动的信息,而占领面积的增加和减少可以提供球队在进攻和防守时如何创造或减少空间的信息。福根等(Frencken et al., 2012)使用这种方法来检验顶级足球比赛(2008—2009年欧冠四分之一决赛）中球队间的动态距离是否与比赛项目相对应。他们分析了242项重要的比赛，其中51项比赛存在死球的情况（即边线球、球门球、角球和任意球），但93%的重要比赛选择使用纵向推进速度和团队间距离（该距离与纵向传的球以及前进和后退中的球员有关）进行检验，87%的重要比赛选择使用横向推进速度和团队间距离（该距离与控球队侧传或防守队侧换位置有关）进行检验。此外，在2个进球中的1个进球和14个进球尝试中的2个进球之前的3秒窗口期内，整个测量过程中赛事会出现较大的变化。虽然这只是一场比赛，但球队内部距离提供了新的战术表现指标来衡量战术行为。

丰塞卡等（Fonseca et al., 2012）使用泰森多边形来描述团队中球员的空间互动状态，以便更好地理解对手球队如何协调球员在球场上的位置，并确定和调整他们在比赛中的优势区域。具体来说，他们使用队员之间的最小距离（$Dist_{NT}$）和每个队员的优势区域（$Area_{DR}$）来刻画个人和球员整体行为特征。例如，上述的变量表明，控球球队的球员之间的距离更远，而防守球队球员之间的距离更近。此外，随着时间的推移，防守方的$Dist_{NT}$和$Area_{DR}$的规律性不明显，这是因为防守方的球员不断地在空间上重组以应对进攻方进而达到保护球门的目标，这导致更有可能出现不可预测的防守行为。

竞赛风格分析案例研究

上一节中给出的小样本案例表明了该领域当前的研究方向。更重要的是，一些描述和验证的数据分析解析可以整合到执教过程中，并对影响表现的打法和战术提供有意义的见解。然而，这些较大的数据集使用的解析方法、技术和编程软件往往超出了与团队直接合作的从业人员的能力。因此，挑战在于将这些方法集成到直观的、用户友好型的软件系统中。更重要的是，数据需要被有效地可视化，以帮助用户分析和理解它们。最后，重要的是，用于分类和划分比赛风格和战术的软件可以与相关定性视频联系起来，这样教练、分析师和球员就可以回顾比赛片段。

最近，STATS开发了一个框架来客观地分析球队的比赛风格，可以从球的相关数据（如触球、传球、传中）、球场上触球、传球、传中的位置以及在比赛中获取的参赛球员的信息来客观地分析比赛风格。此外，为了促进比赛风格框架的研究，他们聘请了英超和其他欧洲联赛的分析师和教练确定和定义了八种比赛风格。八种比赛风格的定义都使用算法独立测算的，并适用于比赛中的每一支球队。每支球队的控球都有一个隶属度（0—100%之间），代表在特定控球期间比赛风格的战斗力。值得注意的是，在控球过程中在控球过程中可以有多种不同的比赛风格。更多关于比赛风格分析的信息，请访问以下网站：http://www.stats.com/industry-analysis-articles/stats-playing-styles-introduction/（accessed 28/11/17）和http://www.stats.com/webinars/advanced-analytics-in-soccerfootball-playing-styles-analysis/（accessed 28/11/17）。这八种比赛风格如下：

1. 直接式打法（DP）：直接式打法是指球队试图通过传球将球快速地传向对方的球门。传球的距离（即传球、直接任意球传球、间接任意球传球、传中、直接任意球传中、间接任意球传中、门球、守门员掷球、守门员开球、界外球、解围）是衡量隶属度的参数。带球前进距离必须大于20米才能被认为是直接式打法，如果带球前进距离达到40米时，隶属度达到100%。

2. 反击式风格（CA）：当球队重新获得控球权并通过传球、带球或两者结合的方式将球转移到进攻区域时，就称为反击。球必须到达对手半场内的目标位置才可以被称为反击。该目标位置根据重新获得控球权的位置而变化，从重获球权的位置到目标位置的转换速度作为隶属度值的参数。球在场上移动得越快，隶属度值就越高。

3. 倒脚式比赛风格（MA）：这种打法及接下来的两种打法都非常相似。倒脚即球队在防守区域内获得并保持控球权。控球占用的时间与倒脚的隶属度直接相关。控球时间必须持续10秒以上才可以被认为是倒脚。当控球时间待续上升到30秒，隶属度直线上升到100%。

4. 组织进攻型风格（BU）：组织进攻是指球队在寻找进攻机会时进

行的控球。和倒脚一样，组织进攻的隶属度是根据在中线和对方罚球区之间的区域所花的时间计算的。持球时间必须超过8秒才能被认为是组织进攻；而当上升到25秒时隶属度为100%。

5. 保持威胁式风格（ST）：同样的，保持威胁的打法类似于倒脚和组织进攻，但重点考虑的是花在前场进攻的时间。控球时间必须超过6秒才能被认为是保持威胁；而持球时间为20秒，隶属度达到100%。

6. 快速节奏式风格（FT）：这种风格是指球队通过快速移动球来提高比赛的节奏和速度。快速节奏关注连续快速的控球行为，并且必须发生在对手半场。快速控球行为是指球员在2秒内将球传给队友或高速带球。

7. 传中式风格（Cr）：除传中式风格外的其他比赛风格都采用一个连续的分数来建立隶属关系，而横传的隶属关系基于二进制建立，所以所有横传都被分配为100%隶属度。当球从球场的一个较宽的区域传向另一边的队友时，横传发生。

8. 高压式风格（HP）：高压式风格指的是球队通过抢断、头球、铲断和捕救等事件中夺回控球权的高压迫。要考虑的第一个参数是球队重新获得控球权的位置。在超过中线5米的位置形成高位压迫即可称为高压式风格。当进入对方半场15米时，隶属度达到100%。对手处于这种高压迫状态至少10秒，则为完全的高压迫。

为了更好地理解英格兰队在2016欧锦赛上的表现，STATS制作了一份题为“英格兰队2016年欧锦赛赛前分析”的报告。其中包括了比赛风格分析报告，该报告能够使我们更好地了解球队的技术和战术特点（http://www.stats.com/publications/analysing-england-ahead-euro-2016/, accessed 28/11/17）。第一阶段是通过与2014年巴西世界杯比赛的平均水平进行比较来回顾英格兰队的比赛风格（图12.2a）。英格兰队有频繁传中的倾向（比世界杯平均高出21%），并在进攻区域保持控球以获得持续威胁（+28%）。传中对英格兰的意义可能是由于选择了有创造力的球员，如丹尼·维尔贝克（Danny Welbeck）和拉希姆·斯特林（Raheem Sterling）作为边锋，边后卫格伦·约翰逊（Glen Johnson）和莱顿·拜恩

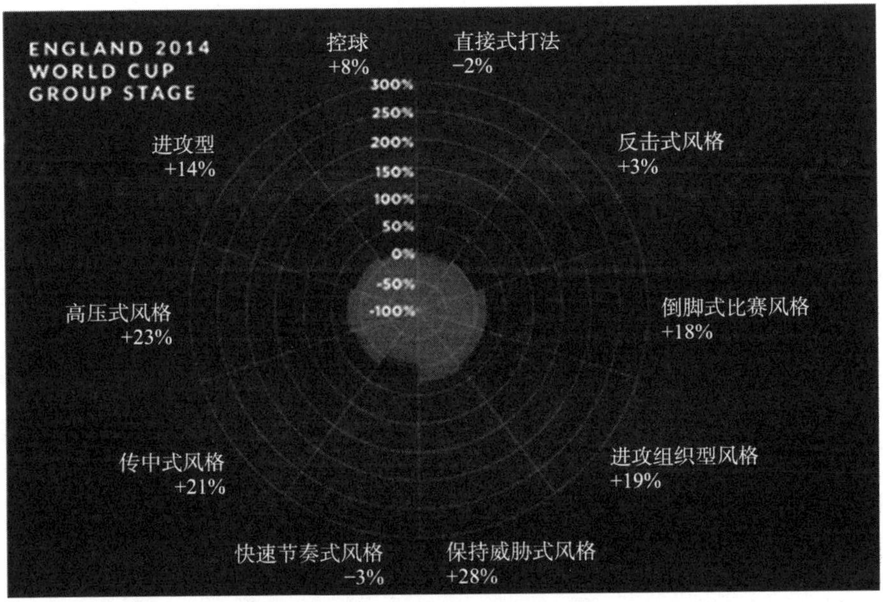

（a）英格兰队2014年世界杯小组赛阶段

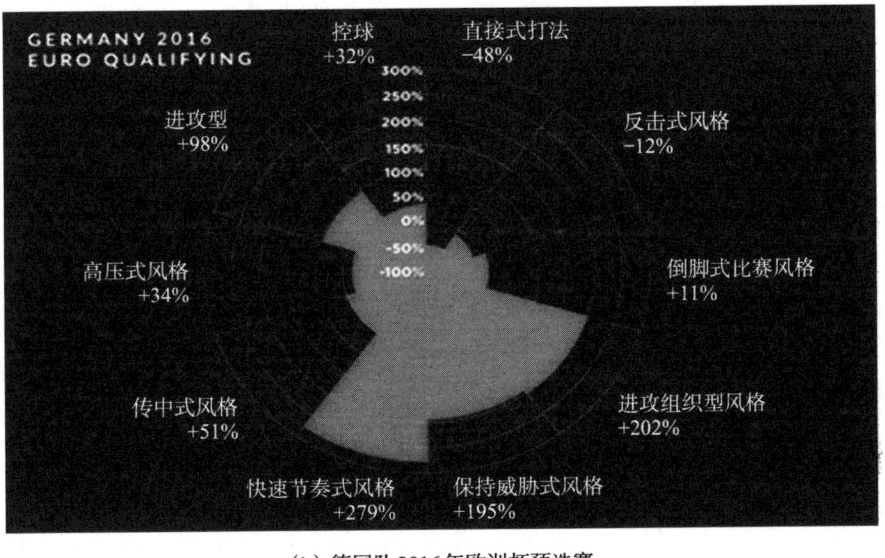

（b）德国队2016年欧洲杯预选赛

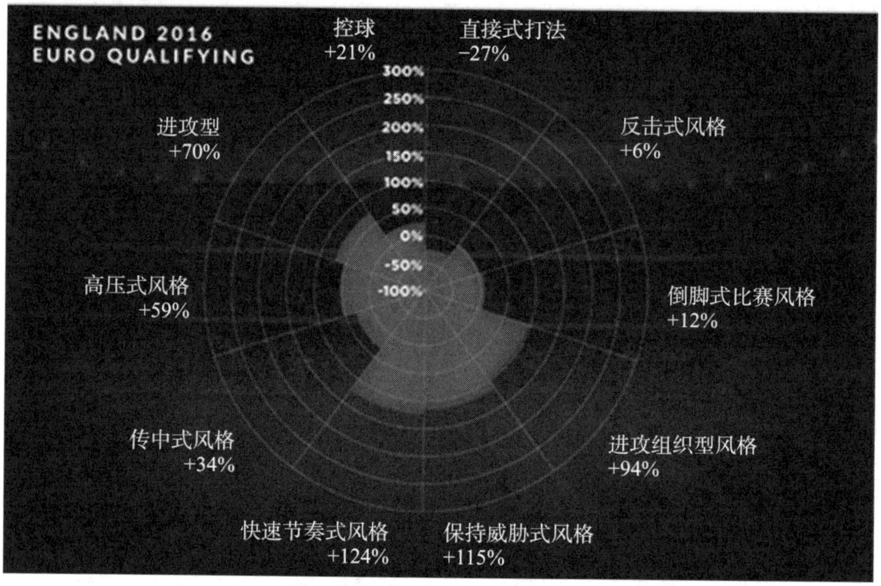

(c) 英格兰队2016年欧锦赛前分析

图12.2 2016年欧锦赛赛前英格兰队数据分析(由STATS提供)

斯(Leighton Baines)作为进攻的辅助。此外，他们高于平均水平的控球(+18%)和持续威胁(+28%)是由于他们在D组三场比赛中的控球优势。

第二阶段将德国和法国进行比较，当时他们是2016年欧锦赛的夺冠热门。德国和法国均以快节奏传球著称(分别为+132%和+76%)明显高于英格兰的 −3%。此外，德国队在2016年欧洲杯预选赛期间通过提高快节奏传球(+279%)、持续威胁(+195%)和组织进攻(+202%)进一步发展了他们的控球风格(图12.2b)。需要注意的是，在预选赛期间，对手的水平(根据国际足联平均排名86.2)较低；不过，这确实表明德国队战术方法在不断演变，比赛风格也在不断改进。

最后阶段是回顾2016年欧锦赛预选赛期间英格兰队的比赛风格，以确定自2014年世界杯发生的变化(图12.2c)。与之前的分数(分别为 −3%和+28%)相比，他们在资格赛中快节奏传球(+124%)和持续威胁(+115%)大幅增长(之前的得分分别为 −3%和+28%)，没有战败的经历。与以前一样，对手实力较弱（国际足联的平均排名为96），但仍需要谨慎行事。然而，比赛风格分析揭示了战术行为的变化。英格兰队面临的挑战是在比赛中保持这种踢球风格，并能将自己的风格强加给对手，这样他们才能在比赛中取得更大的进步。

STATS比赛风格框架是一个很有用的工具，它可以客观地捕捉八种风格，这样球队的比赛风格就可以根据不同的情况进行描述（例如比赛类型、比赛地点、比赛状态、对手水平）。此外，随着时间的推移，可以通过跟踪球队的比赛风格，来监测经理/教练员调整他们的比赛理念带来的影响或评估在一场比赛中，球队、二级组织和个体球员是否成功地实施了战术。

总结

综上所述，本章提供了以往足球进行数据挖掘研究的概述，战略、比赛风格和战术的定义和衡量它们的案例，以及一个使用STATS比赛风格的球队案例研究。以往对表现指标的研究在预测表现方面结果不一，这往往是由于对表现指标的定义和解释存在差异，以及在预测模型中难以加入情境变量所致。因此，一种方法是更好地理解战略、比赛风格和战术，以一种教练、分析师和球员都熟悉的语言来描述比赛。研究人员使用行为指数、多变量统计方法和时空分析来识别比赛风格和战术；然而，理论研究和从业者之间似乎仍然存在脱节。最后，STATS比赛风格分析框架的例子说明分析人员和教练可以参与产品开发，为主观战术行为的分析开发客观的衡量标准。

参考文献

Acar, M.F., Yapicioglu, B., Arikan, N., Yalcin, S., Ates, N. and Ergun, M. (2009) 'Analysis of goals scored in the 2006 World Cup', In T. Reilly and F. Korkusuz (eds.), *Science and football VI* (pp. 235–242). London: Routledge.

Adams, D., Morgans, R., Sacramento, J., Morgan, S. and Williams, M.D. (2013) 'Successful short passing frequency of defenders differentiates between top and bottom four English Premier League teams', *International Journal of Performance Analysis in Sport*, 13(3): 653–668.

Almeida, C.H., Ferreira, A.P. and Volossovitch, A. (2014) 'Effects of match location, match status and quality of opposition on regaining possession in UEFA Champions League', *Journal of Human Kinetics*, 41(1): 1–12. http://doi.org/10.2478/hukin-2014-0048.

Bangsbo, J. and Peitersen, B. (2000) *Soccer systems and strategies*, Champaign, IL: Human Kinetics.

Barreira, D., Garganta, J., Pinto, T., Valente, J. and Anguera, M.T. (2013) 'Do attacking game patterns differ between first and second halves of soccer matches in the 2010 FIFA World Cup?' In H. Nunome, B. Drust and B. Dawson (eds.), *Science and football VII* (pp. 193–198). London: Routledge.

Bartlett, R.M. (2002) 'The use of performance indicators in performance analysis', *Journal of Sports Sciences*, 20(10): 739–754.

Bartlett, R.M., Button, C., Robins, M., Dutt-Mazumder, A. and Kennedy, G. (2012) 'Analysing team coordination patterns from player movement trajectories in soccer: Methodological considerations', *International Journal of Performance Analysis in Sport*, 12(2): 398–424.

Bate, R. (1988) 'Football chance: Tactics and strategy', In T. Reilly, A. Lees, K. Davids and W.J. Murphy (eds.), *Science and football* (pp. 293–301), London: E & FN Spon.

Bell-Walker, J., McRobert, A., Ford, P. and Williams, A.M. (2006) 'A quantitative analysis of successful teams at the 2006 World Cup finals', *Insight: The F.A. Coaches Association Journal*, Autumn/Winter: 36–43.

Bradley, P.S., Lago-Peñas, C., Rey, E. and Gomez Diaz, A. (2013) 'The effect of high and low percentage ball possession on physical and technical profiles in English FA Premier League soccer matches', *Journal of Sports Sciences*, 31(12): 1261–1270. http://doi.org/10.1080/02640414.2013.786185.

Bradley, P.S., O'Donoghue, P., Wooster, B. and Tordoff, P. (2007) 'The reliability of ProZone MatchViewer: A video-based technical performance analysis system', *International Journal of Performance Analysis in Sport*, 7(3): 117–129.

Breen, A., Iga, J., Ford, P. and Williams, A.M. (2006) 'World Cup 2006 — Germany. A quantitative analysis of goals scored', *Insight: The F.A. Coaches Association Journal*, Autumn/Winter: 44–53.

Bush, M., Barnes, C., Archer, D.T., Hogg, B. and Bradley, P.S. (2015) 'Evolution of match performance parameters for various playing positions in the English Premier League', *Human Movement Science*, 39: 1–11. http://doi.org/10.1016/j.humov.2014.10.003.

Carling, C., Williams, A.M. and Reilly, T. (2007) *Handbook of soccer match analysis*, London: Routledge.

Carling, C., Wright, C., Nelson, L. and Bradley, P. (2013) 'Comment on "Performance analysis in football: A critical review and implications for future research"', *Journal of Sports Sciences*, 32: 1–6. http://doi.org/10.1080/02640414.2013.807352.

Castellano, J., Alvarez, D., Figueira, B., Coutinho, D. and Sampaio, J. (2013) 'Identifying the effects from the quality of opposition in a Football team positioning strategy', *International Journal of Performance Analysis in Sport*, 13(3): 822–832.

Chervenjakov, M. (1988) 'Assessment of the playing effectiveness of soccer players', In T. Reilly, A. Lees, K. Davids and W.J. Murphy (eds.), *Science and football* (pp. 288–292), London: E & FN Spon.

Collet, C. (2013) 'The possession game? A comparative analysis of ball retention and team success in European and international football, 2007–2010', *Journal of Sports Sciences*, 31(2): 123–136. http://doi.org/10.1080/02640414.2012.727455.

Corbellini, F., Volossovitch, A., Andrade, C., Fernandes, O. and Ferreira, A.P. (2013) 'Contextual effects on the free kick performance: A case study with a Portuguese professional soccer team', In H. Nunome, B. Drust and B. Dawson (eds.), *Science and football VII* (pp. 217–222), London: Routledge.

Cummins, C., Orr, R., O'Connor, H. and West, C. (2013) 'Global Positioning Systems (GPS) and microtechnology sensors in team sports: A systematic review', *Sports Medicine*, 43(10): 1025–1042. http://doi.org/10.1007/s40279-013-0069-2.

Drust, B. (2010) 'Performance analysis research: Meeting the challenge', *Journal of Sports Sciences*, 28(9): 921–922. http://doi.org/10.1080/02640411003740769.

Duarte, R., Araujo, D., Folgado, H., Esteves, P.T., Marques, P. and Davids, K. (2013) 'Capturing complex, non-linear team behaviours during competitive football performance', *Journal of Systems Science and Complexity*, 26(1): 62–72.

Ensum, J., Pollard, R. and Taylor, S. (2005) 'Applications of logistic regression to shots at goal in association football. In T. Reilly, J. Cabri and D. Araujo (eds.), *Science and football V* (pp. 211–218). London: Routledge.

Fernandez-Navarro, J., Fradua, L., Zubillaga, A., Ford, P.R. and McRobert, A.P. (2016) 'Attacking and defensive styles of play in soccer: Analysis of Spanish and English elite teams', *Journal of Sports Sciences*, 34(24): 1–10. http://doi.org/10.1080/02640414.2016.1169309.

Fonseca, S., Milho, J., Travassos, B. and Araújo, D. (2012) 'Spatial dynamics of team sports exposed by Voronoi diagrams', *Human Movement Science*, 31(6): 1652–1659. http://doi.org/10.1016/j.humov.2012.04.006.

Fonseca, S., Milho, J., Travassos, B., Araújo, D. and Lopes, A. (2013) 'Measuring spatial interaction behavior in team sports using superimposed Voronoi diagrams', *International Journal of Performance Analysis in Sport*, 13(1): 179–189.

Fradua, L., Zubillaga, A., Caro, Ó., Iván Fernández-García, Á., Ruiz-Ruiz, C. and Tenga, A. (2013) 'Designing small-sided games for training tactical aspects in soccer: Extrapolating pitch sizes from full-size professional matches', *Journal of Sports Sciences*, 31(6): 573–581. http://doi.org/10.1080/02640414.2012.746722.

Franks, I.M. (2005) 'Analysis of passing sequences, shots and goals in soccer', *Journal of Sports Sciences*, 23(5): 509–514. http://doi.org/10.1080/02640410410001716779.

Frencken, W., de Poel, H., Visscher, C. and Lemmink, K. (2012) 'Variability of inter-team distances associated with match events in elite-standard soccer', *Journal of Sports Sciences*, 30(12): 1207–1213. http://doi.org/10.1080/02640414.2012.703783.

Frencken, W., Lemmink, K., Delleman, N. and Visscher, C. (2011) 'Oscillations of centroid position and surface area of soccer teams in small-sided games', *European Journal of Sport Science*, 11(4): 215–223. http://doi.org/10.1080/17461391.2010.499967.

Garganta, J. (2009) 'Trends of tactical performance analysis in team sports: Bridging the gap between research, training and competition', *Revista Portuguesa De Ciências Do Desporto*, 9(1): 81–89. http://doi.org/10.5628/rpcd.09.01.81.

Garganta, J., Maia, J. and Basto, F. (1997) 'Analysis of goal-scoring patterns in European top level soccer teams', In J. Bangsbo, T. Reilly and A.M. Williams (eds.), *Science and football III* (pp. 246–250), London: E & FN Spon.

Grant, A., Reilly, T., Williams, A.M. and Borrie, A. (1998) 'Analysis of the goals scored in the 1998 World Cup', *Insight: The F.A. Coaches Association Journal*, 2(1): 18–20.

Gréhaigne, J.-F., Bouthier, D. and David, B. (1997) 'Dynamic-system analysis of opponent relationships in collective actions in soccer', *Journal of Sports Sciences*, 15(2): 137–149. http://doi.org/10.1080/026404197367416.

Gréhaigne, J.-F. and Godbout, P. (1995) 'Tactical knowledge in team sports from a constructivist and cognitivist perspective', *Quest*, *47* (4): 490–505. http://doi.org/10.1080/00336297.1995.10484171.

Hewitt, A. (2016) 'Game style in soccer: What is it and can we quantify it?', *International Journal of Performance Analysis in Sport*, 16(1): 1–19.

Hiller, T. (2014) 'The importance of players in teams of the German Bundesliga in the season 2012/2013 — A cooperative game theory approach', *Applied Economics Letters*, 22(4): 324–329. http://doi.org/10.1080/13504851.2014.941527.

Hughes, M.D. and Churchill, S. (2005) 'Attacking profiles of successful and unsuccessful teams in Copa America 2001', In T. Reilly, J. Cabri and D. Araujo (eds.), *Science and football V* (pp. 221–224), London: Routledge.

Hughes, M.D. and Franks, I.M. (2005) 'Analysis of passing sequences, shots and goals in soccer', *Journal of Sports Sciences*, 23(5): 509–514.

Hughes, M.D. and Franks, I.M. (2007) *The essentials of performance analysis: An introduction*, London: Routledge.

Hughes, M.D., Robertson, K. and Nicholson, A. (1988) 'Comparison of patterns of play of successful and unsuccessful teams in the 1986 World Cup for soccer', In T. Reilly, A. Lees, K. Davids and W.J. Murphy (eds.), *Science and football* (pp. 363–367), London: E & FN Spon.

James, N. (2006) 'Notational analysis in soccer: Past, present and future', *International Journal of Performance Analysis in Sport*, 6(2): 67–81.

Jones, P.D., James, N. and Mellalieu, S.D. (2004) 'Possession as a performance indicator in soccer', *International Journal of Performance Analysis in Sport*, 4(1): 98–102.

Kempe, M., Vogelbein, M., Memmert, D. and Nopp, S. (2014) 'Possession vs. direct play: Evaluating tactical behavior in elite soccer', *International Journal of Sports Science*, 4(6A): 35–41. http://doi.org/10.5923/s.sports.201401.05.

Lago, C. (2009) 'The influence of match location, quality of opposition, and match status on possession strategies in professional association football', *Journal of*

Sports Sciences, 27(13): 1463–1469. http://doi.org/10.1080/02640410903131681.

Lago-Ballesteros, J. and Lago-Peñas, C. (2010) 'Performance in team sports: Identifying the keys to success in soccer', *Journal of Human Kinetics*, 25: 85–91.

Lago-Peñas, C. (2009) 'The influence of match location, quality of opposition, and match status on possession strategies in professional association football', *Journal of Sports Sciences*, 27(13): 1463–1469.

Lago-Peñas, C. and Dellal, A. (2010) 'Ball possession strategies in elite soccer according to the evolution of the match-score: The influence of situational variables', *Journal of Human Kinetics*, 25(1): 293–8. http://doi.org/10.2478/v10078-010-0036-z.

Lago-Peñas, C. and Lago-Ballesteros, J. (2011) 'Game location and team quality effects on performance profiles in professional soccer', *Journal of Sports Science and Medicine*, 10(3): 465–471.

Lago-Peñas, C., Lago-Ballesteros, J. and Rey, E. (2011) 'Differences in performance indicators between winning and losing teams in the UEFA Champions League', *Journal of Human Kinetics*, 27(1): 1–12. http://doi.org/10.2478/v10078-011-0011-3.

Liu, H., Gomez, M.-Á., Lago-Peñas, C. and Sampaio, J. (2015) 'Match statistics related to winning in the group stage of 2014 Brazil FIFA World Cup', *Journal of Sports Sciences, 33* (12): 1205–1213. http://doi.org/10.1080/02640414.2015.1022578.

Mackenzie, R. and Cushion, C. (2012) 'Performance analysis in football: A critical review and implications for future research', *Journal of Sports Sciences*, 31(6): 639–676. http://doi.org/10.1080/02640414.2012.746720.

McGarry, T., Anderson, D.I., Wallace, S.A., Hughes, M.D. and Franks, I.M. (2002) 'Sport competition as a dynamical self-organizing system', *Journal of Sports Sciences*, 20(10): 771–781. http://doi.org/10.1080/026404102320675620.

Memmert, D., Lemmink, K.A.P.M. and Sampaio, J. (2016) 'Current approaches to tactical performance analyses in soccer using position data', *Sports Medicine*, 47(1): 1–10. http://doi.org/10.1007/s40279-016-0562-5.

Oberstone, J. (2009) 'Differentiating the top English Premier League football clubs from the rest of the pack: Identifying the keys to success', *Journal of Quantitative Analysis in Sports*, 5(3): Article 10.

Olsen, E. and Larsen, O. (1997) 'Use of match analysis by coaches', In J. Bangsbo, T. Reilly and A.M. Williams (eds.), *Science and football III* (pp. 209–220), London: E & FN Spon.

Partridge, D., Mosher, R.E. and Franks, I. (1993) 'A computer assisted analysis of technical performance — A comparison of the 1990 World Cup and intercollegiate soccer', In T. Reilly, J. Clarys and A. Stibbe (eds.), *Science and football II* (pp. 221–231). London: E & FN Spon.

Pollard, R., Ensum, J. and Taylor, S. (2004) 'Estimating the probability of a shot resulting in a goal: The effects of distance, angle and space', *International Journal of Soccer and Science*, 2(1): 50–55.

Pollard, R., Reep, C. and Hartley, S. (1988) 'The quantitative comparison of playing styles in soccer', In T. Reilly, A. Lees, K. Davids and W. J. Murphy (eds.), *Science and Football* (pp. 309–315). London: E & FN Spon.

Reep, C. and Benjamin, B. (1968) 'Skill and chance in association football', *Journal of the Royal Statistical Society*, 131(4): 581–585. http://doi.org/10.2307/2343726.

Rein, R. and Memmert, D. (2016) 'Big data and tactical analysis in elite soccer: Future challenges and opportunities for sports science', *SpringerPlus*, 5(1): 1–13. http://doi.org/10.1186/s40064-016-3108-2.

Ridgewell, A. (2011) 'Passing patterns before and after scoring in the 2010 FIFA World Cup', *International Journal of Performance Analysis in Sport,* 11(3), 562–574.

Ruiz-Ruiz, C., Fradua, L., Fernández-GarcÍa, Á. and Zubillaga, A. (2013) 'Analysis of entries into the penalty area as a performance indicator in soccer', *European Journal of Sport Science*, 13(3): 241–248. http://doi.org/10.1080/17461391.2011.606834.

Sarmento, H., Marcelino, R., Anguera, M.T., Campanico, J., Matos, N. and LeitÃo, J.C. (2014) 'Match analysis in football: A systematic review', *Journal of Sports Sciences*, 32(20): 1831–1843. http://doi.org/10.1080/02640414.2014.898852.

Scoulding, A., James, N. and Taylor, J. (2004) 'Passing in the Soccer World Cup 2002', *International Journal of Performance Analysis in Sport*, 4(2): 36–41.

Taylor, J.B., Mellalieu, S.D. and James, N. (2005) 'A comparison of individual and unit tactical behaviour and team strategy in professional soccer', *International Journal of Performance Analysis in Sport*, 5(2): 87–101.

Taylor, J.B., Mellalieu, S.D., James, N. and Shearer, D.A. (2008) 'The influence of match location, quality of opposition, and match status on technical performance in professional association football', *Journal of Sports Sciences*, 26(9): 885–895.

Tenga, A., Holme, I., Ronglan, L.T. and Bahr, R. (2010a) 'Effect of playing tactics on achieving score-box possessions in a random series of team possessions from Norwegian professional soccer matches', *Journal of Sports Sciences*, 28(3): 245–255. http://doi.org/10.1080/02640410903502766.

Tenga, A., Holme, I., Ronglan, L.T. and Bahr, R. (2010b) 'Effect of playing tactics on goal scoring in Norwegian professional soccer', *Journal of Sports Sciences*, 28(3): 237–244. http://doi.org/10.1080/02640410903502774.

Tenga, A., Ronglan, L.T. and Bahr, R. (2010c) 'Measuring the effectiveness of offensive match-play in professional soccer', *European Journal of Sport Science*, 10(4): 269–277. http://doi.org/10.1080/17461390903515170.

Tenga, A. and Sigmundstad, E. (2011) 'Characteristics of goal-scoring possessions in open play: Comparing the top, in-between and bottom teams from professional soccer league', *International Journal of Performance Analysis in Sport*, 11(3): 545–552. http://doi.org/10.1080/24748668.2011.11868572.

Valter, D., Adam, C., Barry, M. and Marco, C. (2006) 'Validation of Prozone: A new video-based performance analysis system', *International Journal of Performance Analysis in Sport*, 6(1): 108–119.

Vogelbein, M., Nopp, S. and Hökelmann, A. (2014) 'Defensive transition in soccer — are prompt possession regains a measure of success? A quantitative analysis of German Fußball-Bundesliga 2010/2011', *Journal of Sports Sciences*, 32(11): 1076–1083. http://doi.org/10.1080/02640414.2013.879671.

Williams, A.M. (2003) 'What does Quantitative Match Analysis tell us about successful attacking football?', *Insight: The F.A. Coaches Association Journal*, 6(3): 33–35.

Wright, C., Atkins, S. and Jones, B. (2012) 'An analysis of elite coaches' engagement with performance analysis services (match, notational analysis and technique analysis)', *International Journal of Performance in Sport*, 12(2): 436–451. http://doi.org/10.1080/24748668.2012.11868609.

Wright, C., Atkins, S., Jones, B. and Todd, J. (2013) 'The role of performance analysts within the coaching process: Performance Analysts Survey', *International Journal of Performance in Sport*, 13(1): 240–261.

Wright, C., Atkins, S., Polman, R., Jones, B. and Sargeson, L. (2011) 'Factors associated with goals and goal scoring opportunities in professional soccer', *International Journal of Performance Analysis in Sport*, 11(3): 438–449.

Wright, C., Carling, C. and Collins, D. (2014) 'The wider context of performance analysis and it application in the football coaching process', *International Journal of Performance Analysis in Sport*, 14(3): 709–733. http://doi.org/10.1080/24748668.2014.11868753.

Yiannakos, A. and Armatas, V. (2006) 'Evaluation of the goal scoring patterns in European Championship in Portugal 2004', *International Journal of Performance Analysis in Sport*, 6(1): 178–188.

Yue, Z., Broich, H. and Mester, J. (2014) 'Statistical analysis for the soccer matches of the first Bundesliga', *International Journal of Sports Science & Coaching*, 9(3): 553–560. http://doi.org/10.1260/1747-9541.9.3.553.

图书在版编目(CIP)数据

运动解析 : 运动表现分析、可视化与决策 / (英)安比克什·贾亚尔等合著 ; 刘泳庆等译 .— 上海 : 上海社会科学院出版社,2022

书名原文 : SPORTS ANALYTICS : Analysis, Visualisation and Decision Making in Sports Performance

ISBN 978-7-5520-3860-6

Ⅰ.①运… Ⅱ.①安… ②刘… Ⅲ.①人体运动 Ⅳ.①G804.62

中国版本图书馆CIP数据核字(2022)第024824号

运动解析:运动表现分析、可视化与决策

著　　者:[英]安比克什·贾亚尔　[英]阿里斯塔尔·麦克罗伯特
　　　　　[澳]贾尔斯·奥特雷　[英]彼得·奥多诺格
译　　者:刘泳庆　陈　骐　肖书明　杨志良
责任编辑:应韶荃
封面设计:右序设计
出版发行:上海社会科学院出版社
　　　　　上海顺昌路622号　邮编200025
　　　　　电话总机021-63315947　销售热线021-53063735
　　　　　https://cbs.sass.org.cn　E-mail: sassp@sassp.cn
排　　版:南京展望文化发展有限公司
印　　刷:镇江文苑制版印刷有限责任公司
开　　本:710毫米×1010毫米　1/16
印　　张:15.75
字　　数:218千
版　　次:2022年7月第1版　　2025年9月第4次印刷

ISBN 978-7-5520-3860-6/G·1174　　定价:88.00元